2025

한국 형사소송법 제정 71주년 기념
법학 교육 방법 개선 연구서

낭독
형사소송법판례

하태영

| 대법원 2024년 선고 형사소송법 중요 판결

法 文 社

서 문

출 판

이 책은 대법원이 2024년 선고한 형사소송법 판결집이다. 대법원 판례공보가 선정한 중요한 판결이다. 형사소송법 분야에서 34개 선정하였다. 형사소송법전 편제순으로 정리하였다. 최근 이론을 이해함에 도움이 될 것이다.

이 책을 만든 이유는 세 가지이다.

첫째 대법원 판결문을 소리 내어 읽고 싶었다. 대법원 판결문을 읽으면서 문장 공부를 심화하고 싶었다. 대법원 판결문을 읽기 쉽게 끊어서 정리했다.

둘째 국어訓民正音를 사랑하는 마음이 깊었다. 모국어를 유창하게 말하고 싶은 의지가 높았다. 대법원 판결문을 읽으면서 한글訓民正音의 조사를 생각했다.

셋째 법학 교육 방법 개선을 염원하였다. 눈으로 이해하면 문해력이다. 귀로 이해하면 청취력이다. 입으로 이해하면 발성력이다. 모두 집중력을 높이고 뇌를 자극한다. 신앙인들이 성경聖經·불경佛經·도덕경道德經을 소리 내어 읽는 것과 같다. 우리는 나라를 잃고 언어 학습 방법을 잃었다. 낭독 훈련은 법학 교육 방법에서 기초였다.

대법원 판례를 소리 내어 읽으면서 국어 사랑·문장 공부·사회 이해·범죄 이해·법률 이해·법리 이해·형사재판 이해에 도움이 되었다.

언어言語는 사유思惟의 집宙이다.

언어言語는 소통疏通의 집宙이다. 소통은 3요소로 구성된다. 청취력聽取力·문해력文解力·발성력發聲力이다. 집중력集中力 없이는 불가능하다. 알맞은 체제로 쉽고 정확하게 전달하면 성공이다. 미성美聲은 몸에서 우러나오는 신神의 선물이다.

"문장은 인간 내면을 도끼로 깨뜨리는 작업이다."

– 프란츠 카프카·Franz Kafka·1883-1924

문장을 소리 내서 읽어야 한다. 한글은 소리 문자이다. 훈민정음은 세상의 모든 소리를 표현할 수 있다. 2만 5천 가지 소리이다. 소리^音는 외국어 공부의 기초이다. 한국인은 발음이 강하다.

판결문

대법원 판결문은 시대^{時代} 지성^{知性}의 공약수^{公約數}이다. 판결문을 읽으면 사회 현상을 이해할 수 있다. 범죄는 사회 갈등의 극단적 표출이기 때문이다. 살인사건은 정신병·경제병·자존병이 원인이다. 많은 범죄가 발생한다. 모두 원인이 있다. 형사재판은 정의라는 이름으로 진행한다. 형사법학자들은 형사소송 목적을 '법을 통한 평화 회복'이라고 정의한다. 정치권과 사회단체는 형사정책을 제안한다. 사후약방문^{死後藥方文}이라는 비판을 듣는다.

대법원 판결문을 소리 내서 읽어 보사. 복잡한 내용을 단순하게, 어려운 내용을 쉽게, 갈피를 잡을 수 없는 상태에서 일목요연^{一目瞭然}한 상태로 옮겨 가는 지혜를 찾을 수 있다.

이 책은 사실관계·검사 기소·제1심판결·제2심판결·대법원판결을 간략히 정리한 낭독집이다. 판결문을 낭독하면서 소낙비를 맞듯이 푹 젖어야 한다. 판결문 뜻을 거슬러 올라가는 노력이다. 노력^{努力}은 깨닫기 위한 궁리^{窮理}이다. 노력하고 또 노력하면 중요한 내용과 중요하지 않은 내용이 구분되기 시작한다. 한번 깨닫고 나면 모든 것이 한꺼번에 달라진다. 뇌에 굉장한 변화가 일어난다. 한마디로 차원이 달라진다(정민, 고전독서법, 깨달음의 길, 보람출판사, 2012, 188면). 판결문은 법이론을 명쾌하게 설명하고 있다.

낭독^{朗讀}·낭송^{朗誦}·암송^{暗誦}

책 읽는 소리가 가장 좋은 소리이다. 책 읽는 소리를 들으면 기쁨을 다 표현할 수가 없다. 낭랑^{朗朗}하기 때문이다. 옛날에는 책을 눈^目으로 읽지 않고 입^口으로 읽었다. 책을 1백 번 읽으면 의미를 저절로 알게 된다.^{독서백편의자현(讀書百篇意自見)} 소리를 통해 기운을 구한다.^{인성구기(因聲求氣)} 동
양과 서양에서 예전에는 무조건 큰 소리로 책을 읽었다. 소리 내서 읽
는 것을 성독^{聲讀} 또는 낭독^{朗讀}이라고 한다. 독서^{讀書}는 책을 읽는 것이다.
독^讀은 그냥 눈으로 읽는 것이 아니다. 소리를 내어 읽는 뜻이다. 좋은
글을 소리 내면서 읽으면 읽기뿐 아니라 쓰기 공부에도 크게 도움이
된다(정민, 고전독서법, 소리 내서 읽어라, 보람출판사, 2012, 70−78면). 깊
이 공감한다.

낭독^{朗讀}·낭송^{朗誦}·암송^{暗誦}은 다르다.
낭독과 낭송을 합하면 암송이 된다.

낭독은 소리 내어 글을 읽어 뜻을 이해하는 공부이다.

> **낭:독**(朗讀) 【출전】 국어사전
> 똉 [~하다 → 타동사]
> 소리를 내어 글을 읽거나 해독함.
> ┈┈┈● 시를 ~하다.
> **朗** 밝을 낭{랑}; 月−총11획; [lǎng]
> 밝다, 맑게 환하다, 유쾌하고 활달하다, 소리 높이, 또랑또랑하게
> **讀** 읽을 독; 言−총22획; [dú,dòu]
> 읽다, 소리를 내어 글을 읽다, 문장 구절의 뜻을 해독하다, 풀다, 설명
> 하다, 읽기, 읽는 법

낭송은 소리 내어 글을 읽어 뜻을 외우는 공부이다.

> **낭:송**(朗誦) 【출전】 국어사전
> 똉 [~하다 → 타동사]
> 소리를 내어 글을 읽거나 욈.
> ┈┈┈● 시를 ~하다.
> **朗** 밝을 낭{랑}; 月−총11획; [lǎng]
> 밝다, 맑게 환하다, 유쾌하고 활달하다, 소리 높이, 또랑또랑하게
> **誦** 욀 송; 言−총14획; [sòng]
> 외다, 암송하다, 말하다, 여쭈다, 의논하다

암송은 두 눈을 감고 뇌에 새겨진 문장을 소리 내어 읽는 공부이다.

암:송(暗誦) 【출전】 국어사전
명 [~하다 → 타동사]
시나 문장 따위를 보지 않고 소리 내어 욈.
·········• 시를 ~하다.
暗 어두울 암; 日 – 총13획; [àn]
어둡다, 주위가 어둡다, 사리에 어둡다, 밤, 어둠, 몰래, 남이 알지 못하
게
誦 욀 송; 言 – 총14획; [sòng]
외다, 암송하다, 말하다, 여쭈다, 의논하다

낭독을 꾸준히 하면, 낭송이 된다. 낭송을 열심히 하면, 암송이 된다.
암송을 매일하면, 자유자재自由自在가 된다. 도인道人의 길道이다. 전문가專門家
가 된다.

청취력과 발성력이 강한 한국인

한국인은 청취력과 발성력이 뛰어난 민족이다. 구강은 발성에 최적
합하다. 영어 R뢱이 안 된다고 말한다. 그러나 리스펙트respect라고 가르치
기 때문이다. 그래서 뢰스펙트respect가 안 나오는 것이다. 한글은 리L와
뢰R를 구분한다. 리턴return이 아니고 뢰터언return이다.

한민족은 소리 언어에 탁월한 능력을 갖추었다. 훈민정음訓民正音 때문
이다. 발성 능력을 극대화하면 언어를 유창하게 구사할 수 있다. 정확
하게 말하고 비문非文을 줄일 수 있다.

대법원 형사소송법 판례를 아침·점심·저녁 식사 전에 15분만 읽어
보자. 세미나 발표시간과 같다. 맑고 밝게 소리 내어서 읽자. 옛 선조들
은 소리를 내어서 읽어야만, 책 내용이 죽은 기호에서 살아 있는 말로
깨어난다고 생각했다. 눈으로 읽는 독서를 목독目讀 또는 묵독默讀이라 말
한다. 눈으로만 읽는 독서를 옛날에는 오히려 괴이한 일로 생각했다.
한국인은 옛날에 서당에서 글을 소리 내어 읽었다.

변호사^{辯護士}는 문장과 웅변으로 법리를 표현한다. 정확한 한글 사용은 소리^音에서 시작한다. 웅장한 소리는 사람 기질^{氣質}을 바꾼다. 소리가 웅장한 사람은 주목을 받는다. 내공^{內功}이 울리는 소리이다. 사람 소리는 인간^{人間}·인성^{人性}·인격^{人格}·인품^{人品}을 대변한다.

도서관은 책을 소리 내면서 읽는 장소이다. 오늘날 도서관은 그러나 옛날 서당 전통을 계승하지 않았다. 고대 알렉산드리아 도서관은 수란스러운 공간이었다. 여러 사람이 언제나 하루 내내 알렉산드리아 도서관에서 소리 내어 책을 읽었다. 책 읽는 소리가 높은 천장 위로 웅웅대며 떠다녔다.

훈민정음^{訓民正音}

형사재판^{刑事裁判}에서
공판중심주의는 법정에서 묻고 답하는 열린 재판이다.
소리로 진행한다.
검사는 법정에서 공소장을 낭독한다. 훈민정음이다.
변호인은 변론이유서를 법정에서 설명한다. 훈민정음이다.
재판장은 법정에서 판결문을 선고한다. 훈민정음이다.
변호사는 방송에서 판결문을 해설한다. 훈민정음이다.
우리나라 법학전문대학원과 법학부는 낭독^{朗讀}·낭송^{朗讀}·암송^{暗誦}의 효과를 아직도 정확히 모른다. 문해력^{文解力} 공부 방법에 몰입^{沒入}되어 있다. 도서관·학습실은 정말 고요하다. 법학 공부 방법은 변해야 한다.

말이 입에 잘 붙지 않고 뻑뻑하게 느껴지면 좋은 글이 아니고 올바른 공부도 아니다.

앞으로 법학전문대학원과 법학부는 판결문 낭독 강좌를 법학입문으로 개설해야 한다. 토론은 법학 수업의 기본이기 때문이다. 토론은 소리로 하는 최고의 공부방법이다.

4차 산업혁명과 낭독

4차 산업혁명은 진행 중이다. 온 세상이 인공지능이다. 정치인·지식인·경제인·산업인은 하루에 한 번씩 4차 산업혁명을 말한다.

4차 산업혁명은 '소리聲'의 세상이다. 인공지능AI은 사람 소리를 알아듣고 지시한 업무를 수행한다. 소리 공부를 해야 더 깊이 이해할 수 있다. 모든 소리가 문자로 순간에 바뀌는 세상이다. 휴대전화로 동시통역도 가능한 세상이다.

소리 내면서 읽는 성독聲讀 전통을 부활해야 한다. 인공지능AI 시대에 우리가 가야 할 공부 방법이다. 묻고 답하는 시대이다. 우리 선조의 공부 방법이 빛을 웅장하게 발산하는 시대가 도래했다.

좋은 글은 소리 내어 읽어 보면 금방 안다. 낭독의 힘은 건강氣·열정情·시간節·돈金·성과實·재산財을 보장한다. 낭독 훈련은 발성과 청취로 사람 기운을 만든다. 정확한 훈련은 집중력으로 가능하다. 집중력은 뇌의 차원을 바꾸는 힘이 된다.

기운氣運은 소리聲에서 나온다. 눈으로 읽는 간서看書와 소리 내면서 읽는 송서誦書는 차원이 완전히 다르다. 소리 내면서 읽는 습관이 운명을 바꾼다. 소리에 이상한 힘이 있음을 깨닫는다.

『**낭독 형사소송법판례**』를 읽으면서 자신과 세상을 더 깊이 이해하는 기쁨과 기회를 누리시길 기원한다. 상상해 보시라.

> 한국 법률가는 세미나에서 발표를 잘한다.
> 판결문 낭독 공부를 하기 때문이다.
> 한국 법률가는 목소리가 자기 넋임을 안다.
> 광부가 갱도를 파 들어가듯
> 잡념을 버리고 정신을 집중하여
> 판결문 암송하는 훈련을 한다.
>
> − 2030년 법률가 목소리

이 책은 법학 교육 방법 개선을 갈망하며 1년을 갈아서 만든 연구서이다. 대한민국 형사소송법 제71주년[1954-2025]을 기념하며 만들었다. 2024년 형사소송법 판례로 제작했다. '낭독 판례 시리즈 제2권'으로 『대법원 2024년 형사소송법 중요 판례』를 선정하였다. 형사소송법 제정 제100주년[1954-2053]까지 이어지길 소망한다.

법률문장론·법조계 글쓰기 개혁운동의 확산을 염원한다. 국민의 입술에서, 법률가의 입술에서, 가슴에서 오래도록 살아 있는 그런 명문의 형사판결문을 만나게 되기를 많은 사람이 바라고 있다.

훈민정음을 사랑하는 법조인

고종주 변호사님께 깊이 감사드린다. 고종주, 재판의 법리와 현실 ‒ 소송사건을 이해하고 표현하는 방법, 법문사, 2011. 이 책이 나에게 큰 충격을 주었다. 고종주 변호사님은 훈민정음[訓民正音]을 사랑하는 법조인이다. 한글을 정말 소중히 가꾸는 시인·언어연구가이다. 수백 편의 시[詩]를 암송하시는 분이다. 고종주 변호사님의 문장은 예술품[藝術品]이다.

> 사람은 누구나 가슴 속에 하나의 문장을 가지고 있어야 한다는 말이 있지만, 한 인간의 삶은 어찌 보면 후세 사람들에게 의미 있는 문장 하나를 남기는 일이라고도 할 수 있다.

> 사람이 자신의 전 생애를 통하여 터득한 오직 하나의 문장, 한평생의 메시지가 응결된 다이아몬드 같은 문장은 우리를 숙연하게 하며 전율하게 한다. 그 도저(到底)한 문장 앞에서 우리는 옷깃을 여미며 신발을 벗기도 한다.

> 그리하여 철학자 프리드리히 니체는 오직 피로 쓴 문장만이 살아남을 수 있다고 했고, 작가 프란츠 카프카는 얼어붙은 인간의 내면을 깨뜨리는 도끼 같은 문장이 아니라면 왜 우리가 그걸 읽어야 하는지 모르겠다고 하였다.

유대인 수용소에 살아남은 엘리 비젤은 자기가 쓰는 글은 수용소에서 죽은 사람들의 가슴에 새기는 슬픈 비명(碑銘)이라고 했고, 동양의 어느 선비는 글은 모름지기 대리석에 한자 한자 새기듯이 심혈을 기울여 자기를 주입하여야 한다고 썼다.

- 고종주·전 부산지방법원 부장판사

건강을 위하여 항상 기도드린다.

2025년 3월 1일
대한민국 형사소송법 제정 71주년 기념
대한민국 근대 형사소송법 발상지
부산 서구 구덕로 225·부민동 2가
동아대학교 법학전문대학원
仁德 히대영 올림

동아대학교 부민캠퍼스 _ 대한민국 형법·형사소송법 발상지

대법원 판결문에서 법문장 문제점과 개선방안

1. "안타깝고 서글프다. 난해한 어휘와 길고 답답한 문장은 비난의 대상이 되었다. 긴 문장을 여러 개의 문장으로 나누고, 주어가 바뀌면 문장을 끝내야 하며, 세 줄을 넘으면 마침표를 찍고 새로 문장을 시작하고, 두괄식으로 글을 쓰자고 제의한다. 우리나라 판결문에 문제가 있다. 판결문의 문장구성방식에 기인한다. 동사 중심으로 다시 풀어씀으로써 우리 어법에 맞는 말로 돌아올 수 있다."(고종주, 재판의 법리와 현실 −소송사건을 이해하고 표현하는 방법−, 법문사, 2011, 142면).

2. "판결 문장 작성의 2대 원리 − 품위 있고 읽기 쉽게. 쉬운 단어와 짧은 문장, 핵심사항을 간결 명료, 귀로 읽어 걸림이 없어야 한다. 능동태로 사용한다. 단순 긍정으로 적는다. 구체적이고 생생하게 재현하고 논증은 두괄식이다. 어법에 맞는 단어와 문장을 정확하게 쓴다. 판결문이 그 자체로 완결성을 갖추었는지 최종 점검한다. 좋은 판결문은 완성도가 높다. 명료하여 오해 여지가 없어야 한다. 서술 체제가 잘 정돈되어 있어야 한다. 품위를 갖추고 있다는 점, 법원 견해이자 국가 의사, 소중한 의견과 희망을 담은, 향기롭고 아름다운 그릇이어야 한다."(고종주, 재판의 법리와 현실 −소송사건을 이해하고 표현하는 방법−, 법문사, 2011, 125∼233면 요약).

3. "거대한 문장 덩어리를 바꾸어야 한다. 짧고 명료하게 판결문을 써야 한다. 판결문은 요점을 추려도 도해圖解가 가능해야 한다. 강제력이 있는 국가의 중요한 문서는 당사자를 설득하는 글이다. 동사 중심으로 돌아와야 한다. 진행과정의 끝이 장면으로 선명하게 떠올려야 정확한 의미를 터득할 수 있다."(고종주, 재판의 법리와 현실 −소송사건을 이해하고 표현하는 방법−, 법문사, 2011, 125∼233면 요약).

4. "재판서는 실용 문서이므로, 건조한 학술논문식의 글쓰기를 연상시키는 방식이나 체제는 권장하고 싶지 않다. ① 짧은 문장, ② 쟁점별로 번호와 소제목 넣어 쓰기, ③ 결론을 앞에 내세우는 두괄식 문장 쓰기, ④ 도표와 수식, 각주 등 적절히 활용하기 등이다. 괄호를 벗긴 다음, 문장 중에 그 취지가 자연스럽게 녹아들게 표현한다. 법관의 책상위에 용례가 풍부한 우리말 사전 외에 동의어 사전이 있어야 되는 이유가 바로 그 때문이다."(고종주, 재판의 법리와 현실 －소송사건을 이해하고 표현하는 방법－, 법문사, 2011, 157~160면 요약).

5. "역사에 길이 남는 명문은 주로 쉬운 문장이다. 국민들의 입술에서, 가슴에서 오래도록 살아 있는 그런 명문의 판결문을 만나게 되기를 많은 사람이 바라고 있다. 언어 광복이 있어야 한다. 법률문장론이나 법조계 글쓰기 개혁운동이 확산되어야 한다."(고종주, 재판의 법리와 현실 －소송사건을 이해하고 표현하는 방법－, 법문사, 2011, 167~169면 요약).

【출전】 하태영, 대법원 판결문에서 법문장 문제점과 개선방안, 동아법학 제75호, 동아대학교 법학연구소, 2017, 1－55면(51－52면).

차 례

제3장 공소와 심판대상 105

제4장 공 판 129

제5장 증 거 135

제6장 재 판   213

형사소송법 기초이론

01~03

무기평등원칙
피고인 방어권과 변호인 변호권

형사소송법 제33조 제1항 제1호가 정한 필요적 국선변호인 선정사유인 '구속'의 의미

대법원 2024. 5. 23. 선고 2021도6357 전원합의체 판결
[상해]

피고인이 이 사건과는 별개의 형사사건에서 발부된 구속영장과 확정된 유죄판결의 집행으로 계속 구금된 상태에서 국선변호인이 선정되지 않은 채 변호인 없이 제1심 및 원심의 공판절차가 진행되어 징역 3개월의 유죄판결이 선고된 사안이다. · **요약**

(1) 인천지방법원은 2020. 9. 9. 건조물침입죄 등으로 공소제기된 피고인에 대하여 징역 1년을 선고하면서 구속영장을 발부하였다(이하 피고인과 관련하여 '별건'을 언급할 때에는 위 건조물침입죄 등 사건을 가리킨다). 위 판결은 2021. 3. 11. 확정되었다.

(2) 피고인에 대한 이 사건 공소가 2020. 12. 22. 제기됨에 따라, 위 구속영장과 확정판결의 집행으로 피고인이 구금된 상태에서, 이 사건 제1심 및 원심 공판절차가 진행되었다.

(3) 제1심에서, 피고인은 2021. 1. 12. '빈곤 기타 사유'를 이유로 국선변호인의 선정을 청구하였으나, 제1심법원은 이를 기각하였다. 제1심법원은 2021. 1. 14. 이 사건 공소사실을 유죄로 인정하면서 피고인에게 징역 3개월을 선고하였고, 피고인은 이에 대하여 양형부당을 이유로 항소하였다.

(4) 원심에서도, 피고인을 위한 국선변호인의 선정 없이 피고인만 출석한 상태에서 2021. 4. 13. 제1회 공판기일이 진행된 다음 곧바로 변론이 종결되었다. 원심은 2021. 5. 4. '제1심판결 선고 이후 확정된 위 별건의 죄'와 '이 사건의 죄'가 형법 제37조 후단의 경합범 관계에 있다는 이유로 제

1심판결을 파기하면서도 다시 피고인에게 징역 3개월을 선고하였다.

[법리 쟁점]
필요적 국선변호인 선정사유인 형사소송법 제33조 제1항 제1호의 '피고인이 구속된 때'의 의미를 피고인이 별건으로 구속영장이 발부되어 집행되거나 다른 형사사건에서 유죄판결이 확정되어 그 판결의 집행으로 구금상태에 있는 경우도 포괄하는 것으로 해석하여야 하는지 여부(적극)

[참조조문]
헌법 제12조, 형사소송법 제33조 제1항 제1호, 제69조, 제473조 제1항, 제2항, 제474조 제2항, 제475조, 제492조, 형법 제37조

[참조판례]
대법원 2009. 5. 28. 선고 2009도579 판결(변경); 대법원 2011. 9. 29. 선고 2011도10441 판결(변경); 대법원 2011. 11. 10. 선고 2011도12108 판결(변경); 대법원 2012. 6. 28. 선고 2012도5420 판결(변경); 대법원 2016. 6. 9. 선고 2016도4479 판결(변경); 대법원 2017. 1. 12. 선고 2016도19006 판결(변경).

[원심 판단]
제1심법원은 피고인에게 유죄를 선고하였다.
원심법원은 피고인에게 유죄를 선고하였다.
피고인이 상고하였다.

[대법원 판단]
대법원은 원심판결을 파기하고, 사건을 인천지방법원에 환송한다.
종전 대법원은 형사소송법 제33조 제1항 제1호의 '피고인이 구속된 때'라고 함은, 원래 구속제도가 형사소송의 진행과 형벌의 집행을 확보하기 위하여 법이 정한 요건과 절차 아래 피고인의 신병을 확보하는 제도라는 점 등에 비추어 볼 때 피고인이 해당 형사사건에서 구속되어 재판을 받는 경우를 의미하고, 피고인이 해당 형사사건이 아닌 별개의 사건 즉 별건으로 구속되어 있거나 다른 형사사건에서 유죄로 확정되어 수형 중인 경우는 이에 해당하지 않는다고 판시하여 왔다(대법원 2000도579 판결 등, 이하 '종래의 판례 법리').

대법원은 전원합의체 판결을 통하여 위와 같은 법리를 설시하면서, 필요적 국선변호인 선정사유인 '피고인이 구속된 때'를 '해당 형사사건에서 구속되어 재판을 받는 경우'로 한정하여 해석할 것은 아니고, 피고인이 별건으로 구속영장이 발부되어 집행되거나 다른 형사사건에서 유죄판결이 확정되어 그 판결의 집행으로 구금 상태에 있는 경우 또한 이에 해당하는 것이라고 판시하여 필요적 국선변호인 선정사유인 '구속'의 의미를 종래의 판례 법리보다 확대하였다.

이에 따라 국선변호인을 선정하지 않은 채 변호인 없이 피고인만 출석한 상태에서 공판기일을 진행하여 판결을 선고한 원심의 조치에는 소송절차가 형사소송법을 위반하여 판결에 영향을 미친 잘못이 있다고 보아 원심을 파기·환송하였다.

이러한 다수의견에 대하여, 대법관 이동원, 대법관 노태악, 대법관 신숙희의 별개의견과 다수의견에 대한 대법관 김상환, 대법관 권영준의 보충의견이 있다. 그중 별개의견의 요지는 다음과 같다.

- 형사소송법 제33조 제1항 제1호의 '피고인이 구속된 때'라고 함은 피고인이 해당 형사사건에서 구속되어 재판을 받는 경우를 의미하고, 피고인이 별건으로 구속되어 있거나 다른 형사사건에서 유죄로 확정되어 수형 중인 경우는 이에 해당하지 않는다고 판시한 종래의 판례 법리는 여전히 타당하므로 그대로 유지되어야 하고, 다만, 이 사건에서 국선변호인의 선정 없이 피고인만 출석한 상태에서 공판기일을 진행하여 판결을 선고한 원심판결을 파기하여야 한다는 다수의견의 결론에는 동의한다.

- 형사소송법은 해당 형사사건에서 적정한 형벌권을 실현하기 위한 절차를 규정한 것이므로, 형사소송법 제33조 제1항 제1호가 정한 구속 또한 해당 형사사건에서의 신병 확보를 위한 구인 또는 구금을 가리키는 것으로 보아야 한다.

- 종래의 판례 법리와 이에 따른 재판 실무에 따르더라도 다른 사건 등으로 구금 상태에 있는 피고인에 대하여 방어권을 충분히 보장할 수 있고, 피고인의 방어권 보장과 신속한 사법 정의의 실현 등을 위한 사법자원의 효율적 배분을 조화롭게 도모할 수 있다.

- 법조문을 목적론적 해석에 맞추어 정의하는 것은 입법을 해석으로 대체하려는 것이 되어 타당하지 않다.

낭독 형사소송법 판결문 01

대법원 2024. 5. 23. 선고 2021도6357 전원합의체 판결 [상해]

〈형사소송법 제33조 제1항 제1호가 정한 필요적 국선변호인 선정사유인 '구속'의 의미〉

판시 사항

형사소송법 제33조 제1항 제1호에서 필요적 국선변호인 선정사유 중 하나로 정한 '피고인이 구속된 때'가 피고인이 해당 형사사건에서 구속되어 재판을 받고 있는 경우에 한정되는지 여부(소극) 및 피고인이 별건으로 구속영장이 발부되어 집행되거나 다른 형사사건에서 유죄판결이 확정되어 그 판결의 집행으로 구금 상태에 있는 경우도 포괄하는지 여부(적극)

판결 요지

[1] [다수의견] 형사소송법 제33조 제1항 제1호는

피고인에게 변호인이 없는 때에

법원이 직권으로 변호인을 선정하여야 할 사유

(이하 '필요적 국선변호인 선정사유'라고 한다) 중 하나로

'피고인이 구속된 때'를 정하고 있다.

• 형사소송법 제33조 제1항 제1호 필요적 국선변호인 선정사유 '피고인이 구속된 때'

대법원은 그동안 형사소송법 제33조 제1항 제1호의

'피고인이 구속된 때'란,

원래 구속제도가 형사소송의 진행과 형벌의 집행을

확보하기 위하여

법이 정한 요건과 절차 아래

피고인의 신병을 확보하는 제도라는 점 등에 비추어 볼 때

피고인이 해당 형사사건에서 구속되어

재판을 받는 경우를 의미하고,

피고인이 해당 형사사건이 아닌 별개의 사건,

즉 별건으로 구속되어 있거나

다른 형사사건에서 유죄로 확정되어

수형 중인 경우는 이에 해당하지 않는다고

판시하여 왔다(이하 '종래의 판례 법리'라고 한다). · 종래 판례 법리

형사소송법 제33조 제1항 제1호의 문언,

위 법률조항의 입법 과정에서 고려된

'신체의 자유', '변호인의 조력을 받을 권리',

'공정한 재판을 받을 권리' 등

헌법상 기본권 규정의 취지와 정신 및

입법 목적 그리고 피고인이 처한 입장 등을 종합하여 보면,

형사소송법 제33조 제1항 제1호의 '피고인이 구속된 때'란

피고인이 해당 형사사건에서

구속되어 재판을 받고 있는 경우에

한정된다고 볼 수 없고,

피고인이 별건으로 구속영장이 발부되어 집행되거나

다른 형사사건에서 유죄판결이 확정되어

그 판결의 집행으로 구금 상태에 있는 경우

또한 포괄하고 있다고 보아야 한다. · 구금 상태

구체적인 이유는 다음과 같다.

(가) '구속'이라는 법 문언의 의미

① 형사소송법 제69조는 "본법에서 구속이라 함은

구인과 구금을 포함한다."라고 하여

'구속'의 구체적인 의미를 제시하지 않고

단지 '구인과 구금'을 포함하는 개념이라고만 정의하고 있다.

'구속'의 사전적 의미는
'행동이나 의사의 자유를 제한하거나 속박하는 것'을 말하고,
'구금'의 사전적 의미는
'강제력에 의하여 특정인을 특정 장소에 가두어
그의 의사에 따른 장소적 이동을 금지하는 것'을 뜻한다.

이처럼 '구속'의 의미를
그 사전적 의미나 정의 규정에 따라
'피고인의 행동이나 의사의 자유를 제한하거나
속박하는 구금 상태'로 이해하면,
해당 형사사건으로 구속되어 있는 경우와
별건으로 구속되어 있는 경우
그리고 다른 형사사건에서 유죄판결이 확정되어
그 판결의 집행으로 구금 상태에 있는 경우
모두가 '구속'의 개념에 어렵지 않게 포함될 수 있다.

형사소송법 제33조 제1항 제1호가 정한 법 문언을
그대로 따르더라도
필요적 국선변호인 선정사유인 '구속'은
해당 형사사건의 구속으로 한정되어 있지 않다.

② 형사소송법이 재판의 집행에 관하여,
'사형, 징역, 금고 또는 구류의 선고를 받은 자가
구금되지 아니한 때에는
검사는 형을 집행하기 위하여 이를 소환하여야 하고,
소환에 응하지 아니한 때에는
검사는 형집행장을 발부하여 구인하여야 한다.'

(제473조 제1항 및 제2항)고 규정하고 있거나,
"형집행장은 구속영장과 동일한 효력이 있다."(제474조 제2항),

'형집행장의 집행에는
피고인의 구속에 관한 규정을 준용한다.'(제475조),
'노역장유치의 집행에는 형의 집행에 관한 규정을 준용한다.'
(제492조)라고 정하고 있는 것에도 주목하여 보면,

형사소송법은 형 집행에 따른 수용(수용)도
'구속'의 한 유형인 '구금'에 해당하는 것으로
구성하고 있는바,
형사소송법상의 '구속'이 반드시
수사와 재판을 위한 신병 확보라는 기능적 개념에만
한정되는 것이 아님을 알 수 있다.

적어도 필요적 국선변호인 선정사유에 해당하는지
여부를 판단함에 있어서
'구속'의 한 유형인 '구금'의 개념을
'해당 사건과의 관련성 유무'나
'유죄판결의 확정 전후'로 구별해서
이해하여야 할 뚜렷한 이유를 찾기 어렵다.

③ 종래의 판례 법리도 '구속'이라는 법 문언의 본래적 의미가
해당 형사사건의 구속으로 한정된다는 이유에서보다는,
피고인의 신병 확보라는
구속제도의 역할과 기능 등을 규범적으로 고려하여
형사소송법 제33조 제1항 제1호에서 정한
'피고인이 구속된 때'의 의미를
제한적으로 해석하였다고 이해된다. · 제한 해석

결국 필요적 국선변호인 선정사유로서
위 '구속'의 의미를 해석함에 있어서,
구속의 제도적 의의 등을 충분히 고려하되,
바로 그 구속으로 인하여
피고인의 헌법 및 형사소송법상 권리에 미칠
부정적 영향 등을 막거나
최소화하기 위하여 마련된
국선변호인 제도의 의미와 기능 등에도
주목하여 이를 반영할 필요가 있다.

(나) 헌법 그리고 입법 목적을 고려한 해석

① 헌법 제12조는 제1항 제1문에서
"모든 국민은 신체의 자유를 가진다."라고 규정하고
그에 이어 제1항 제2문 내지 제7항에서
신체의 자유를 위한 일련의 절차적 보장을 규정하고 있다.

특히 헌법 제12조 제4항 본문은
신체의 자유를 보장하기 위한 절차적 권리로서
누구든지 '체포 또는 구속을 당한 때
즉시 변호인의 조력을 받을 권리'를 가진다고 규정하였다.
나아가 헌법 제12조 제4항 단서에서는
"형사피고인이 스스로 변호인을 구할 수 없을 때에는
법률이 정하는 바에 의하여 국가가 변호인을 붙인다."
라고 하여 국회로 하여금
국선변호인 제도를 입법하도록 명시하고 있다.

② 국회는 2006. 7. 19. 법률 제7965호로

형사소송법을 개정하면서
'피고인이 구속된 때'를 필요적 국선변호인 선정사유로
처음 규정하였는데,
그 이유로 내세운 것
역시 '국선변호인 제도를 두고 있는 헌법 정신을
구체화하고 형사절차에서 침해될 수 있는
인신의 자유, 절차적 기본권 등
국민의 인권을 최대한 보장하기 위하여 ·인권보장
구속 피고인에 대하여도
필요적으로 국선변호인을 선정하도록 하려는 것'이었다.

③ 관련 헌법규정의 취지와 정신
그리고 입법 목적을 고려하면,
형사소송법 제33조 제1항 제1호의 제도적 의의를
다음과 같이 이해할 수 있다.

㉮ 형사재판은 유무죄를 판단하고 형을 정하는 절차로
그 과정 및 결과 모두가
형사재판을 받는 피고인에게 중대한 영향을 미친다.

㉯ 헌법과 형사소송법이
피고인에게 다양한 방어적 권리를 부여하고 있지만,
전문가의 도움 없이
피고인 스스로 수사기관이자 법률전문가인 검사를 상대로
자신을 효과적으로 변호한다는 것은 매우 어려운 일이다.
그래서 헌법은 변호인의 조력을 받을 권리를
중요한 기본권으로 정하고 있다. ·헌법 정신 방어권과 변호권 보장

㉰ 피고인이 구속되어 구금된 상태라면 더욱 그렇다.

정신적·육체적으로 제한되고 위축될 뿐만 아니라
사회와 단절됨에 따라
유리한 증거 수집 등 공소에 대한 방어에
상당한 제약을 받을 수밖에 없게 된다.

㉣ 이처럼 형사재판에서
검사와 구속 피고인 사이에 존재할 수 있는
'힘의 불균형'을 바로잡아
'법이라는 저울의 형평성'을 복원하기 위해서는
법률전문가인 변호인이 피고인을 조력하는 것이 필요하다.

그렇기 때문에
구속 피고인에게 변호인이 없는 때에는
국가가 비용을 들여서라도
반드시 변호인을 선정하여
그가 구속 피고인을 위해 조력하도록 해야 한다. • 피고인 방어권

㉤ 기본적 인권 옹호를 사명으로 하는 변호인이
구속 피고인의 방어력을 보충함으로써
형사재판의 법정에서
'무죄 추정을 받는 피고인'과 '검사'는 대등한 지위에서
적법한 절차에 따라 공방을 할 수 있다.
이를 통해 공정한 재판에 대한
당사자나 일반 국민의 신뢰를
높일 수 있는 사회적 토대가 두터워질 수 있다. • 무기평등원칙

④ 위와 같은 이해에 따르면,
국선변호인을 반드시 선정할 상황으로
입법자가 상정한 '피고인이 구속된 때'를

'해당 형사사건에서 구속되어 재판을 받는 경우'로
굳이 한정하여 해석할 것은 아니다.

피고인이 별건으로 구속영장이 발부되어 집행되거나
다른 형사사건에서 유죄판결이 확정되어
그 판결의 집행으로 구금 상태에 있는 경우
또한 필요적 국선변호인 선정사유인
'피고인이 구속된 때'에 해당한다고 보아야 한다. ·구금상태설

여러 죄를 범한 동일 피고인에 대하여
검사가 그중 일부를 분리기소하거나
법원이 별건으로 계속 중인 사건을 병합하는지 여부,
일부 죄에 대한 판결이 먼저 확정되는지 여부와
그 시기 등에 따라
'해당 형사사건에서의 구속 상태',
'별건 구속 상태',
'다른 형사사건에서 유죄로 확정되어 형 집행 중인 상태'로
구금 상태의 유형이 달라질 수 있는데,^{있다.}

구금 상태로 인한
정신적·육체적 제약이나 사회와의 단절 등으로
국가의 형벌권 행사에 대한 피고인의 방어권이
크게 제약된다는 실질이나 제약된 방어력의 보충을 위해
국선변호인의 선정이 요청되는 정도는
구금 상태의 이유나 상황에 관계없이 모두 동일하기 때문이다.

이러한 해석은
특별히 신체구속을 당한 사람에 대하여
변호인의 조력을 받을 권리를 기본권으로 보장하고 있는 등

관련 헌법규정의 취지와 정신을
가장 잘 실현할 수 있도록 하면서
입법 목적 또한 충실하게 구현할 수 있게 하는 것이다.

나아가 국선변호인 제도가
경제적 약자의 형사사법절차상 권리를
실질적으로 보장하기 위한 것이므로
그 적용 범위를 되도록 넓게 인정하는 방향으로
국선변호인 제도를 운용할 필요가 있다는 관점에서도
타당성을 찾을 수 있다. · 국선변호인제도의 목적과 운용

(다) 사건이 아닌 피고인의 입장에 선 해석

변호인의 조력을 받을 권리를 통한 방어권의 보장은
사건의 병합이나 분리 여부와 무관하게
형사재판을 받는 피고인의 입장 및 관점에서 실현되어야 한다.

① 동일한 피고인이 범한 여러 죄가
하나의 재판절차에서 진행되는지
또는 분리되어 여러 재판절차에서 진행되는지 등의 사정에 따라
이론적으로는 피고인의 구속을 해당 형사사건 구속과
별건 구속 또는 형 집행으로 구분할 수 있지만,^{있다.}

피고인의 입장에서 보면
'해당 형사사건에서의 구속 상태',
'별건 구속 상태',
'다른 형사사건에서 유죄로 확정되어 형 집행 중인 상태'
모두 '구금 상태'라는 점에서는 전혀 다르지 않다.

해당 사건과 별건의 구분은

입건된 사건별로 수사하거나
분리기소 내지 추가기소 혹은 한 개
또는 수 개의 법원에 계속된 사건의 병합·분리 여부 등
수사, 기소, 재판에 이르는 일련의 형사사법절차에 의해
여러 개의 사건으로 구분된 것일 뿐,
피고인의 의사와는 기본적으로 무관하다고 볼 여지가 크다.

다른 형사사건에서 유죄판결이 확정되어
그 형이 집행된 경우 역시
동일한 피고인이 범한 여러 죄 중 일부에 관하여
먼저 판결이 확정되어
형의 집행을 받는 수형자가 된 상황일 뿐이다.

② 형법 제37조 후단의 경합범 규정이
판결이 확정된 죄와
확정 전에 범한 죄를 경합범으로 함으로써
'여러 개의 죄를 동시에 재판받을 경우와의 형평성'을
실체법적 관점에서 구현한 것이라면,

필요적 국선변호인 선정사유인 '구속'의 의미를
앞서 본 바와 같이 해석하는 것은
'동시에 재판받을 경우와의 형평성'을
절차법적 관점에서 관철하는 것이다.

피고인이 구속된 상태에서
여러 사건이 병합기소되거나 병합심리되어
동시에 재판받을 경우
필요적 국선변호인 선정사유에 해당되어
병합된 모든 사건에 관하여

변호인의 조력을 받게 되는바, ᵈ된다.

구속된 피고인의 의사와 무관하게
여러 죄를 동시에 재판받지 못하게 되는 상황에서도
모든 사건에 관하여
변호인의 조력을 받을 기회를 제공함으로써
절차적 형평성을 구현할 필요가 있다.

즉, 동일한 피고인이 범한 여러 죄가 병합되지 않거나 분리된 채
서로 다른 법원이나 재판부에서 심리되었다는 사정으로
변호인의 조력을 받을 권리가
일부 사건으로 제한되지 않도록
'구속'의 의미를 해석함으로써
여러 죄를 동시에 재판받을 경우와 비교하여
피고인의 방어권 보장에
상당한 불균형이 발생하지 않도록 하여야 한다.

[대법관 이동원, 대법관 노태악, 대법관 신숙희의 별개의견]
형사소송법 제33조 제1항 제1호의 '피고인이 구속된 때'란 피고인이 해당 형사사건에서 구속되어 재판을 받는 경우를 의미하고, 피고인이 별건으로 구속되어 있거나 다른 형사사건에서 유죄로 확정되어 수형 중인 경우는 이에 해당하지 않는다고 판시한 종래의 판례 법리는 여전히 타당하므로 그대로 유지되어야 한다. 다수의견과 같이 확립된 선례를 변경하지 않고도 구체적인 사안에서 타당한 해결이 가능할 뿐만 아니라 필요적 국선변호인 선정사유인 '구속'의 범위를 확대하는 해석론은 문언해석의 범위를 넘는 것으로서 사회적 공감대가 형성된 후 국회의 입법절차를 통하여 해결하는 것이 바람직하다. 그 이유의 요지는 다음과 같다.
첫째, 종래의 판례 법리는 형사소송법 제33조 제1항 제1호의 법 문언과 규정체계, 입법자의 의사에 부합한다. 형사소송법 제33조 제1항 제1호

에서 명시적으로 해당 형사사건으로 인한 구속을 의미하는 '구속'이라고
만 규정하고 있음에도 불구하고, 별건으로 구속영장이 발부되어 집행
중이거나 다른 형사사건에서 유죄판결이 확정되어 그 판결의 집행으로
구금 상태에 있는 경우까지 이에 포함된다고 해석할 수 없다.

둘째, 종래의 판례 법리는 '구속'이 형사소송법상 필요적 국선변호인 선
정시유로 도입된 이후 현재에 이르기까지 반복적으로 선언된 법리로서
이에 따른 재판 실무가 안정적으로 유지되고 있다. 형사소송법 제33조
제1항 제1호의 '구속'을 해당 형사사건으로 인한 구속으로 해석하더라도
해당 형사사건이 아닌 다른 사건 등으로 구금 상태에 있는 피고인에 대
하여 필요한 경우 피고인의 청구에 의하거나 법원이 직권으로 국선변호
인을 선정함으로써 피고인의 방어권을 충분히 보장할 수 있으므로 신체
의 자유와 변호인의 조력을 받을 권리 및 공정한 재판을 받을 권리 등
헌법상 보장된 기본권의 취지나 정신에 반하지 아니한다. 확립된 판례
를 변경하려면 이를 정당화할 명확한 근거가 있어야 하나, 다수의견이
들고 있는 논거들은 추상적 선언에 그칠 뿐 그 구체적인 사유를 제시하
지 못한다.

셋째, 필요적 국선변호인 선정사유에 관하여 해당 형사사건에서 구속되
어 재판을 받는 경우와 별건으로 구속되었거나 확정된 유죄판결의 집행
으로 구금 상태에 있는 경우가 피고인의 방어권에 미치는 영향 등이 같
다고 보기 어렵다. 다수의견과 같이 필요적 국선변호인 선정사유인 '구
속'을 확대해석한다면 자칫 신속한 사법 정의의 실현 등을 위한 사법자
원의 효율적 배분에 어긋나는 결과도 가져올 수 있다. 종래의 판례 법
리는 피고인의 방어권 보장과 사법자원의 효율적 배분을 조화롭게 도모
할 수 있는 법리이다.

넷째, 피고인의 충실한 방어권 보장이라는 형사법의 방향성은 충분히
공감하나, 법조문을 목적론적 해석에 맞추어 정의하는 것은 입법을 해
석으로 대체하려는 것으로서 타당하지 않다. 특히 형사사건에서 유죄판
결이 확정되어 그 판결의 집행으로 구금 상태에 있는 사람은 형의 집행
을 받고 있는 사람이지 구속된 사람이 아님이 문언상 분명함에도 필요

적 국선변호인 선정사유인 '구속'에 해당한다고 보는 것은 법 문언의 가능한 해석의 한계를 넘는 것이다.

[2] 이와 달리 형사소송법 제33조 제1항 제1호의
'피고인이 구속된 때'라고 함은
피고인이 해당 형사사건에서
구속되어 재판을 받고 있는 경우를 의미하고,
피고인이 별건으로 구속되어 있거나
다른 형사사건에서 유죄로 확정되어 수형 중인 경우는
이에 해당하지 않는다고 판시한
앞서 본 대법원판결을 비롯한 같은 취지의 대법원판결은
이 판결의 견해에 배치되는 범위 내에서
모두 변경하기로 한다. · 전원합의체 대법원 판례 변경

판결 해설

대상판결 쟁점은 무기평등원칙이다. 피고인 방어권과 변호인 변호권이다. 형사소송법 제33조 제1항 제1호 필요적 국선변호인 선정사유인 '구속'의 의미가 문제가 된 사건이다.

피고인은 상고이유로, 줄곧 구속 상태에 있었던 자신을 위하여 국선변호인이 선정되지 않은 채 진행된 제1심 및 원심의 재판 과정이 위법하다는 취지로 주장한다. 결국 이 사건의 쟁점은, 필요적 국선변호인 선정사유인 형사소송법 제33조 제1항 제1호의 '피고인이 구속된 때'의 의미를 종래의 판례 법리처럼 해당 형사사건에서 구속되어 재판을 받는 경우로 한정하여 해석할 것인지, 아니면 그와 같이 한정하여 볼 것이 아니라 피고인이 별건으로 구속영장이 발부되어 집행되거나 다른 형사사건에서 유죄판결이 확정되어 그 판결의 집행으로 구금 상태에 있는 경우 또한 위 법률조항에서 정한 필요적 국선변호인 선정사유에 해당한다고 볼 것인지 여부이다.

대법원은, 형사소송법 제33조 제1항 제1호의 문언, 위 법률조항의 입

법 과정에서 고려된 '신체의 자유', '변호인의 조력을 받을 권리', '공정한 재판을 받을 권리' 등 헌법상 기본권 규정의 취지와 정신 및 입법목적 그리고 피고인이 처한 입장 등을 종합하여 보면, 형사소송법 제33조 제1항 제1호의 '피고인이 구속된 때'라고 함은 피고인이 해당 형사사건에서 구속되어 재판을 받고 있는 경우에 한정된다고 볼 수 없고, 피고인이 별건으로 구속영장이 발부되어 집행되거나 다른 형사시건에서 유죄판결이 확정되어 그 판결의 집행으로 구금 상태에 있는 경우 또한 포괄하고 있다고 보아야 한다고 판단하였다.

대상판결은 무기평등원칙·피고인 방어권과 변호인 변호권·형사소송법 제33조 제1항 제1호 필요적 국선변호인 선정사유인 '구속'의 의미를 명확히 설명한다. 대법원 판결은 타당하다. 국가고시·변호사시험 선택형·사례형으로 출제 가능성이 있다. 변호인·국선변호인 정리이다. 피고인 열악한 방어능력·사건 중대성·필요적 변호사건·위반효과를 공부한다.

대상판결은 후속 판결에 큰 영향을 준다. 몇 개를 살펴보면 다음과 같다.
대법원 2024. 6. 27 선고 2023도6592 판결 [사기]
대법원 2024. 6. 27 선고 2022도15875 판결 [의료법위반]
대법원 2024. 7. 11 선고 2024도6203 판결 [사기]
대법원 2024. 7. 11 선고 2024도6850 판결 [사기방조]
대법원 2024. 7. 11 선고 2024도5566 판결 [성폭력범죄의처벌등에관한특례법위반(허위영상물편집·반포등)·성폭력범죄의처벌등에관한특례법위반(비밀준수등)]
대법원 2024. 7. 18 선고 2023두36800 전원합의체 판결 [보험료부과처분취소] 〈동성 동반자에 대한 국민건강보험 피부양자 인정 여부가 문제된 사건〉
대법원 2024. 7. 25 선고 2024도8202 판결 [사기]

형사소송법 제33조 제1항 제1호의 문언, 위 법률조항의 입법 과정에서 고려된 '신체의 자유', '변호인의 조력을 받을 권리', '공정한 재판을 받을 권리' 등 헌법상 기본권 규정의 취지와 정신 및 입법 목적 그리고 피고인이 처한 입장 등을 종합하여 보면, 형사소송법 제33조 제1항 제1호가 필요적 국선변호인 선정사유 중 하나로 정하고 있는 '피고인이 구속된 때'라고 함은 피고인이 해당 형사사건에서 구속되어 재판을 받고 있는 경우에 한정된다고 볼 수 없고, 피고인이 별건으로 구속영장이 발부되어 집행되거나 다른 형사사건에서 유죄판결이 확정되어 그 판결의 집행으로 구금 상태에 있는 경우 또한 포괄하고 있다고 보아야 한다(대법원 2024. 5. 23. 선고 2021도6357 전원합의체 판결 참조).

형사소송법 제282조에 규정된 필요적 변호사건에 해당하는 사건에서 제1심의 공판절차가 변호인 없이 이루어져 증거조사와 피고인신문 등 심리가 이루어졌다면, 그와 같은 위법한 공판절차에서 이루어진 증거조사와 피고인신문 등 일체의 소송행위는 모두 무효이므로, 이러한 경우 항소심으로서는 변호인이 있는 상태에서 소송행위를 새로이 한 후 위법한 제1심판결을 파기하고, 항소심에서의 증거조사 및 진술 등 심리 결과에 기초하여 다시 판결하여야 한다(대법원 1995. 4. 25. 선고 94도2347 판결, 대법원 2015. 12. 24. 선고 2015도10544 판결 등 참조).

답안 작성

답안 15점 – 목차 제외 15줄 이상 (판례 내용 정확하게 인용 요망)

Ⅰ. 사안 쟁점

쟁점은 2가지이다. 첫째, 형사소송법 제33조 제1항 제1호에서 필요적 국선변호인 선정사유 중 하나로 정한 '피고인이 구속된 때'가 피고인이 해당 형사사건에서 구속되어 재판을 받고 있는 경우에 한정되는지 여부이다.

둘째, 피고인이 별건으로 구속영장이 발부되어 집행되거나 다른 형사사건에서 유죄판결이 확정되어 그 판결의 집행으로 구금 상태에 있는 경우도 포괄하는지 여부이다.

II. 형사소송법 제33조 제1항 제1호의 '피고인이 구속된 때' 법리와 대법원 판례 변경

1. 학설 대립

(1) 해당 형사사건 구속재판 한정설

(2) 다른 형사사건 구금상태 포괄설

(3) 사견: 변호인 조력을 받을 권리를 통한 방어권 보장은 사건의 병합이나 분리 여부와 무관하게 형사재판을 받는 피고인의 입장 및 관점에서 실현되어야 한다. 피고인의 입장에서 보면 '해당 형사사건에서의 구속 상태', '별건 구속 상태', '다른 형사사건에서 유죄로 확정되어 형집행 중인 상태' 모두 '구금 상태'라는 점에서는 전혀 다르지 않다.

2. 신구 판례 분석

(1) 종전 판례: 한정설이다. 형사소송법 제33조 제1항 제1호의 '피고인이 구속된 때'라고 함은 피고인이 해당 형사사건에서 구속되어 재판을 받고 있는 경우를 의미하고, 피고인이 별건으로 구속되어 있거나 다른 형사사건에서 유죄로 확정되어 수형 중인 경우는 이에 해당하지 않는다.

(2) 변경 판례: 구금상태 포괄설이다. 피고인이 별건으로 구속영장이 발부되어 집행되거나 다른 형사사건에서 유죄판결이 확정되어 그 판결의 집행으로 구금 상태에 있는 경우 또한 필요적 국선변호인 선정사유인 '피고인이 구속된 때'에 해당한다고 보아야 한다. ☞ 사건이 구속사유에 해당하는 때

III. 사안 해결

원심 법원이 국선변호인을 선정하지 않은 채 변호인 없이 피고인만 출석한 상태에서 공판기일을 진행하여 판결을 선고한 경우, 대법원은 소송절차가 형사소송법을 위반하여 판결에 영향을 미친 잘못이 있다고 보아 원심을 파기·환송하여야 한다.

피고인 방어권과 변호인 변호권
형사소송법 제33조 제3항 국선변호인

> 국선변호인의 선정 없이 공판심리가 이루어져 피고인의 방어권이
> 침해되었는지 여부가 문제된 사건
>
> 대법원 2024. 7. 11. 선고 2024도4202 판결
> [마약류관리에관한법률위반(향정)]

[공소사실 요지]

피고인은 구속상태에서 공소제기되어 제1심에서 사선변호인을 선임하여 공소사실을 다투었다. 제1심이 무죄판결을 선고하자, 검사가 사실오인 등을 이유로 항소를 제기한 사안이다. ·요약

피고인은 2019. 11.경 마약류 관리에 관한 법률 위반(향정)죄로 징역 8개월을 선고받고 2020. 1.경 그 형의 집행을 종료한 사람으로, 2022. 1. 28.경 및 2022. 5. 23.경 각 향정신성의약품인 메트암페타민을 투약하였다.

(1) 피고인은 2018. 4.경 마약류 관리에 관한 법률 위반(향정)죄로 징역 8개월을 선고받고 2018. 11.경 그 형의 집행을 종료한 것을 비롯하여 동종 범죄로 처벌받은 전력이 약 12회에 이른다.

(2) 피고인은 수사기관에서부터 제1심법원에 이르기까지 양극성 정동장애로 조울증 약을 복용한 지 20년 이상이 되었다고 주장하면서 진단서를 수차례 제출하였고, 제1심법원에서는 정신감정을 신청하기도 하였다. 피고인에 대한 종전 판결문(대구지방법원 2002노2277)에도 20여 년 전부터 정신공황증으로 치료를 받았다고 기재되어 있고, 대구 (병원명 생략)병원 의사 공소외 1 발행의 진단서에는 양극성 정동장애가 주병명으로 2009년부터 치료 중이라고 기재되어 있다.

(3) 피고인은 구속상태에서 공소제기되었고, 제1심법원에서 국선변호인을 선정하였다가 피고인이 사선변호인을 선임하여 국선변호인 선정이 취소되

었다.

(4) 피고인의 제1심 사선변호인의 신청에 의해 실시된 제1심법원의 대구 성서경찰서장에 대한 사실조회 결과, 피고인 측의 제보로 4명을 구속 수사, 1명을 불구속 수사한 사실이 있음이 밝혀졌는데, 위 5명은 모두 마약류 관리에 관한 법률 위반(향정)죄 등으로 공소제기되었고 누범에 해당되며 징역형의 실형이 선고되었다.

(5) 제1심법원은 총 8회 공판기일을 열어 증인 공소외 2에 대한 증인신문과 국립과학수사연구원에 대한 사실조회 등 증거조사를 하였고, 2023. 2. 14. 피고인에 대하여 2022. 1. 28.자 범행의 경우 주된 증거인 공소외 2의 수사기관 및 법정 진술은 믿기 어렵고 달리 범죄의 증명이 없으며 2022. 5. 23.자 범행의 경우 피고인의 자백 진술에 대한 보강증거가 없다는 등의 이유로 무죄를 선고하였으며, 제1심판결에 대하여 검사가 사실오인 등을 이유로 항소하였다.

(6) 원심법원은 2023. 12. 13. 및 2024. 1. 17. 변호인이 선임되지 않은 피고인에 대하여 국선변호인을 선정하지 않은 채 제1회 및 제2회 공판기일을 진행하고 변론을 종결하였고, 2024. 2. 7. 검사의 주장을 받아들여 공소외 2의 수사기관 및 제1심 진술은 신빙성이 있고 자백의 진실성을 담보할 보강증거도 있다는 등의 이유로 제1심판결을 파기하고 피고인을 징역 1년 2개월에 처하는 판결을 선고하였다.

(7) 피고인은 2024. 2. 7. 원심판결에 대하여 상고하였고, 2024. 3. 12. 국선변호인 선정을 청구하면서 자신이 「국민기초생활 보장법」에 따른 '생계급여 일반수급자', '의료급여 수급자', '주거급여 수급자'에 해당한다는 내용의 수급자 증명서를 제출하였으며, 대법원은 2024. 3. 14. 국선변호인 선정결정을 하였다.

[법리 쟁점]

법원이 형사소송법 제33조 제3항에 따른 국선변호인 선정 필요성을 판단할 때 고려하여야 할 사정

[참조조문]

[1] 헌법 제12조 제4항, 형사소송법 제33조 [2] 형사소송법 제33조 제3항 [3] 형사소송법 제33조 제3항 [4] 헌법 제12조 제4항, 형사소송법 제33조 제3항, 제383조 제1호

[참조판례]

[1] 대법원 2010. 4. 29. 선고 2010도881 판결(공2010상, 1080)

[원심 판단]

제1심법원은 피고인에게 무죄를 선고하였다.

원심법원은 피고인에게 유죄를 선고하였다.

원심은, 변호인이 선임되지 않은 피고인에 대하여 국선변호인을 선정하지 않은 채 공판기일을 진행하고 변론을 종결한 다음, 검사의 주장을 받아들여 제1심판결을 파기하고 피고인을 실형에 처하는 유죄판결을 선고하였다. 피고인이 상고하였다.

[대법원 판단]

대법원은 원심판결을 파기하고, 사건을 대구지방법원에 환송한다.

대법원은, 피고인에 대하여 원심에서 국선변호인이 선정되었다면 피고인이 제1심 증인 진술의 신빙성과 자백 보강증거의 유무 등에 대하여 보다 구체적으로 다투거나, 대법원 양형위원회의 양형기준에서 정한 특별양형인자 중 감경요소인 '중요한 수사협조'나 '심신미약(본인 책임 없음)' 등 자신에게 유리한 양형사유를 주장하고 양형 자료를 수집·제출하는 등의 방법으로 방어권을 행사할 여지가 있었다.

그러므로 원심으로서는 피고인의 나이와 지능 및 교육 정도, 피고인의 경제력, 검사의 주장에 대하여 보다 구체적으로 다투거나 피고인에게 유리한 양형요소를 주장할 필요성 등을 충분히 살펴 피고인의 권리보호를 위하여 필요하다고 인정하면 피고인의 명시적 의사에 반하지 아니하는 범위에서 국선변호인을 선정하는 절차를 취했어야 한다.

대법원은 이와 달리 피고인의 권리보호를 위하여 국선변호인을 선정함이 필요하다고 인정할 수 있는 여러 사정을 제대로 살피지 않은 채 국선변호인을 선정하지 않고 피고인만 출석한 상태에서 공판기일을 진행하여 판결을 선고한 원심을 파기·환송하였다.

낭독 형사소송법 판결문 02

대법원 2024. 7. 11. 선고 2024도4202 판결 [마약류관리에관한법률위반(향정)]
〈국선변호인의 선정 없이 공판심리가 이루어져 피고인의 방어권이 침해되었는지
여부가 문제된 사건〉

판시 사항

[1] 형사소송법 제33조에서 규정한 국선변호인 제도의 취지와 내용

[2] 약물중독 등으로 인한 심신미약 정도, 마약 투약으로 수사받던 피고인이 중요한 수사협조를 하여 특별감경 양형요소로 반영될 개연성이 높은 경우 등 피고인에게 유리한 양형요소를 주장할 필요성이 있는 경우, 피고인의 권리보호를 위하여 국선변호인을 선정하여 방어권을 보장해 줄 필요가 있는지 여부(적극)

[3] 제1심법원이 피고인에 대하여 무죄를 선고하였으나 검사가 항소한 사안에서 항소법원이 변호인이 선임되지 않은 피고인에 대하여 검사의 항소를 받아들여 유죄를 선고하는 경우, 피고인의 권리보호를 위하여 공판심리단계에서부터 국선변호인의 선정을 더욱 적극적으로 고려하여야 하는지 여부(적극)

[4] 형사소송법 제33조 제3항을 적용하여 국선변호인을 선정하여 방어권을 보장해 줄 필요가 있는지 판단할 때 고려하여야 할 사정 / 이때 국선변호인을 선정할 필요가 있음에도 국선변호인의 선정 없이 공판심리가 이루어져 피고인의 방어권이 침해됨으로써 판결에 영향을 미친 경우, 형사소송법 제33조 제3항을 위반한 것인지 여부(적극)

판결 요지

[1] 형사소송법 제33조는
헌법 제12조에 의하여
피고인에게 보장된 변호인의 조력을 받을 권리가
공판심리절차에서 효과적으로 실현될 수 있도록

일정한 경우에 직권 또는 피고인의 청구에 의한

법원의 국선변호인 선정의무를 규정하는 한편(제1항, 제2항),

피고인의 나이·지능 및 교육 정도 등을 참작하여

권리보호를 위하여 필요하다고 인정되면

피고인의 명시적 의사에 반하지 아니하는 범위에서

법원이 국선변호인을 선정하여야 한다고 규정하고 있다(제3항).

한편 「마약류 관리에 관한 법률」은 제1조에서

마약·향정신성의약품·대마 및 원료물질의

취급·관리를 적정하게 하고

마약류 중독에 대한 치료·예방 등을 위하여

필요한 사항을 규정함으로써

그 오용 또는 남용으로 인한 보건상의 위해를 방지하여

국민보건 향상과 건강한 사회 조성에 이바지함이

목적이라고 선언하고 있다.

[2] 형사소송법 제33조 제3항과 관련하여

대법원은, 시각장애인 또는 청각장애인 피고인의 경우

피고인의 나이·지능·교육 정도를 비롯한

시각장애 또는 청각장애의 정도 등을 확인한 다음

권리보호를 위하여 필요하다고 인정하면

시각장애인인 피고인의 명시적 의사에 반하지 아니하는

범위에서 국선변호인을 선정하여

방어권을 보장해 줄 필요가 있다고 하였다

(대법원 2010. 4. 29. 선고 2010도881 판결, 대법원 2010. 6. 10. 선고 2010도
4629 판결 등 참조). •피고인 방어권 보장

또한, 공소제기된 범죄의 내용과 보호법익,

피고인의 직업이나 경제력, 범죄 전력,
예상되는 주형과 부수처분의 종류, 약물중독 등으로 인한
심신미약 정도, 마약 투약으로
수사 받던 피고인이 중요한 수사협조를 하여
특별감경 양형요소로 반영될 개연성이 높은 경우 등
피고인에게 유리한 양형요소를 주장할 필요성이 있다면
피고인의 권리보호를 위하여서는
피고인의 명시적 의사에 반하지 아니하는 범위에서
국선변호인을 선정하여 방어권을 보장해 줄
필요가 있다고 할 것이다. ·국선변호인 선정

[3] 나아가 항소심에서의 국선변호인 선정과 관련하여
대법원은, 제1심에서 피고인의 청구 또는 직권으로
국선변호인이 선정되어 공판이 진행된 경우
항소법원은 특별한 사정변경이 없는 한
국선변호인을 선정하는 것이 바람직하다고 강조해 왔다(대법원 2013.
7. 11. 선고 2013도351 판결 등 참조). ·항소심 국선변호인 선정

또한 제1심법원이 피고인에 대하여 벌금형을 선고하였으나
검사만이 양형부당으로 항소한 사안이나
제1심법원이 피고인에 대하여 집행유예를 선고하였으나
검사만이 양형부당을 이유로 항소한 사안에서
항소법원이 변호인이 선임되지 않은 피고인에 대하여
검사의 양형부당 항소를 받아들여
형을 선고하는 경우에는
공판심리단계에서부터 국선변호인의 선정을
적극적으로 고려하여야 한다는 점도 누차 강조해 왔다
(대법원 2016. 11. 10. 선고 2016도7622 판결, 대법원 2019. 9. 26. 선고 2019

도8531 판결 등 참조), · 공판심리단계에서 국선변호인 선정
한편 항소심에서
양형이 피고인에게 불리하게 변경되는 경우뿐 아니라,
제1심법원이 피고인에 대하여 무죄를 선고하였으나
검사가 항소한 사안에서
항소법원이 변호인이 선임되지 않은 피고인에 대하여
검사의 항소를 받아들여 유죄를 선고하는 경우에는
공판심리단계에서부터 국선변호인의 선정을
더욱 적극적으로 고려하여야 한다.

그리하여 국선변호인이 피고인을 위하여
유죄 증명을 위한 검사의 주장과
증거 제출에 대응하는 데에서 나아가,
제1심의 무죄 판결에서는 판단된 바 없는
양형에 관한 주장과 그에 관한 자료를 제출하도록 함으로써
피고인의 권리를 보호할 필요성은 충분하다고 할 것이다. · 양형 자료

[4] 위와 같은 헌법상 변호인의 조력을 받을 권리 및
형사소송법상 국선변호인 제도의 취지와
형사소송법 제33조 제3항 및 항소심에서의 국선변호인 선정과
관련한 판례의 취지에 비추어 보면,
법원으로서는 피고인의 나이·지능 및 교육 정도, 건강상태,
다투는 내용에 관하여
피고인 홀로 방어권 행사가 가능한 수준과 정도,
피고인의 재판을 도와줄 가족이 있는지 여부 등을
충분히 살펴 권리보호를 위하여 필요하다고 인정되면
형사소송법 제33조 제3항의 규정을 적용하여
피고인의 명시적 의사에 반하지 아니하는 범위에서

국선변호인을 선정하여 방어권을 보장해 줄 필요가 있다.

그런데도 국선변호인의 선정 없이 공판심리가 이루어져
피고인의 방어권이 침해됨으로써
판결에 영향을 미쳤다고 인정되는 경우에는
형사소송법 제33조 제3항을 위반한 위법이 있다고 보아야 한다.

판결 해설

대상판결 쟁점은 무기평등원칙이다. 피고인 방어권과 변호인 변호권이다. 형사소송법 제33조 제3항 국선변호인이다. 국선변호인의 선정 없이 공판심리가 이루어져 피고인의 방어권이 침해되었는지 여부가 문제된 사건이다.

대법원은, 항소심에서 양형이 피고인에게 불리하게 변경되는 경우뿐 아니라, 제1심법원이 피고인에 대하여 무죄를 선고하였으나 검사가 항소한 사안에서 항소법원이 변호인이 선임되지 않은 피고인에 대하여 검사의 항소를 받아들여 유죄를 선고하는 경우에는 공판심리단계에서부터 국선변호인의 선정을 더욱 적극적으로 고려하여야 한다고 판단하였다.

이 사안에서 헌법상 변호인의 조력을 받을 권리 및 형사소송법상 국선변호인 제도의 취지와 형사소송법 제33조 제3항 및 항소심에서의 국선변호인 선정과 관련한 판례의 취지에 비추어 보면, 법원으로서는 피고인의 나이·지능 및 교육 정도, 건강상태, 다투는 내용에 관하여 피고인 홀로 방어권 행사가 가능한 수준과 정도, 피고인의 재판을 도와줄 가족이 있는지 여부 등을 충분히 살펴 권리보호를 위하여 필요하다고 인정되면 형사소송법 제33조 제3항의 규정을 적용하여 피고인의 명시적 의사에 반하지 아니하는 범위에서 국선변호인을 선정하여 방어권을 보장해 줄 필요가 있다.

그런데도 국선변호인의 선정 없이 공판심리가 이루어져 피고인의 방어권이 침해됨으로써 판결에 영향을 미쳤다고 인정되는 경우에는 형사소송법 제33조 제3항을 위반한 위법이 있다고 판단하였다.

대상판결은 무기평등원칙·피고인 방어권과 변호인 변호권·형사소송법 제33조 제3항 국선변호인·국선변호인의 선정 없이 공판심리가 이루어져 피고인의 방어권이 침해되었는지 여부에 대한 판단기준 법리를 명확히 설명한다. 대법원 판결은 타당하다. 국가고시·변호사시험 선택형으로 출제 가능성이 있다.

피고인 방어권과 변호인 변호권

1. 피고인 방어권

피고인은 검사에 대립하는 당사자이다. 방어권의 주체이다. 방어권이란 피고인이 자기의 정당한 이익을 방어할 수 있는 권리이다. 방어를 준비하는 권리·진술권·진술거부권·증거조사 방어권·방어권 보충이 있다. 변호인 조력권·변호인 선임권·접견교통권·국선변호인 조력권이 있다. 방어권 행사는 참여권이다. 기피신청권·관할이전신청권·상고권·상소권회복청구권·압수·수색영장 집행에 참여권·증인신문 참여권·검증·감정 참여권이 있다. 수사와 재판에서 피고인 방어권을 침해하면 적법절차를 위반이다. 판결에 영향을 미치면 상고이유가 된다(이주원, 형사소송법, 제6판, 박영사, 2024, 42–44면 참조).

2. 변호인 변호권

변호인은 선임된 보조자이다. 피의자·피고인 방어권을 보충하는 임무를 수행한다. 형사소송법 제30조는 피의자·피고인에 대한 변호인 선임권을 규정하고 있다. 변호권은 대리권과 고유권이 있다. 변호인은 대리가 허용되는 모든 소송행위에 포괄적 대리권을 갖는다. 종속대리권은 관할이전신청·관할위반신청·상소취하·정식재판청구 등을 말한다. 독립대리권은 구속취소청구·보석청구·증거보전청구·증거조사 이의신청·공판기일변경신청 등을 말한다.

변호인은 변호인 지위에서 독자적 권리를 갖는다. 고유권은 접견교통권·피의자신문참여권·피고인신문권·상고심변론권을 말한다. 공판기일출석권과 최종의견진술권은 변호인과 피고인이 함께 가지는 권리이다(이주원, 형사소송법, 제6판, 박영사, 2024, 50–66면 참조).

3. 헌법 제12조 제4항 변호인 조력권

재판장이 변론종결시 고지하였던 선고기일을 변경하는 경우, 피고인과 변호인에게 사전에 통지하는 절차를 거쳐야 한다. 재판장이 급박하게 변경하여 판결을 선고하는 일은 피고인 방어권과 변호인 변호권을 심각하게 침해하는 일이다. 헌법 제12조 제4항 변호인 조력권 위반이다.

🖎 **참조 조문**

헌법 제12조

④ 누구든지 체포 또는 구속을 당한 때 즉시 변호인 조력을 받을 권리를 가진다. 다만 형사피고인이 스스로 변호인을 구할 수 없을 때 법률에 근거하여 국가가 변호인을 붙인다. • **헌법 제12조 제4항 변호인 조력권**

⑤ 누구든지 체포 또는 구속의 이유와 변호인의 조력을 받을 권리가 있음을 고지받지 아니하고는 체포 또는 구속을 당하지 아니한다. 체포 또는 구속을 당한 자의 가족등 법률이 정하는 자에게는 그 이유와 일시·장소가 지체없이 통지되어야 한다.

【출처】 대한민국 헌법 전부개정 1987.10.29 [헌법 제10호, 시행 1988.2.25.] 국회사무처

4. 상고이유

상고는 제2심판결에 대해 대법원에 제기하는 상소이다. 주된 기능은 법령해석 통일이다. 상고이유는 4가지로 엄격하게 제한한다. 피고인 방어권과 변호인 변호권 침해는 판결에 영향을 미친 헌법·법률 위반에 해당한다.

형사소송법 제383조(상고이유)

다음 사유가 있을 경우에는 원심판결에 대한 상고이유로 할 수 있다. 〈개정 1961.9.1, 1963.12.13〉

1. 판결에 영향을 미친 헌법·법률·명령 또는 규칙의 위반이 있는 때
2. 판결 후 형의 폐지나 변경 또는 사면이 있는 때
3. 재심청구의 사유가 있는 때
4. 사형, 무기 또는 10년 이상의 징역이나 금고가 선고된 사건에 있어서 중대한 사실의 오인이 있어 판결에 영향을 미친 때 또는 형의 양정이 심히 부당하다고 인정할 현저한 사유가 있는 때

【출처】 형사소송법 일부개정 2024.10.16 [법률 제20460호, 시행 2025.1.17.] 법무부

소송서류
형사재판확정기록 열람·등사 제한사유

> **형사재판확정기록에 대한 열람·등사 신청 시**
> **형사소송법 제59조의2 제2항 본문 제3호에서 정한**
> **열람·등사 제한사유에 해당하는지 여부가 문제된 사건**
>
> 대법원 2024. 11. 8.자 2024모2182 결정
> [재판확정기록열람등사거부처분취소·변경일부인용결정에대한재항고]

[공소사실 요지]

준항고인은 '준항고인이 피해자가 성관계하는 장면을 몰래 촬영한 사진과 성적 모욕감을 주는 문구가 담긴 전단지를 피해자가 근무하는 회사 차고지 주차차량들 앞 유리창에 꽂아 반포하였다'는 범죄사실로 유죄판결이 확정되었다. 피해자는 이로 인해 심한 정신적 충격과 고통을 겪고 사회생활에도 지장을 받는 등 상당한 피해를 입었다.

준항고인은 위 사건에서 충분한 방어 기회를 부여받았다. 준항고인은 위 판결 확정 후 재판확정사건에서 이미 배척된 주장을 반복하며 총 4회에 걸쳐 재심청구를 하였다가 모두 재심청구기각결정을 받았다. 그 밖에 피해자를 무고, 위증, 명예훼손 등 혐의로 여러 차례 고소하였다.

준항고인은 위 사건에서 증거로 제출되어 조사된 각 서류에 대하여 검찰청에 열람·등사신청을 하였다. 그러나 검사가 그 신청을 거부하자, 준항고를 제기하였다.

[법리 쟁점]

[1] 형사소송법 제59조의2 본문 제3호에서 정한 열람·등사 제한사유인 '소송기록의 공개로 인하여 사건관계인의 명예나 사생활의 비밀 또는 생명·신체의 안전이나 생활의 평온을 해할 우려가 있는 경우'에 해당하는지 여부를 판단하는 방법 및 그 판단기준

[2] 검사의 형사재판확정기록 열람·등사 거부 또는 제한 처분에 대한 불복절차에서 법원의 심리방법

[참조조문]
형사소송법 제59조의2

[참조판례]
대법원 2012. 3. 30.자 2008모481 결정; 대법원 2013. 3. 5.자 2009모621 결정; 대법원 2022. 2. 11.자 2021모3175 결정(공2022상, 592)

[원심 판단]
원심법원은 검사의 열람·등사거부처분을 취소하고, 준항고인의 나머지 신청을 기각하는 결정을 하였다.

준항고에 대한 검사의 의견을 구체적으로 확인하지 않은 채 '준항고인이 열람·등사를 신청한 소송기록의 서류들 중 원심 별지 목록 기재 각 서류는 진술인의 성명 등 개인정보 부분을 제외하면 그 내용이 준항고인에게 공개된다고 하더라도 사건관계인의 명예나 생활의 평온 등을 현저히 해할 우려가 있다고 보기 어렵다. 이 부분에 관한 검사의 열람·등사거부처분을 취소하고, 준항고인의 나머지 신청을 기각하는 결정을 하였다.

이에 대하여 검사는 의견서를 제출하고, 2024. 6. 7. '원심의 열람·등사거부처분 취소결정 중 원심 별지 목록 기재 18번, 28번 서류를 제외한 나머지 서류(이하 '이 사건 각 서류')에 관하여는 형사소송법 제59조의2 제2항 제3호에서 정한 열람·등사 제한사유가 존재하고 그 제한의 예외에 해당하는 정당한 사유가 없다'는 이유로 재항고를 제기하였다.

[대법원 판단]
대법원은 원심결정 중 수원지방검찰청 검사가 한 열람·등사거부처분을 취소한 부분(다만 원심 별지 목록 기재 각 서류 중 18번, 28번 서류에 관한 부분 제외)을 파기하고, 이 부분 사건을 수원지방법원에 환송한다.

대법원은, ① 이 사건 각 서류가 재판확정사건에서 증거로 제출되어 조사된 것이기는 하나, 준항고인이 피해자의 휴대전화로 전송한 사진(피해자의 명예 등을 현저히 해할 우려가 있다고 보아 원심에서 신청 기각된 부분)과 관련한 내용이 포함되어 있을 가능성이 있고, 피해자의 진술증거에는 피해사실 자체에 대한 진술뿐만 아니라 피해자의 인적관계, 평소 성생

활 등 은밀한 사생활의 내막, 성관계 장소나 경위, 사진에 나타난 사람의 신체적 특징 등이 포함되어 있을 가능성이 높으며, 참고인들의 진술증거에도 그들이 알게 된 피해자의 피해사실 등이 기재되어 있을 가능성이 있는 점,

② 준항고인의 이 사건 각 서류 열람·등사 신청에 대하여 피해자와 참고인들은 대체로 부정적인 의사를 가지고 있거나 그럴 가능성이 있어 보이는 점 등에 비추어 보면, 준항고인이 피해자를 상대로 저지른 성폭력범죄의 내용과 그 경위, 범행 전후의 상황, 피해자가 입은 피해 정도, 합리성이 결여된 측면이 있는 준항고인의 이 사건 열람·등사 신청이유, 재판 확정 후 준항고인의 피해자에 대한 계속된 적대적 태도, 열람·등사를 구하는 소송기록의 구체적 내용, 소송기록의 제3자 제공이나 기록 내용의 유출, 누설 등의 위험성과 그에 따른 피해자에 대한 2차 피해 가능성 등을 종합적으로 고려할 때, 준항고인의 신청에 따라 열람·등사의 방법으로 이 사건 각 서류 중 전부 또는 일부가 공개된다면 '피해자 등 사건관계인의 명예나 사생활의 비밀 또는 생명·신체의 안전이나 생활의 평온을 현저히 해할 우려가 있는 경우'에 해당할 여지가 상당하다.

그러므로 원심으로서는 공개제한사유의 존재 여부나 공개제한의 예외에 해당하는 사유를 판단함에 필요한 제반 사정들을 소송서류 등별로 충실하게 심리한 다음 공개제한사유의 존재 여부를 사회통념에 따라 객관적으로 판단하여야 한다. 만일 공개제한사유가 존재할 경우에는 예외에 해당하는 정당한 사유가 있는지를 제반 사정을 비교·교량하는 방법으로 면밀하게 살펴 이 사건 각 서류의 열람·등사를 거부한 검사의 처분의 위법 여부 및 당부를 신중하게 판단하고 그 처분의 취소 여부나 취소 범위 등을 결정하였어야 한다고 보아, 원심을 파기·환송하였다.

낭독 형사소송법 판결문 03

대법원 2024. 11. 8.자 2024모2182 결정 [재판확정기록열람등사거부처분취소·변경일부인용결정에대한재항고]

〈형사재판확정기록에 대한 열람·등사 신청 시 형사소송법 제59조의2 제2항 본문 제3호에서 정한 열람·등사 제한사유에 해당하는지 여부가 문제된 사건〉

형사소송법 제59조의2의 취지 / 형사소송법 제59조의2 제2항 본문에서 정한 공개제한사유 중 제3호 사유인 '소송기록의 공개로 인하여 사건관계인의 명예나 사생활의 비밀 또는 생명·신체의 안전이나 생활의 평온을 현저히 해할 우려가 있는 경우'에 해당하는지 판단하는 방법 및 형사재판확정 사건의 범죄기 개인의 인격권, 사생활의 비밀, 생명·신체의 안전, 생활의 평온 그 자체를 보호법익으로 하거나 이와 밀접한 관련이 있는 성폭력범죄, 스토킹범죄, 보복범죄 등인 경우, 재판기록의 공개에 있어 유의할 사항 / 형사소송법 제59조의2 제2항 단서에서 '열람 또는 등사에 관하여 정당한 사유가 있다고 인정되는 경우'의 의미 및 구체적인 사안이 이에 해당하는지 판단하는 방법 / 형사재판확정기록의 열람·등사신청에 관한 검사의 거부나 제한 처분 등에 대한 불복 방법(=준항고) 및 이러한 불복절차에서 법원의 심리방법

[1] 형사소송법은 국민의 알권리를 보장하고
사법에 대한 국민의 신뢰를 제고하려는 목적에서
정보공개의 원칙을 유지하면서도
국가의 안전보장, 공공복리 등과 같은 국가적·사회적 이익이나
사건관계인의 사생활의 비밀, 생명·신체의 안전, 영업비밀 등
이익이 부당하게 침해되지 않도록
형사재판절차 및 그 소송기록이 가지는 특수성을 고려하여
기록공개에 일정한 제한 혹은 한계를 설정하려는 취지에서
형사재판확정기록의 공개와 제한 등에 관하여
제59조의2를 두고 있다(대법원 2013. 3. 5.자 2009모621 결정 참조).

• 형사소송법 제59조2(형사재판확정기록 열람·복사)

형사소송법 제59조의2는 제1항에서

누구든지 권리구제 등 목적으로
재판이 확정된 사건의 소송기록을 보관하고 있는 검찰청에
그 소송기록의 열람 또는 등사를 신청할 수 있다고 하면서도,
제2항 본문 각호로 정한 사유 중 어느 하나에 해당하는 경우에는
검사가 소송기록의 전부 또는 일부의 열람 또는 등사를
제한할 수 있도록 규정하고 있다. • 형사재판확정기록의 공개와 제한

[2] 형사소송법 제59조의2 제2항 본문에서 정한
공개제한사유 중 제3호의 사유는
"소송기록의 공개로 인하여 사건관계인의 명예나 사생활의 비밀
또는 생명·신체의 안전이나 생활의 평온을
현저히 해할 우려가 있는 경우"이다.

여기에 해당하는지 여부는
신청인과 사건관계인의 관계,
형사재판확정 사건 범죄의 보호법익,
범죄사실의 구체적 내용, 피해 양상과 그 정도,
범행 전후의 정황, 확정된 재판 결과 및 내용과
이에 대한 사건관계인의 관련 정도, 재판 확정 후
피고인 등 소송관계인의 태도,
열람·등사 신청의 실질적 동기나 목적,
열람·등사를 구하는 소송기록에 포함된 각 문서와 증거물,
사진 등(이하 '소송서류 등'이라 한다)이
생성·작성·제출된 경위와 그 주체 및 구체적 내용과 형식
(진술증거인 경우 그 진술의 주체와 구체적 내용),
열람·등사 허용 시 소송기록의 제3자 제공이나
소송기록 내용의 유출·누설 등 위험 정도,
기록 공개 여부에 대한 사건관계인의 구체적 의사 등

여러 사정을 종합적으로 고려하여

신청인의 알권리 및 재판공개의 원칙이 물러서야 할 만큼

사건관계인의 명예나 사생활의 비밀

또는 생명·신체의 안전이나 생활의 평온을

현저히 침해할 가능성이나 위험이 있는지를 기준으로

사회통념에 따라 객관적으로 판단하여야 한다. · 비교·교량

이때 재판기록의 공개 가능성은

재판의 공개와 필연적으로 연결되는 것이 아니고

시간의 흐름에 따라 그에 대한 법익 평가가 달라질 수 있으므로있다.

단순히 피해자 등 사건관계인의 진술조서 등이

공개된 법정에 증거로 제출되어 조사가 이루어졌다거나

피고인이 재판과정에서

그 소송서류 등을 열람·등사할 수 있었다는 등의

단편적 사정에 터 잡아

형사재판이 확정된 이후의 시점에

그 소송서류 등의 공개로 인해

사건관계인의 사생활의 비밀 등이

침해될 우려가 없다고 섣불리 단정하여서는 아니 된다.

특히 형사재판확정 사건의 범죄가

개인의 인격권, 사생활의 비밀, 생명·신체의 안전,

생활의 평온 그 자체를 보호법익으로 하거나

이와 밀접한 관련이 있는 성폭력범죄, 스토킹범죄,

보복범죄 등인 경우에는 관련 법령에서

피해자 등 사건관계인의 사생활이나

신변 보호를 강하게 요청하고 있는 취지나

피해자 등 사건관계인이

범죄피해나 수사·재판 상황에서
조속히 벗어나 일상을 회복하고
형사재판 확정에 따른 법적 안정성을 누릴 이익 등이
손상되지 않도록 각별히 유의할 필요가 있다.

[3] 한편, 형사소송법 제59조의2 제2항 단서에서는
같은 항 본문 각호로 정한 공개제한사유가 있다고 하더라도
소송관계인이나 이해관계 있는 제3자가
열람 또는 등사에 관하여 정당한 사유가 있다고 인정되는 경우에는
열람 또는 등사를 제한할 수 없도록
공개제한의 예외를 규정하고 있다.

여기서 '열람 또는 등사에 관하여
정당한 사유가 있다고 인정되는 경우'란
재판확정기록의 열람 또는 등사로 인하여
국가·사회 및 사건관계인 등에게 초래될 불이익보다
이로 인하여 소송관계인이나 이해관계 있는 제3자가
얻게 될 이익이 우월한 경우를 뜻하고, 뜻한다.
구체적인 사안이 이에 해당하는지 여부는
형사재판절차와 그 소송기록의 특수성을 고려하여
신청인의 열람 또는 등사의 목적과 필요성,
그로 인하여 생길 수 있는 사건관계인의 피해의 내용과 정도 등
제반 사정을 종합적으로 비교·교량하여 신중하게
판단하여야 한다(대법원 2012. 3. 30.자 2008모481 결정 참조).

[4] 이와 같이 형사재판확정기록에 관해서는
형사소송법 제59조의2에서 정한 바에 따라
열람·등사신청이 허용되고

이에 관한 검사의 거부나 제한 처분 등에 대한 불복은
준항고 방식에 의한다(대법원 2022. 2. 11.자 2021모3175 결정 참조).
따라서 준항고를 준용하는 불복절차에서
법원은 의견제출 기회 부여, 석명, 심문 등을 통해
신청인 및 검사 양측에 공개제한사유가 있는지 여부와
공개제한사유가 있더라도
그 예외에 해당하는 정당한 사유가 있는지 여부를
구체적으로 소명하게 하거나
검사로부터 해당 소송기록을 제출받아
그 내용을 확인하는 등의 방법으로
소송기록의 열람·등사 제한사유 존부 내지
제한예외 해당 여부에 관한 판단에 필요한 제반 사정들을
소송서류 등별로 충실하게 심리한 다음,
이를 바탕으로 해당 소송기록의 열람 또는 등사를 거부하거나
제한한 검사의 처분의 위법 여부 및 당부를 판단하여야 하고,^{한다.}

공개가 일부 허용될 필요가 있다고 보더라도
각 소송서류 등 가운데
공개가 가능한 부분과 공개를 제한할 부분이
혼합되어 있는 경우에는
그 분리 가능 여부에 따라 공개 범위 등을 정하여야 하며,
열람 또는 등사 중 합리적이고 적정한 공개 방법 등을 고려하여
그 처분의 취소 여부와 취소 범위를 결정하여야 한다. · 공개범위

판결 해설

　대상판결 쟁점은 소송서류이다. 형사재판확정기록 열람·등사 제한사유이다. 형사재판확정기록에 대한 열람·등사 신청 시 형사소송법 제59조의2 제2항 본문 제3호에서 정한 열람·등사 제한사유에 해당하는지 여

부가 문제된 사건이다.

대법원은, 형사재판확정기록에 관해서는 형사소송법 제59조의2에서 정한 바에 따라 열람·등사신청이 허용되고 이에 관한 검사의 거부나 제한 처분 등에 대한 불복은 준항고 방식에 의한다. 따라서 준항고를 준용하는 불복절차에서 법원은 의견제출 기회 부여, 석명, 심문 등을 통해 신청인 및 검사 양측에 공개제한사유가 있는지와 공개제한사유가 있더라도 그 예외에 해당하는 정당한 사유가 있는지를 구체적으로 소명하게 하거나 검사로부터 해당 소송기록을 제출받아 그 내용을 확인하는 등의 방법으로 소송기록의 열람·등사 제한사유 존부 내지 제한예외 해당 여부에 관한 판단에 필요한 제반 사정들을 소송서류 등별로 충실하게 심리하여야 한다. 그 다음, 이를 바탕으로 해당 소송기록의 열람 또는 등사를 거부하거나 제한한 검사의 처분의 위법 여부 및 당부를 판단하여야 하고, 공개가 일부 허용될 필요가 있다고 보더라도 각 소송서류 등 가운데 공개가 가능한 부분과 공개를 제한할 부분이 혼합되어 있는 경우에는 그 분리 가능 여부에 따라 공개 범위 등을 정하여야 하며, 열람 또는 등사 중 합리적이고 적정한 공개 방법 등을 고려하여 그 처분의 취소 여부와 취소 범위를 결정하여야 한다고 판단하였다.

이 사안에서 원심은 형사소송법 제59조의2 제2항 제3호의 공개제한사유의 존재 여부를 판단함에 있어 고려하여야 할 여러 사정에 관하여 제대로 심리하지 아니한 채 이 사건 각 서류에 대한 열람·등사를 거부한 검사의 처분을 취소하였다. 이러한 원심 결정에는 형사소송법 제59조의2 제2항 제3호의 열람·등사 제한사유의 판단 기준과 방법 등에 관한 법리를 오해한 나머지 심리미진으로 재판에 영향을 미친 위법이 있다.

대상판결은 소송서류·형사재판확정기록 열람·등사 제한사유·형사재판확정기록에 대한 열람·등사 신청 시 형사소송법 제59조의2 제2항 본문 제3호에서 정한 열람·등사 제한사유에 해당하는지 여부에 대한 판단 기준 법리를 명확히 설명한다. 대법원 판결은 타당하다. 국가고시·변호사시험 선택형으로 출제 가능성이 있다.

수 사

04~11

적법절차
압수목록 작성·교부 의무

> ### 압수목록의 작성·교부 의무에 관한 사건
> 대법원 2024. 1. 5.자 2021모385 결정
> [압수처분에대한준항고기각결정에대한재항고]

[공소사실 요지]

피준항고인이 2020. 7. 1. 발부된 압수·수색영장에 따라 2020. 7. 3. 압수·수색을 실시하면서 준항고인 소유의 물품 박스 약 9,000개를 압수한 다음 2020. 9. 7. 상세 압수목록을 교부한 사건이다. · 요약

가. 이 사건 제1·2차 압수처분의 경위

(1) 서울본부세관 소속 특별사법경찰관(이하 '서울본부세관'이라 한다)은 2020. 6. 26. 이 사건 제1차 압수·수색영장을 집행하던 중 재항고인으로부터 그 소유의 화장품 219상자를 임의제출 받은 후 2020. 7. 8. 이 사건 제2차 압수 ·수색영장을 집행하여 이를 재차 압수하였다(이하 '이 사건 제1차 압수처분'이라 한다)

(2) 서울본부세관은 2020. 7. 3. 이 사건 제2차 압수·수색영장을 집행하여 재항고인으로부터 그 소유의 화장품 9,523상자를 압수하였는데(이하 '이 사건 제2차 압수처분'이라 한다), 이 사건 제2차 압수·수색영장의 '압수할 물건' 부분에 '압수대상이 되는 화장품의 수량이 과다하여 압수·수색현장에서 범칙물품의 품명, 규격, 수량의 파악이 어려운 경우 압수물의 포장 단위로 일단 압수하고 해당 품명, 규격, 수량을 사후에 확정'이라는 문구가 포함되어 있었다.

(3) 서울본부세관은 2020. 7. 4. 재항고인의 대표자 신청외인에게 이 사건 제2차 압수처분에 따른 압수목록을 작성·교부하였는데, 압수물 중 화장품과 관련하여 '② 물건명화장품(박스), ③ 수량 9,523, ⑥ 비고 178파렛트'

외에 이를 구체적으로 특정할 수 있는 내용이 기재되어 있지 않았고, '압수목록상 물품의 상세품명, 규격, 수량은 사후 확정함'이라는 문구와 신청외인의 서명·무인이 기재되어 있었다.

(4) 서울본부세관은 2020. 7. 8. 재항고인의 대표자 신청외인에게 이 사건 제1차 압수처분에 따른 압수목록을 작성·교부하였는데, '② 물건명 화장품(박스), ③ 수량 219, ⑥ 비고 7파렛트' 외에 압수물을 구체적으로 특정할 수 있는 내용이 기재되어 있지 않았고, '압수목록상 물품의 상세품명, 규격, 수량은 사후 확정함'이라는 문구와 신청외인의 서명·무인이 기재되어 있었다.

나. 상세 압수목록의 작성 경위

(1) 서울본부세관은 2020. 7. 9.부터 2020. 7. 17.까지 80여 명의 인력을 투입하여 이 사건 제1차·제2차 압수물의 품명·수량·Lot번호·제조번호 등을 모두 확인한 후 한글·엑셀 등 파일로 작성하였다. 서울본부세관은 그 무렵부터 위 파일을 여러 화장품 제조회사에 개별적으로 송부하여 2020. 8. 26.경까지 압수물의 면세점 납품 여부 등을 조사하였다.

(2) 재항고인은 2020. 8. 13. 서울본부세관에 이 사건 제1차·제2차 압수물에 대한 상세 압수목록(이하 '상세 압수목록'이라 한다) 미교부 등을 이유로 압수물의 환부를 요구하는 내용증명을 보냈으나, 서울본부세관은 2020. 8. 24.경 이를 거부하였다.

(3) 재항고인은 2020. 9. 2. 상세 압수목록 미교부 등을 이유로 환부 청구를 하였고, 이에 비로소 서울본부세관은 2020. 9. 7. 재항고인에게 상세 압수목록을 교부한 후 2020. 9. 11. 압수된 화장품 총 239,249개 중 154,800개를 환부하였다.

(4) 상세 압수목록에는 물건명·수량·Lot번호 및 세트명(비고란)만 기재되어 있을 뿐 제조사, 면세품 여부 등은 기재되어 있지 않았다.

[법리 쟁점]

압수목록의 작성·교부 시기(＝원칙적으로 압수 직후) 및 작성 방법 / 이는 임의제출에 따른 압수의 경우에도 마찬가지인지 여부(적극) / 압수목록 작성·교부 시기의 예외를 인정하기 위한 요건 / 압수물과 혐의사실과의 관련성 여부에 관한 평가 및 그에 필요한 추가 수사를 이유로 압수목록 작성·교부의무를 해태·거부할 수 있는지 여부(소극)

[참조조문]

형사소송법 제49조 제3항, 제57조 제1항, 제129조, 제218조, 제219조, 구 검사의 사법경찰관리에 대한 수사 지휘 및 사법경찰관리의 수사 준칙에 관한 규정(2020. 10. 7. 대통령령 제31089호 검사와 사법경찰관의 상호협력과 일반적 수사 준칙에 관한 규정 부칙 제2조로 폐지) 제44조(현행 검사와 사법경찰관의 상호협력과 일반적 수사 준칙에 관한 규정 제40조 참조)

[참조판례]

대법원 2009. 3. 12. 선고 2008도763 판결(공2009상, 503); 대법원 2021. 11. 18. 선고 2016도348 전원합의체 판결(공2022상, 57)

[원심 판단]

제1심법원은 피고인에게 유죄를 선고하였다. 피고인은 준항고를 하였다. 원심법원은 준항고를 기각하였다. 서울중앙지방법원 2021. 1. 26.자 2020 보10 결정

원심은, 상세 압수목록 교부가 다소 지연되었지만 압수물 수량에 비추어 부득이하다거나, 준항고인이 압수처분 당시 적극적인 이의를 제기하지 않았다거나, 화장품 제조사에 대한 조사를 통해 면세품 여부를 확인한 후 상세 압수목록을 작성하기까지 상당시간의 소요가 불가피했던 점 등을 이유로 준항고를 기각하였다.

준항고인(=주식회사 여인닷컴)이 재항고하였다.

피준항고인(=서울본부세관 소속 특별사법경찰관)

[대법원 판단]

대법원은 원심결정을 파기하고, 사건을 서울중앙지방법원에 환송한다.

대법원은, 서울본부세관은 2020. 7. 17.경에는 압수물의 품명, 수량, 제조번호 등을 모두 확인하였다. 그러므로 이때 압수 방법 및 시기별로 명확히 구분하여 위 각 사항을 구체적으로 특정하여 기재한 상세 압수목록을 작성·교부하였어야 한다. 그럼에도 그 시점으로부터 50여 일이 경과 한 후에야 상세 압수목록을 교부하였다. 뿐만 아니라 내용상 압수 방법 및 시기별로 구분이 되어 있지 않았다. 압수처분에 대한 법률상 권리구체절차 또는 불복절차가 사실상 불가능하였거나 또는 상당한 지장이 초래되었다. 대법원은 원심결정에 형사소송법 제219조 및 제129조의 압수목록 작

성·교부 등에 관한 법리를 오해함으로써 재판에 영향을 미친 잘못이 있다고 보아 원심결정을 파기·환송하였다.

낭독 형사소송법 판결문 04

대법원 2024. 1. 5.자 2021모385 결정 [압수처분에대한준항고기각결정에대한재항고]
〈압수목록의 작성·교부 의무에 관한 사건〉

판시 사항

[1] 압수목록 작성·교부 시기(=원칙적으로 압수 직후) 및 작성방법

[2] 임의제출에 따른 압수에도 압수목록의 작성·교부 의무가 인정되는지(적극)

[3] 압수목록 작성·교부 시기의 예외를 인정하기 위한 요건

[4] 압수물과 혐의사실과의 관련성 여부에 관한 평가 및 그에 필요한 추가 수사를 이유로 압수목록 작성·교부시기의 예외가 인정될 수 있는지 여부(소극)

판결 요지

[1] 수사기관은 압수를 한 경우

압수경위를 기재한 압수조서와 압수물의 특징을

구체적으로 기재한 압수목록을 작성하고,

압수목록은 압수물의 소유자·소지자·보관자

기타 이에 준하는 사람에게 교부하여야 한다(형사소송법 제219조, 제129조, 「검사의 사법경찰관리에 대한 수사지휘 및 사법경찰관리의 수사준칙에 관한 규정」 제44조). ·압수목록 작성

압수조서에는 작성연월일과 함께 품종,

외형상의 특징과 수량을 기재하여야 하고(형사소송법 제49조 제3항,

제57조 제1항), ^{한다.}

그 내용은 객관적 사실에 부합하여야 하므로(대법원 2009. 3. 12. 선고 2008도763 판결 참조), ^{한다.}

압수목록 역시
압수물의 특징을 객관적 사실에 맞게
구체적으로 기재하여야 하는데, ^{한다.}
압수방법·장소·대상자별로 명확히 구분한 후
압수물의 품종·종류·명칭·수량·외형상 특징 등을
최대한 구체적이고 정확하게 특정하여 기재하여야 한다.

이는 수사기관의 압수 처분에 대한
사후적 통제수단임과 동시에
피압수자 등이 압수물에 대한 환부·가환부 청구를 하거나
부당한 압수처분에 대한 준항고를 하는 등
권리행사절차를 밟는 데 가장 기초적인 자료가 되므로, ^{된다.}
이러한 권리행사에 지장이 없도록
압수 직후 현장에서 바로 작성하여
교부하는 것이 원칙이다(대법원 2009. 3. 12. 선고 2008도763 판결 등 참조). ·압수 수색 현장 작성 교부 원칙

한편, 임의제출에 따른 압수(형사소송법 제218조)의 경우에도
압수물에 대한 수사기관의 점유 취득이
제출자의 의사에 따라 이루어진다는 점에서만
차이가 있을 뿐^{뿐이다.} ·임의제출 현장 작성 교부 원칙
범죄혐의를 전제로 한 수사 목적이나 압수의 효력은
영장에 의한 압수의 경우와 동일하므로^{하다.}(대법원 2021. 11. 18. 선고 2016도348 전원합의체 판결), ·압수 효력 동일설
헌법상 기본권에 관한 수사기관의 부당한 침해로부터

신속하게 권리를 구제받을 수 있도록
수사기관은 영장에 의한 압수와 마찬가지로
객관적·구체적인 압수목록을
신속하게 작성·교부할 의무를 부담한다. •신속 구제 원칙
다만, 적법하게 발부된 영장의 기재는
그 집행의 적법성 판단의
우선적인 기준이 되어야 하므로, •영장 원칙과 적법성 판단 원칙

예외적으로 압수물의 수량·종류·특성
기타의 사정상 압수 직후 현장에서
압수목록을 작성·교부하지 않을 수 있다는 취지가
영장에 명시되어 있고, ^{있다.}

이와 같은 특수한 사정이
실제로 존재하는 경우에는^{경우}
압수영장을 집행한 후
일정한 기간이 경과하고서
압수목록을 작성·교부할 수도 있으나, ^{있다. 그러나}
압수목록 작성·교부 시기의 예외에 관한 영장의 기재는
피의자·피압수자 등의 압수처분에 대한
권리구제절차 또는 불복절차가
형해화되지 않도록^{쓸모 없도록}
그 취지에 맞게 엄격히 해석되어야 하고, ^{한다.}
•권리구제절차와 불복절차 보장
나아가 예외적 적용의 전제가 되는
특수한 사정의 존재 여부는
수사기관이 이를 증명하여야 하며,
그 기간 역시 필요 최소한에 그쳐야 한다.

• 특수사정 수사기관 증명

또한 영장에 의한 압수 및

그 대상물에 대한 확인조치가 끝나면

그것으로 압수절차는 종료되고, ^{종료된다.} • 압수절차 종료 시점

압수물과 혐의사실과의 관련성 여부에 관한

평가 및 그에 필요한 추가 수사는

압수절차 종료 이후의 사정에 불과하므로 ^{불과하다.}

• 혐의사실 관련성 평가와 추가 수사는 압수절차 종료 후 문제

이를 이유로 압수 직후 이루어져야 하는

압수목록 작성·교부 의무를

해태·거부할 수는 없다. ^{이행하지 않거나 또는 거부할 수 없다.}

• 압수 직후 압수목록 작성·교부 의무 이행

[2] 이 사건 압수목록 작성·교부와 관련한 압수처분의 적법성 여부
는 앞서 본 바와 같이

이 사건 제2차 압수·수색영장의 기재 내용에 따른 것인지 여부가

우선적인 고려사항이 될 것인데, ^{것이다.}

그 영장에는 '범칙물품의 품명, 규격, 수량을 사후 확정'이라고

기재되어 있으므로, ^{있다.} 이는 늦어도

압수목록에 기재할 물품의 상세한 품명·규격·수량을

확정한 시점에는

압수목록의 작성·교부가 이루어져야 한다는 취지라고 해석된다.

그렇다면 서울본부세관이

이 사건 제1차·제2차 압수처분 직후에

재항고인에게 작성·교부한 압수목록은

이 사건 제2차 압수·수색영장에 명시된 바와 같이

압수물의 포장 단위만 특정한 것에 불과하다 해도,
위 영장의 기재 및 실제로 당시 압수된 화장품의 수량이 과다하여
압수·수색현장에서 압수목록에 품명·종류·수량 등을
구체적으로 특정하여 기재하기 어려운 특수한 사정이
존재하였던 것으로 보이는 이상,
그 무렵 품명·종류·수량 등을
구체적으로 특정한 상세한 압수목록을 수사기관이
작성·교부하지 아니한 조치가 위법하다고 볼 것은 아니다.

그러나 서울본부세관은 늦어도 2020. 7. 17. 무렵에는
이 사건 제1차·제2차 압수물의 품명수량·Lot번호·제조번호 등을
모두 확인하였으므로, 이때 압수물 전체에 대하여
압수방법·시기별로 명확히 구분한 다음
품명·수량·Lot번호·제조번호 등을 구체적으로 특정하여 기재한
상세 압수목록을 재항고인에게 작성·교부하였어야 하고,^{한다.}

앞서 본 수사기관의 피압수자 등에 대한
객관적·구체적인 압수목록의
신속한 작성·교부의무의 취지에 비추어
이러한 수사기관의 의무 및 그에 따른 피압수자 등의 권리는
이 사건에서 서울본부세관이 압수절차를 통해
확인한 정보를 기초로
화장품 제조회사 등에 대한 추가 조사를 할 필요가 있었다는
이유만으로 면제되거나 무시될 수 없다.

'압수대상이 되는 화장품의 수량이 과다하여
압수·수색현장에서 범칙물품의 품명·규격·수량의 파악이 어려운
경우 압수물의 포장 단위로 일단 압수하고

해당 품명·규격·수량을 사후에 확정'이라고 하는
이 사건 제2차 압수·수색영장의 문구는
압수·수색현장에서 압수물인 화장품의 품명·규격·수량의
구체적인 파악 및 상세 압수목록 작성이 곤란한 경우에
서울본부세관이 포장 단위로 일단 압수하여 반출하되,

재항고인이 압수물에 대한 환부·가환부 청구를 하거나
부당한 압수처분에 대한 준항고를 하는 등
권리행사절차를 밟는 데 지장이 없도록 필요 최소한의 기간 내에
신속히 품명·규격·수량 등을 확정하고
그 즉시 상세 압수목록을 교부하여야 한다는 취지로 해석될 뿐,
그 과정에서 수사기관이 확인한 정보를 토대로
추가 조사·수사를 하는 데 필요한 기간 동안
상세 압수목록의 작성·교부의무를 면제하거나
연장하여 주는 취지로 해석되지 않는다.

· 즉시 상세 압수목록 작성·교부 의무

그럼에도 서울본부세관은 이 사건 제1차·제2차
압수처분일로부터 약 2개월이 경과한 시점이자
내부적으로 상세 압수목록 작성이 사실상 끝난
2020. 7. 17.로부터도 50여 일이 경과한 2020. 9. 7.에 이르러서야
재항고인에게 상세 압수목록을 교부하였을 뿐만 아니라,

그마저 내용상 압수방법·시기별로 구분이 되어 있지도 않아
개별 압수물이 이 사건 제1·2차 압수처분 중 어느 처분에 따라
언제 압수된 것인지조차 도무지 알 수 없었다.

· 압수방법·시기별로 구분

이로 인하여 재항고인은

이 사건 제1차·제2차 압수처분일로부터
약 2개월이 넘는 장기간 동안 압수물의 종류·품명·수량 등을 전혀
알 수 없는 상태가 계속된 결과,
약 24만 개의 압수물에 대한 환부 청구 등
압수처분에 대한 법률상 권리구제절차 또는 불복절차가
사실상 불가능하였거나 상당한 지장이 초래되었는바, 초래되었다.

이러한 서울본부세관의 조치는
형사소송법 제219조·제129조를 위반한 것으로서
헌법 제12조에서 정한 적법절차 및 영장주의 원칙과
이를 구현한 형사소송법 규정의 입법취지 등에 비추어
위반의 정도 역시 무겁다고 판단되므로,
결국 이 사건 제1·2차 압수처분은
모두 취소됨이 타당하다. · 적법절차와 영장주의 위반

그럼에도 원심은 상세 압수목록의 교부가 다소 지연되었으나
이 사건 제2차 압수·수색영장의 취지에 따른 것으로서
압수물의 수량에 비추어 부득이하다거나,
이 사건 제2차 압수처분 당시 준항고인과 변호인이
압수물의 포장 단위 특정 및 압수목록 교부에 대해
적극적인 이의를 제기하지 않았다거나, 2020. 7. 17.까지
압수물인 화장품의 개별 품명 및 수량 등을 확인한 후
화장품 제조사에 대한 조사를 통해 면세품 여부를 확인하고
이를 토대로 다량의 압수물에 대한 상세 압수목록을 작성하기까지
상당시간의 소요는 불가피했던 것으로 보인다는 등의 이유를 들어
준항고인의 재산권 등이
부당하게 침해된 것으로 볼 수는 없다고 보아,
이 사건 준항고를 기각하였다. · 목록교부 다소 지연과 불가피로 준항고 기각

이러한 원심의 결정에는
형사소송법 제219조 및 제129조의 압수목록 작성·교부 등에 관한
법리를 오해함으로써 재판에 영향을 미친 잘못이 있다.
그러므로 나머지 재항고 이유에 관한 판단을 생략한 채
원심결정을 파기하고,
사건을 다시 심리·판단하도록 원심법원에 환송하기로 하여,
관여 대법관의 일치된 의견으로 주문과 같이 결정한다.

· 법리오해 재판영향

판결 해설

　대상판결 쟁점은 적법절차이다. 압수목록 작성·교부 의무이다. 형사소송법 제219조·제129조 위반과 헌법 제12조 적법절차와 영장주의원칙 위반이다. 압수목록의 작성·교부 의무에 관한 사건이다.

　대법원은, 헌법상 기본권에 관한 수사기관의 부당한 침해로부터 신속하게 권리를 구제받을 수 있도록 수사기관은 영장에 의한 압수와 마찬가지로 객관적·구체적인 압수목록을 신속하게 작성·교부할 의무를 부담한다.

　적법하게 발부된 영장의 기재는 그 집행의 적법성 판단의 우선적인 기준이 되어야 하므로, 예외적으로 압수물의 수량·종류·특성 기타의 사정상 압수 직후 현장에서 압수목록을 작성·교부하지 않을 수 있다는 취지가 영장에 명시되어 있고, 이와 같은 특수한 사정이 실제로 존재하는 경우에는 압수영장을 집행한 후 일정한 기간이 경과하고서 압수목록을 작성·교부할 수도 있으나, 압수목록 작성·교부 시기의 예외에 관한 영장의 기재는 피의자·피압수자 등의 압수 처분에 대한 권리구제절차 또는 불복절차가 형해화되지 않도록 그 취지에 맞게 엄격히 해석되어야 하고, 나아가 예외적 적용의 전제가 되는 특수한 사정의 존재 여부는 수사기관이 이를 증명하여야 하며, 그 기간 역시 필요 최소한에 그쳐야 한다.

또한 영장에 의한 압수 및 그 대상물에 대한 확인조치가 끝나면 그 것으로 압수절차는 종료되고, 압수물과 혐의사실과의 관련성 여부에 관한 평가 및 그에 필요한 추가 수사는 압수절차 종료 이후의 사정에 불과하므로 이를 이유로 압수 직후 이루어져야 하는 압수목록 작성·교부 의무를 해태·거부할 수는 없다고 판단하였다.

대상판결은 적법절차·압수목록 작성·교부 의무·형사소송법 제219조· 제129조 위반과 헌법 제12조 적법절차와 영장주의원칙 위반·압수목록 의 작성·교부 의무에 관한 법리를 명확히 설명한다. 대법원 판결은 타당하다. 국가고시·변호사시험 선택형으로 출제 가능성이 있다.

대법원 2024. 5. 17. 선고 2023도8426 판결 [사문서변조·영유아보육 법위반]은 같은 취지의 판례이다.

[판시사항] 수사기관이 압수를 한 경우에 준수해아 할 적법절차의 내용 및 압수조서와 압수목록을 작성·교부하여야 하는 시기(＝원칙적으로 압수 직후).

[판결요지] 압수조서와 압수목록은 피압수자 등이 압수물에 대한 환부·가환부 청구를 하거나 부당한 압수처분에 대한 준항고를 하는 등 권리행사 절차를 밟는 데 가장 기초적인 자료가 되므로, 이러한 권리행사에 지장이 없도록 압수 직후 현장에서 바로 작성하여 교부하는 것이 원칙이다(대법원 2024. 1. 5.자 2021모385 결정 참조).

따라서 원심의 판결이유 중 '수사기관이 압수물을 제출받고 즉시 압수조서를 작성하지 않았다 하더라도 그것만으로 압수가 적법한 절차에 의하지 않았다고 단정하기 어렵다.'는 취지의 판단은 위에서 본 법리에 반하는 것이어서 받아들이기 어렵다.

다만, 이 사건에서 수사기관이 압수조서를 즉시 작성하지 않은 절차 위반행위가 적법절차의 실질적인 내용을 침해한 것으로는 보이지 않고 법원이 관련 증거를 유죄 인정의 증거로 사용할 수 있는 예외적인 경우로 판단된다.

적법절차
정보저장매체 유류물과 영장 없는 압수

> ### 피고인이 주거지 밖으로 집어던진 저장매체를 수사기관이 유류물로 영장 없이 압수한 사건
>
> 대법원 2024. 7. 25. 선고 2021도1181 판결
> [아동·청소년의성보호에관한법률위반(음란물제작·배포등)·성폭력범죄의
> 처벌등에관한특례법위반(카메라등이용촬영)]

[공소사실 요지]

피고인이 불법촬영 혐의에 관하여 이루어진 주거지 등에 관한 압수수색 직전에 주거지 밖으로 저장매체(SSD 카드, 이하 '이 사건 저장매체')를 집어던졌고, 이를 유류물로 영장 없이 압수한 수사기관이 위 저장매체 및 압수수색영장에 의하여 압수한 다른 저장매체의 탐색 과정에서 별건(아동·청소년 음란물 제작 등) 혐의의 증거를 발견하여 피고인을 별건 혐의로만 기소한 사안이다. · 요약

(1) 피고인은 이 사건 영장 집행 사실을 알게 된 직후 거주지인 고층 아파트 바깥으로 이 사건 저장매체 등이 든 신발주머니를 투척하였고, 경찰관으로부터 이 사건 저장매체의 소유자가 맞는지 여부에 관한 질문을 받고 소유권을 부인하였다.

(2) 이 사건 저장매체 등의 투척 시점이나 투척 추정 장소에 비추어 이를 발견한 경찰관들이 이 사건 영장에 기재된 혐의사실과의 관련성을 의심할 상당한 이유가 존재한다.

(3) 이 사건 저장매체가 든 신발주머니를 수거한 장소는 이 사건 영장에 기재된 수색할 장소와 떨어져 있어 이 사건 영장으로 압수할 수 있었다고 단언하기 어렵다.

(4) 경찰관들은 이 사건 저장매체에 들어있는 전자정보의 탐색, 출력 과

정에서 피고인의 참여권을 보장하지 않았고, SSD 카드 파일과 이 사건 영장에 기재된 혐의사실 사이에 객관적 관련성이 인정되지 않는다.

[법리 쟁점]

[1] 유류물 압수·수색에 대해서 영장에 의한 압수·수색·검증이나 임의제출물 압수에 관하여 적용되는 관련성의 제한이 적용되는지 여부(원칙적 소극)

[2] 유류물 압수에 있어서 수사기관의 압수 당시 참여권 행사의 주체가 되는 피압수자가 존재한다고 평가할 수 있는지 여부(원칙적 소극)

[참조조문]

형사소송법 제106조 제1항, 제3항, 제4항, 제121조, 제215조, 제218조, 제219조, 제307조

[참조판례]

대법원 2022. 1. 27. 선고 2021도11170 판결(공2022상, 486)

[원심 판단]

제1심법원은 피고인에게 유죄를 선고하였다.

원심법원은 피고인에게 일부 무죄를 선고하였다.

원심은, 이 사건 저장매체를 유류물로 보아 영장 없이 압수한 행위 자체는 적법하다고 보면서도, 경찰관들은 이 사건 저장매체에 들어있는 전자정보의 탐색, 출력 과정에서 피고인의 참여권을 보장하지 않았고, 이 사건 저장매체에서 복제, 출력된 동영상들(이하 'SSD 카드 파일')과 영장에 기재된 혐의사실 사이에 객관적 관련성이 인정되지 않는다는 등의 이유로 SSD 카드 파일의 증거능력을 부정하였다.

검사가 상고하였다.

[대법원 판단]

대법원은 원심판결 중 원심 판시 범죄일람표 제6, 10, 17, 18, 19, 22항에 관한 부분을 파기하고, 이 부분 사건을 서울고등법원에 환송한다. 나머지 상고를 기각한다.

대법원은, 유류물로서 영장 없이 압수한 이 사건 저장매체로부터 복제, 출력된 SSD 카드 파일의 증거능력을 부정하여 그 부분 공소사실을 무죄로 판단한 원심판결 부분을 파기·환송하였다.

낭독 형사소송법 판결문 05

대법원 2024. 7. 25. 선고 2021도1181 판결 [아동·청소년의성보호에관한법률위반
(음란물제작·배포등)·성폭력범죄의처벌등에관한특례법위반(카메라등이용촬영)]
〈피고인이 주거지 밖으로 집어던진 저장매체를 수사기관이 유류물로 영장 없이
압수한 사건〉

판시 사항

범죄수사를 위해 정보저장매체의 압수가 필요하고, 정보저장매체를 소
지하던 사람이 그에 관한 권리를 포기하였거나 포기한 것으로 인식할
수 있는 경우, 수사기관이 형사소송법 제218조에 따라 피의자 기타 사
람이 유류한 정보저장매체를 영장 없이 압수할 때 해당 사건과 관계가
있다고 인정할 수 있는 것에 압수의 대상이나 범위가 한정되는지 여부
(소극) 및 이때 참여권자의 참여가 필수적인지 여부(소극)

판결 요지

[1] 형사소송법 제215조 제1항은
'범죄수사에 필요한 때에는
피의자가 죄를 범하였다고 의심할 만한 정황이 있고
해당 사건과 관계가 있다고 인정할 수 있는 것에 한정하여
지방법원판사에게 청구하여 발부받은 영장에 의하여
압수, 수색 또는 검증을 할 수 있다'고 규정하고 있다.
그러나 유류물 압수의 근거인 형사소송법 제218조는
유류물을 압수하는 경우에
사전, 사후에 영장을 받을 것을 요구하지 않는다. · 무영장
유류물 압수와 같은 조문에 규정된 임의제출물 압수의 경우,
제출자가 제출·압수의 대상을 개별적으로 지정하거나
그 범위를 한정할 수 있으나,
유류물 압수는 그와 같은 제출자의 존재를 생각하기도 어렵다.

따라서 유류물 압수·수색에 대해서는
원칙적으로 영장에 의한 압수·수색·검증에 관하여 적용되는
형사소송법 제215조 제1항이나
임의제출물 압수에 관하여 적용되는
형사소송법 제219조에 의하여 준용되는
제106조 제1항, 제3항, 제4항에 따른
관련성의 제한이 적용된다고 보기 어렵다. ·형사소송법 제218조 무영장

[2] 정보저장매체에 대한 압수·수색에 있어, 압수·수색 당시 또는
이와 시간적으로 근접한 시기까지 정보저장매체를
현실적으로 지배·관리하면서
그 정보저장매체 내 전자정보 전반에 관한
전속적인 관리처분권을 보유·행사하고,
달리 이를 자신의 의사에 따라
제3자에게 양도하거나 포기하지 아니한 경우에는,
그 지배·관리자인 피의자를
정보저장매체에 저장된 전자정보 전반에 대한
실질적인 압수·수색 당사자로 평가할 수 있다(대법원 2022. 1. 27. 선고
2021도11170 판결 등 참조). ·자율로 제3자에게 양도·포기 않은 경우(=피의자가 실
질적 압수·수색 당사자)

그러나 유류물 압수는
수사기관이 소유권이나 관리처분권이 처음부터 존재하지 않거나,
존재하였지만 적법하게 포기된 물건, 또는
그와 같은 외관을 가진 물건 등의 점유를
수사상 필요에 따라 취득하는 수사방법을 말한다.
따라서 유류물 압수에 있어서는
정보저장매체의 현실적 지배·관리 혹은 이에 담겨있는

전자정보 전반에 관한 전속적인 관리처분권을 인정하기 어렵다.
· 유류물(=전자정보 전반에 관한 전속적 관리처분권 불인정)

정보저장매체를 소지하고 있던 사람이 이를 분실한 경우와 같이
그 권리를 포기하였다고 단정하기 어려운 경우에도,
수사기관이 그러한 사정을 알거나 충분히 알 수 있었음에도
이를 유류물로서 영장 없이 압수하였다는 등의
특별한 사정이 없는 한,
영장에 의한 압수나 임의제출물 압수와 같이
수사기관의 압수 당시 참여권 행사의 주체가 되는
피압수자가 존재한다고 평가할 수는 없다. · 유류물(=참여권 불인정)

[3] 따라서 범죄수사를 위해 정보저장매체의 압수가 필요하고,
정보저장매체를 소지하던 사람이
그에 관한 권리를 포기하였거나
포기한 것으로 인식할 수 있는 경우에는,
수사기관이 형사소송법 제218조에 따라
피의자 기타 사람이 유류한 정보저장매체를 영장 없이 압수할 때
해당 사건과 관계가 있다고 인정할 수 있는 것에
압수의 대상이나 범위가 한정된다거나,
참여권자의 참여가 필수적이라고 볼 수는 없다. · 형사소송법 제218조

판결 해설

　대상판결 쟁점은 수사에서 적법절차이다. 정보저장매체 유류물과 영
장 없는 압수이다. 피고인이 주거지 밖으로 집어던진 저장매체를 수사
기관이 유류물로 영장 없이 압수한 사건이다.

　대법원은, 유류물 압수의 근거인 형사소송법 제218조는 유류물을 압
수하는 경우에 사전, 사후에 영장을 받을 것을 요구하지 않는다. 따라서
유류물 압수·수색에 대해서는 원칙적으로 영장에 의한 압수·수색·검증

에 관하여 적용되는 형사소송법 제215조 제1항이나 임의제출물 압수에 관하여 적용되는 형사소송법 제219조에 의하여 준용되는 제106조 제1항, 제3항, 제4항에 따른 관련성의 제한이 적용된다고 보기 어렵다.

유류물 압수에 있어서는 정보저장매체의 현실적 지배·관리 혹은 이에 담겨있는 전자정보 전반에 관한 전속적인 관리처분권을 인정하기 어렵다.

따라서 범죄수사를 위해 정보저장매체의 압수가 필요하고, 정보저장매체를 소지하던 사람이 그에 관한 권리를 포기하였거나 포기한 것으로 인식할 수 있는 경우에는, 수사기관이 형사소송법 제218조에 따라 피의자 기타 사람이 유류한 정보저장매체를 영장 없이 압수할 때 해당 사건과 관계가 있다고 인정할 수 있는 것에 압수의 대상이나 범위가 한정된다거나, 참여권자의 참여가 필수적이라고 볼 수는 없다고 판단하였다.

이 사건에서 원심은 유류물로서 영장 없이 압수한 이 사건 저장매체로부터 복제, 출력된 SSD 카드 파일의 증거능력을 부정하였다. 이러한 원심의 판단에는 유류물 압수에 관한 법리를 오해하고, 필요한 심리를 다하지 아니함으로써 판결에 영향을 미친 위법이 있다.

대상판결은 적법절차·정보저장매체 유류물·형사소송법 제218조 영장 없는 압수·피고인이 주거지 밖으로 집어던진 저장매체를 수사기관이 유류물로 영장 없이 압수한 사건 법리를 명확히 설명한다. 대법원 판결은 타당하다. 국가고시·변호사시험 선택형으로 출제 가능성이 있다.

✎ **입법개정안** ☞ 법문장을 읽기 쉽게 다듬었다.

> **형사소송법 제218조(영장 없이 할 수 있는 압수)** 검사·사법경찰관은 다음 각 호 어느 하나에 기재된 사람의 물건에 대해 영장 없이 압수할 수 있다.
> 1. 피의자·그 밖에 다른 사람이 유류한 물건
> 2. 소유자·소지자·보관자가 임의로 제출한 물건
>
> **【출처】** 형사소송법 일부개정 2024.10.16 [법률 제20460호, 시행 2025.1.17.] 법무부

적법절차
압수수색영장 미기재 휴대전화 압수수색

압수수색영장에 명시적으로 기재되어 있지 않은 휴대전화에 대한
압수수색의 적법 여부가 문제된 사건

대법원 2024. 9. 25.자 2024모2020 결정
[수사기관의압수에관한처분취소·변경기각결정에대한재항고]

[공소사실 요지]

경찰은 재항고인에 대하여 「기부금품의 모집 및 사용에 관한 법률」 위반
혐의로 수사하였다. 수사 중 법원으로부터 '압수할 물건'을 '정보처리장치
(컴퓨터, 노트북, 태블릿 등) 및 정보저장매체(USB, 외장하드 등)에 저장
되어 있는 전자정보'로 기재한 압수수색영장을 발부받았다. 그 이후 그 압
수수색영장에 의하여 재항고인 소유의 이 사건 휴대전화를 압수하였다.
그런데 재항고인의 변호인은 이 사건 휴대전화 압수수색의 취소를 구하는
준항고를 제기하였다.

[법리 쟁점]

압수수색영장에 기재된 '압수할 물건'에 휴대전화에 저장된 전자정보가 포
함되어 있지 않은 경우 그 영장으로 휴대전화에 저장된 전자정보를 압수
할 수 있는지 여부(원칙적 소극)

[참조조문]

헌법 제12조 제1항, 제3항, 형사소송법 제114조, 제215조, 제219조

[참조판례]

대법원 2009. 3. 12. 선고 2008도763 판결(공2009상, 503)

[원심 판단]

제1심법원은 피고인에게 수사기관의 압수에 관한 처분 취소·변경 결정을

기각하였다.

원심법원은 피고인에게 준항고를 기각하였다.

원심은, 이 사건 휴대전화가 압수수색영장의 '압수할 물건'에 기재된 정보처리장치 또는 정보저장매체에 해당한다는 이유로 준항고를 기각하였다. 피고인이 상고하였다.

[대법원 판단]

대법원은 원심결정을 파기하고, 사건을 춘천지방법원에 환송한다.

대법원은, 압수수색영장에 기재된 '압수할 물건'에 휴대전화에 저장된 전자정보가 포함되어 있지 않다면, 특별한 사정이 없는 한 그 영장으로 휴대전화에 저장된 전자정보를 압수수색할 수 없다. 대법원은 원심을 파기·환송하였다.

낭독 형사소송법 판결문 06

대법원 2024. 9. 25.자 2024모2020 결정 [수사기관의압수에관한처분취소·변경기각결정에대한재항고]

〈압수수색영장에 명시적으로 기재되어 있지 않은 휴대전화에 대한 압수수색의 적법 여부가 문제된 사건〉

- -

판시 사항

법관이 압수·수색영장을 발부하면서 '압수할 물건'을 특정하기 위하여 기재한 문언은 엄격하게 해석해야 하는지 여부(적극) / 압수·수색영장에 기재된 '압수할 물건'에 휴대전화에 저장된 전자정보가 포함되어 있지 않은 경우, 그 영장으로 휴대전화에 저장된 전자정보를 압수할 수 있는지 여부(원칙적 소극)

판결 요지

헌법과 형사소송법이 구현하고자 하는

적법절차와 영장주의 정신에 비추어 볼 때,

법관이 압수·수색영장을 발부하면서

'압수할 물건'을 특정하기 위하여 기재한 문언은
엄격하게 해석해야 하고,
함부로 피압수자 등에게 불리한 내용으로
확장해석 또는 유추해석을 하는 것은 허용될 수 없다(대법원 2009. 3.
12. 선고 2008도763 판결 등 참조). ・엄격해석

휴대전화는
정보처리장치나 정보저장매체의 특성을 가지고 있기는 하나,
기본적으로 통신매체의 특성을 가지고 있어
컴퓨터, 노트북 등 정보처리장치나 USB, 외장하드 등
정보저장매체와는 명확히 구별되는 특성을 가지고 있다.

휴대전화, 특히 스마트폰에는 전화·문자메시지·SNS 등 통신,
개인 일정, 인터넷 검색기록, 전화번호, 위치정보 등
통신의 비밀이나 사생활에 관한 방대하고
광범위한 정보가 집적되어 있다. ・휴대전화 통신 비밀과 사생활 정보 집적

이와 같이 휴대전화에 저장된 전자정보는
컴퓨터나 USB 등에 저장된 전자정보와는
그 분량이나 내용, 성격 면에서 현저한 차이가 있으므로,
휴대전화에 대한 압수·수색으로 얻을 수 있는
전자정보의 범위와 그로 인한 기본권 침해의 정도도 크게 다르다.

따라서 압수·수색영장에 기재된 '압수할 물건'에
휴대전화에 저장된 전자정보가 포함되어 있지 않다면,
특별한 사정이 없는 한
그 영장으로 휴대전화에 저장된 전자정보를
압수할 수는 없다고 보아야 한다. ・압수·수색영장 미기재 물건 압수 불가

판결 해설

대상판결 쟁점은 수사에서 적법절차이다. 압수수색영장 미기재 휴대전화 압수수색이다. 압수수색영장에 명시적으로 기재되어 있지 않은 휴대전화에 대한 압수수색의 적법 여부가 문제된 사건이다.

대법원은, 휴대전화, 특히 스마트폰에는 전화·문자메시지·SNS 등 통신, 개인 일정, 인터넷 검색기록, 전화번호, 위치정보 등 통신의 비밀이나 사생활에 관한 방대하고 광범위한 정보가 집적되어 있다.

이와 같이 휴대전화에 저장된 전자정보는 컴퓨터나 USB 등에 저장된 전자정보와는 그 분량이나 내용, 성격 면에서 현저한 차이가 있으므로, 휴대전화에 대한 압수·수색으로 얻을 수 있는 전자정보의 범위와 그로 인한 기본권 침해의 정도도 크게 다르다.

따라서 압수·수색영장에 기재된 '압수할 물건'에 휴대전화에 저장된 전자정보가 포함되어 있지 않다면, 특별한 사정이 없는 한 그 영장으로 휴대전화에 저장된 전자정보를 압수할 수는 없다고 보아야 한다고 판단하였다.

이 사안에서 원심은 이 사건 휴대전화가 이 사건 압수·수색영장의 '압수할 물건'에 기재된 정보처리장치 또는 정보저장매체에 해당한다는 이유로 이 사건 준항고를 기각하였다.

이러한 원심결정에는 영장주의 및 적법절차의 원칙, 압수·수색영장에서의 압수할 물건의 특정에 관한 법리를 오해하여 재판에 영향을 미친 잘못이 있다. 이 점을 지적하는 재항고이유의 주장은 이유 있다고 판단하였다.

대상판결은 적법절차·압수수색영장 미기재 휴대전화 압수수색·압수수색영장에 명시적으로 기재되어 있지 않은 휴대전화에 대한 압수수색의 적법 여부에 대한 판단기준 법리를 명확히 설명한다. 대법원 판결은 타당하다. 국가고시·변호사시험 선택형으로 출제 가능성이 있다.

적법절차
압수영장을 발부받지 못한 경우
압수물 증거능력

형사소송법 제216조 제3항에 의한 압수 후 청구한 압수영장이
기각되었는데 압수물이 아직 반환되지 않은 상태에서 다시
압수영장을 청구하여 압수영장을 발부받은 다음 압수물을
피압수자에게 반환함과 동시에 다시 압수한 경우 그 압수물의
증거능력이 문제된 사건

대법원 2024. 10. 8. 선고 2024도10062 판결
[공갈·사기·외국환거래법위반]

[공소사실 요지]
피고인이 성명불상자가 지정한 중국 소재 은행 계좌로 금전을 송금하여 무
등록 외국환업무를 하였다는 외국환거래법 위반 등으로 기소된 사안이다.
· 요약

(1) 대전지방경찰청 소속 사법경찰관이 2020. 10. 6. 서울에 있는 피고인
의 영업소에서 형사소송법 제216조 제3항을 근거로 영장 없이 피고인의
휴대전화를 압수하였다. 이후 압수영장이 청구되었다. 그러나 2020. 10.
8. 법원에서 압수조서 및 압수목록 미작성 등을 이유로 압수영장이 기각
되었다.

(2) 사법경찰관은 서울에 있는 피고인에게 전화하여 대전지방경찰청에 방
문하여 휴대전화를 반환받아 갈 것을 고지하면서 휴대전화를 반환받더라
도 다시 압수할 것이라고 하였다. 피고인이 합리적 근거를 들어 우편반환
을 요청했다. 그러나 이를 거절하고 직접 출석하여 수령할 것을 요구하였
다. 이에 피고인은 2020. 10. 12. 대전지방경찰청에 출석하여 휴대전화를
반환받기로 하였다. 그러나 출석하지 않았다.

(3) 2020. 10. 12. 사법경찰관은 이 사건 휴대전화에 저장된 전자정보에 대한 압수영장을 신청하였다. 2020. 10. 13. 압수영장이 발부되었다. 사법경찰관은 다시 피고인에게 연락하여 휴대전화를 반환받아 갈 것을 고지하면서 다른 한편으로는 이를 다시 압수해야 해서 휴대전화를 가져갈 수는 없다는 취지로 말하였다. 이에 피고인은 휴대전화를 반환받을 수 없다고 생각하고 출석하지 않았다. 사법경찰관은 압수영장의 유효기간 만료가 2020. 10. 20.로 다가오자 2020. 10. 19. 서울에 있는 피고인을 방문하여 피고인에게 휴대전화를 건네주고 곧바로 압수영장을 집행하여 휴대전화를 반출하였다. 검사는 휴대전화에 저장된 전자정보를 복제·출력한 자료를 증거로 제출하였다.

[법리 쟁점]

형사소송법 제216조 제3항에 의한 압수 후 지체없이 압수영장을 발부받지 못한 경우 압수물 반환 방법

[참조조문]

형사소송법 제216조 제3항, 제308조의2, 제318조 제1항

[참조판례]

대법원 2009. 12. 24. 선고 2009도11401 판결(공2010상, 298)

[원심 판단]

제1심법원은 피고인에게 무죄를 선고하였다.

원심법원은 피고인에게 무죄를 선고하였다.

원심은, 수사기관이 적법절차를 지키지 않고 휴대전화를 압수하고 이에 대한 사후 압수영장이 기각되었음에도 즉시 반환하지 아니하다가 그 사이에 압수영장을 발부받아 휴대전화를 형식적으로 반환한 외관을 만든 후 다시 압수하는 것은 적법절차의 원칙이나 영장주의를 잠탈하는 것으로 허용할 수 없다. 그러므로 휴대전화 압수의 위법성이 압수영장 집행으로 희석·단절되었다고 할 수 없다고 보아, 휴대전화 및 위 증거들은 위법하게 수집된 증거이거나 이를 기초로 획득한 2차 증거로서 증거능력이 부정된다고 판단하였다.

검사가 상고하였다.

[대법원 판단]

대법원은 상고를 기각한다.

대법원은, 원심이 위 증거들의 증거능력을 부정한 것은 정당하고, 거기에 위법수집증거 배제법칙의 예외에 관한 법리를 오해하거나 필요한 심리를 다하지 아니하여 판결에 영향을 미친 잘못이 없다. 대법원은 상고를 기각하였다.

낭독 형사소송법 판결문 07

대법원 2024. 10. 8. 선고 2024도10062 판결 [공갈·사기·외국환거래법위반]

〈형사소송법 제216조 제3항에 의한 압수 후 청구한 압수영장이 기각되었는데 압수물이 아직 반환되지 않은 상태에서 다시 압수영장을 청구하여 압수영장을 발부받은 다음 압수물을 피압수자에게 반환함과 동시에 다시 압수한 경우 그 압수물의 증거능력이 문제된 사건〉

판시 사항

범행 중 또는 범행 직후의 범죄 장소에서 영장 없이 압수한 물건에 대하여 압수수색영장을 청구하였다가 영장을 발부받지 못한 경우, 수사기관은 압수한 물건을 즉시 반환하여야 하는지 여부(적극) 및 즉시 반환하지 아니한 압수물의 증거능력 유무(소극) / 이때 압수한 물건을 즉시 반환한다는 것의 의미

판결 요지

형사소송법 제216조 제3항은

"범행 중 또는 범행직후의 범죄 장소에서 긴급을 요하여

법원판사의 영장을 받을 수 없는 때에는

영장 없이 압수·수색 또는 검증을 할 수 있다.

이 경우에는 사후에 지체없이 영장을 받아야 한다."라고

규정하고 있다. • 형사소송법 제216조 제3항 범죄장소 긴급(=사후 지체없이 발부)

이 규정에 따라

압수수색영장을 청구하였다가 영장을 발부받지 못한 때에는

수사기관은 압수한 물건을 즉시 반환하여야 하고,^{한다.}

즉시 반환하지 아니한 압수물은 유죄의 증거로 사용할 수 없으며,

헌법과 형사소송법이 선언한 영장주의의 중요성에 비추어 볼 때

피고인이나 변호인이 이를 증거로 함에 동의하였다고 하더라도

달리 볼 것은 아니다(대법원 2009. 12. 24. 선고 2009도11401 판결 참조).

• 압수물 즉시 반환(=사후 동의해도 위법수집증거)

여기서 압수한 물건을 즉시 반환한다는 것은

수사기관이 압수한 물건을 곧바로 반환하는 것이

현저히 곤란하다는 등의 특별한 사정이 없는 한

영장을 청구하였다가

기각되는 바로 그 때에

압수물을 돌려주기 위한 절차에 착수하여

그 절차를 지연하거나

불필요하게 수사기관의 점유를 계속하는 등으로

지체함이 없이 적극적으로

압수 이전의 상태로 회복시켜주는 것을 의미한다.

판결 해설

　　대상판결 쟁점은 수사에서 적법절차이다. 압수영장을 발부받지 못한 경우 압수물 증거능력이다. 형사소송법 제216조 제3항에 의한 압수 후 청구한 압수영장이 기각되었는데 압수물이 아직 반환되지 않은 상태에서 다시 압수영장을 청구하여 압수영장을 발부받은 다음 압수물을 피압수자에게 반환함과 동시에 다시 압수한 경우 그 압수물의 증거능력이 문제된 사건이다.

　대법원은, 형사소송법 제216조 제3항은 "범행 중 또는 범행 직후의 범죄 장소에서 긴급을 요하여 법원판사의 영장을 받을 수 없는 때에는 영장 없이 압수, 수색 또는 검증을 할 수 있다. 이 경우에는 사후에 지체 없이 영장을 받아야 한다."라고 규정하고 있다. 이 규정에 따라 압수수색영장을 청구하였다가 영장을 발부받지 못한 때에는 수사기관은 압수한 물건을 즉시 반환하여야 하고, 즉시 반환하지 아니한 압수물은 유죄의 증거로 사용할 수 없으며, 헌법과 형사소송법이 선언한 영장주의의 중요성에 비추어 볼 때 피고인이나 변호인이 이를 증거로 함에 동의하였다고 하더라도 달리 볼 것은 아니라고 판단하였다.

　이 사안에서 수사기관이 적법절차를 지키지 않고 이 사건 휴대전화를 압수하고 이에 대한 사후압수영장이 기각되었음에도 즉시 반환하지 아니하다가 그 사이에 이 사건 사전압수영장을 발부받아 이 사건 휴대전화를 형식적으로 반환한 외관을 만든 후 다시 압수하는 것은 적법절차의 원칙이나 영장주의를 잠탈하는 것으로 허용할 수 없다. 따라서 이 사건 휴대전화 압수의 위법성이 이 사건 사전압수영장 집행으로 희석·단절되었다고 할 수 없다고 판단하였다.

　대법원은, 원심이 위 증거들의 증거능력을 부정한 것은 정당하고, 거기에 위법수집증거 배제법칙의 예외에 관한 법리를 오해하거나 필요한 심리를 다하지 아니하여 판결에 영향을 미친 잘못이 없다. 대법원은 상고를 기각하였다.

　대상판결은 적법절차·압수영장을 발부받지 못한 경우 압수물 증거능력·형사소송법 제216조 제3항에 의한 압수 후 청구한 압수영장이 기각되었는데 압수물이 아직 반환되지 않은 상태에서 다시 압수영장을 청구하여 압수영장을 발부받은 다음 압수물을 피압수자에게 반환함과 동시에 다시 압수한 경우 그 압수물의 증거능력 법리를 명확히 설명한다. 대법원 판결은 타당하다. 국가고시·변호사시험 선택형으로 출제 가능성이 있다.

적법절차
압수·수색절차에서 참여자 참여능력

주거지 등 압수·수색에서 참여능력 요부가 문제된 사건

대법원 2024. 10. 8. 선고 2020도11223 판결
[마약류관리에관한법률위반(대마)]

[공소사실 요지]

피고인이 「마약류관리에 관한 법률」 위반(대마) 등으로 기소된 사안이다. 수사기관이 피의자의 주거지에 대해서 압수·수색을 하면서 '전체지능 57, 사회성숙연령 11세' 수준으로 성년후견개시심판을 받아 압수·수색절차의 의미를 이해할 수 있는 최소한의 능력(이하 '참여능력')이 없거나 부족하다고 보이는 피의자의 딸 A만 참여시켰고, 그 과정에서 이 사건 대마 등 마약 관련 증거물을 발견하여 이를 압수한 사안이다.

[법리 쟁점]

형사소송법 제123조 제2항, 제3항, 제219조에 따라 압수·수색영장의 집행에 참여하는 주거주(住居主) 등 또는 이웃 등이 최소한 압수·수색절차의 의미를 이해할 수 있는 정도의 능력을 갖추어야 하는지 여부(적극)

[참조조문]

[1] 헌법 제12조 제1항, 제3항, 형사소송법 제121조, 제123조, 제219조 [2] 형사소송법 제123조, 제219조 [3] 형사소송법 제121조, 제122조, 제123조 제2항, 제3항, 제219조, 제308조의2 [4] 장애인차별금지 및 권리구제 등에 관한 법률 제26조 제6항, 형사소송법 제121조, 제122조, 제123조 제2항, 제3항, 제219조, 제308조의2 [5] 형사소송법 제123조 제2항, 제3항, 제219조

[원심 판단]

제1심법원은 피고인에게 유죄를 선고하였다.

원심법원은 피고인에게 유죄를 선고하였다.

원심은 이 사건 대마를 포함하여 이 사건 압수·수색을 통하여 확보한 증거와 압수조서 등을 유죄의 증거로 하여 쟁점 공소사실 부분을 유죄로 인정한 제1심 판단을 유지하였다.

피고인이 상고하였다.

[대법원 판단]

대법원은 원심판결 중 유죄 부분을 파기하고, 이 부분 사건을 인천지방법원에 환송한다.

대법원은, A는 이 사건 압수·수색 당시 형사소송법 제123조 제2항에서 정한 주거주 등으로서 참여능력이 없거나 부족하였던 것으로 볼 여지가 있다. A는 이 사건 압수·수색 직전에 재물손괴 등으로 현행범 체포되어 경찰조사를 받은 사실이 있다. 이를 계기로 수사기관이 A의 정신과 치료 내역이나 현행범체포 당시의 사정 등을 파악하고 있었던 만큼, 수사기관으로서는 A가 참여능력이 없거나 부족하다는 점을 인식하고 있었거나 충분히 인식할 수 있었다고 보인다. 그럼에도 수사기관은 이 사건 압수·수색 당시 A만 참여시켰다. 형사소송법 제123조 제3항에 따라 이웃 등을 참여시키는 등의 조치를 취하지 않았다. 그러므로 이 사건 압수·수색이 위법하다고 볼 소지가 크다. 대법원은 이와 달리 판단한 원심을 파기·환송하였다.

낭독 형사소송법 판결문 08

대법원 2024. 10. 8. 선고 2020도11223 판결 [마약류관리에관한법률위반(대마)]
〈주거지 등 압수·수색에서 참여능력 요부가 문제된 사건〉

- -

판시 사항

[1] 참여권에 관한 규정을 비롯하여 형사소송법이 정한 압수·수색절차에 관한 구체적 규정들은 헌법 원칙인 적법절차와 영장주의를 구현하는

관점에 따라 해석·실현되어야 하는지 여부(적극)

[2] 형사소송법 제123조 제2항, 제3항, 제219조가 주거지 등에서 압수·수색영장을 집행할 때 주거주 등이나 이웃 등을 참여하도록 한 취지 / 형사소송법 제123조 제2항, 제3항, 제219조에서 정한 바에 따라 압수·수색영장의 집행에 참여하는 주거주 등 또는 이웃 등은 참여능력을 갖추고 있어야 하는지 여부(적극)

[3] 형사소송법 제123조 제2항에서 정한 주거지 등에 대한 압수·수색영장의 집행이 주거주 등이나 이웃 등의 참여 없이 이루어진 경우, 압수·수색영장 집행의 적법 여부(원칙적 소극) 및 주거주 등 또는 이웃 등이 참여하였으나 그 참여자에게 참여능력이 없거나 부족한 경우에도 마찬가지인지 여부(적극)

[4] 형사소송법 제123조 제2항, 제3항에 따라 압수·수색영장의 집행에 참여하는 주거주 등이나 이웃 등에게 의사소통이나 의사표현에 어려움을 겪는 장애가 있을 경우, 수사기관은 그러한 장애가 있는 참여자에 대하여 장애인차별금지 및 권리구제 등에 관한 법률 제26조 제6항의 취지에 맞는 적법한 조치를 취하여야 하는지 여부(적극) / 피의자가 주거주 등인 주거지 등에서 압수·수색영장을 집행할 때 피의자에게 참여능력이 없는 경우, 수사기관은 참여능력이 있는 이웃 등을 함께 참여시켜야 하는지 여부(적극) 및 이때 참여능력이 없는 피의자만 참여한 압수·수색의 적법 여부(원칙적 소극)

[5] 형사소송법 제123조 제2항, 제3항, 제219조에 따라 압수·수색절차에 참여한 참여자와 관련하여 해당 절차의 적법요건이 갖추어졌는지 판단하는 기준

판결 요지

[1] 우리 헌법은
'누구든지 법률에 의하지 아니하고는
체포·구속·압수·수색 또는 심문을 받지 아니하며,
법률과 적법한 절차에 의하지 아니하고는

처벌·보안처분 또는 강제노역을 받지 아니한다.'(제12조 제1항 후문)

· 형사절차법정주의와 죄형법정주의

'체포·구속·압수 또는 수색을 할 때에는
적법한 절차에 따라
검사의 신청에 의하여
법관이 발부한 영장을 제시하여야 한다.'
(제12조 제3항 본문)라고 정하여
압수·수색에 관한 적법절차와 영장주의의 근간을 선언하고 있다. ·

적법절차와 영장주의

형사소송법은
이와 같은 헌법 정신을 이어받아
압수·수색절차에 관한 다양한 구체적 기준을 마련하였다.

특히 형사소송법은 제121조, 제219조에서 압수·수색절차에서
피고인과 피의자의 참여권 일반을 정하는 한편,
제123조, 제219조에서 압수·수색이 이루어지는 장소의 특수성을
고려하여 특정 장소에서 압수·수색영장을 집행할 때는
그 장소의 책임자가 참여하게 함으로써,
압수·수색영장의 집행과정에서
절차적 권리로서의 참여권이 적법절차와 영장주의의 이념을
실질적으로 구현하는 장치로 기능하도록 하였다. · 참여권 보장

이와 같이 기본권 보장을 위하여
압수·수색에 관한 적법절차와 영장주의의 근간을 선언한
헌법과 실체적 진실 규명과 개인의 권리보호 이념을
조화롭게 실현할 수 있도록
그 구체적인 절차를 정하고 있는 형사소송법의 규범력은

확고히 유지되어야 하고,

참여권에 관한 규정을 비롯하여

형사소송법이 정한 압수·수색절차에 관한 구체적 규정들은

헌법 원칙인 적법절차와 영장주의를 구현하는 관점에 따라

해석·실현되어야 한다. • 참여권 규정 헌법합치적 해석과 실현

[2] 형사소송법 제123조는

'영장의 집행과 책임자의 참여'라는 표제 아래,

공무소, 군사용 항공기 또는 선박·차량 안에서

압수·수색영장을 집행하려면

그 책임자에게 참여할 것을 통지하여야 하고(제1항),

제1항에서 규정한 장소 외에

타인의 주거, 간수자 있는 가옥, 건조물, 항공기 또는

선박·차량 안(이하 '주거지 등'이라고 한다)에서

압수·수색영장을 집행할 때에는 주거주, 간수자 또는

이에 준하는 사람(이하 '주거주 등'이라고 한다)을

참여하게 하여야 하며(제2항),

주거주 등을 참여하게 하지 못할 때에는

이웃 사람 또는 지방공공단체의 직원

(이하 '이웃 등'이라고 한다)을 참여하게 하여야 한다(제3항)고

규정하고 있다.

이는 형사소송법 제219조에 의해

수사기관의 압수·수색영장 집행에서도 준용된다.

• 수사기관의 압수·수색영장 집행에서도 참여권 보장

형사소송법 제123조 제2항, 제3항, 제219조가

주거지 등에서 압수·수색영장을 집행할 때

주거주 등이나 이웃 등을 참여하도록 한 것은

주거의 자유나 사생활의 비밀과 자유와 같은
기본권 보호의 필요성이 특히 요구되는 장소에 관하여
밀접한 이해관계를 갖는 사람을 참여시켜
영장집행절차의 적정성을 담보함으로써
수사기관이나 법원의 강제처분을 받는 당사자를 보호하고
궁극적으로 국민의 기본권을 보호하려는 데 그 취지가 있다.
· 강제처분 당사자 보호와 국민 기본권 보호

이러한 점에 비추어 보면
형사소송법 제123조 제2항, 제3항, 제219조에서 정한 바에 따라
압수·수색영장의 집행에 참여하는 주거주 등 또는 이웃 등은
최소한 압수·수색절차의 의미를 이해할 수 있는 정도의
능력(이하 '참여능력'이라고 한다)을 갖추고 있어야 한다.
· 참여능력 있는 참여자의 참여권 보장

압수·수색영장의 집행에 참여하는 주거주 등 또는
이웃 등이 참여능력을 갖추지 못한 경우에는
영장의 집행 과정에서 발생할 수 있는 위법·부당한 처분이나
행위로부터 당사자를 보호하고
영장집행절차의 적정성을 담보하려는 형사소송법의 입법 취지나
기본권 보호·적법절차·영장주의 등 헌법적 요청을
실효적으로 달성하기 어렵기 때문이다.

[3] 형사소송법 제123조 제2항과 제3항은
주거주 등이나 이웃 등의 참여에 관하여
그 참여 없이 압수·수색영장을 집행할 수 있는 예외를
인정하지 않고 있다. · 예외 불인정(=요급처분 불인정)

이는 형사소송법 제121조, 제122조에서

압수·수색영장의 집행에 대한

검사, 피의자, 변호인의 참여에 대하여

급속을 요하는 등의 경우

집행의 일시와 장소의 통지 없이

압수·수색영장을 집행할 수 있다고 한 것과 다른 점이다.

• 형사소송법 제123조 제2항과 제3항과 형사소송법 제121조, 제122조 다름

따라서 형사소송법 제123조 제2항에서 정한

주거지 등에 대한 압수·수색영장의 집행이

주거주 등이나 이웃 등의 참여 없이 이루어진 경우

특별한 사정이 없는 한

그러한 압수·수색영장의 집행은

위법하다고 보아야 한다. • 위법수사(=참여자 없이 하는 압수·수색영장 집행)

나아가 주거주 등 또는 이웃 등이 참여하였다고 하더라도

그 참여자에게 참여능력이 없거나 부족한 경우에는,

주거주 등이나 이웃 등의 참여 없이 이루어진 것과 마찬가지로

형사소송법 제123조 제2항, 제3항에서 정한

압수수색절차의 적법요건이 갖추어졌다고 볼 수 없으므로

그러한 압수·수색영장의 집행도 위법하다.

• 위법수사(=참여능력 없는 참여자도, 참여자 없이 하는 압수·수색영장 집행과 동일함)

[4] 한편, 「장애인차별금지 및 권리구제 등에 관한 법률」

(이하 '장애인차별금지법'이라고 한다) 제26조 제6항은

'사법기관은 사건관계인에 대하여

의사소통이나 의사표현에 어려움을 겪는

장애가 있는지 여부를 확인하고,

그 장애인에게 형사사법 절차에서 조력을 받을 수 있음과

그 구체적인 조력의 내용을 알려주어야 한다.

이 경우 사법기관은
해당 장애인이 형사사법 절차에서 조력을 받기를 신청하면
정당한 사유 없이 이를 거부하여서는 아니 되며,
그에 필요한 조치를 마련하여야 한다.'라고 정하고 있다.

이는 수사, 기소, 공판에 이르는
일련의 형사사법절차에서 의사소통이나 의사표현에
어려움을 겪는 장애가 있는 사람으로 하여금
자기의 형사사법절차상의 지위와 이해관계를 이해하고
충분한 방어행위를 할 수 있도록 함으로써
그들의 절차적 지위와 권리, 방어권을 보장하는 데에
그 취지가 있다.

형사소송법 제123조 제2항, 제3항에 따라
압수·수색영장의 집행에 참여하는 주거주 등이나 이웃 등에게도
의사소통이나 의사표현에 어려움을 겪는 장애가 있을 수 있으므로,
압수·수색영장을 집행하는 수사기관으로서는
그러한 장애가 있는 참여자에 대하여
장애인차별금지법 제26조 제6항의 취지에 맞는
적법한 조치를 취함으로써
형사소송법 제123조 제2항, 제3항이 요구하는
압수수색절차의 적법요건이 갖추어질 수 있도록 하여야 한다.

· 장애인차별금지법 제26조 제6항 취지와 형사소송법 제123조 제2항, 제3항 압수수색절차
적법요건 모두 충족

이러한 법리는,
타인의 주거, 간수자 있는 가옥, 건조물, 항공기 또는

선박·차량 안(이하 '주거지 등'이라고 한다)에 대한
압수·수색에서 피의자가 동시에 주거주 등인 경우에도
동일하게 적용된다. •피의자가 동시에 주거주인 경우에 동일법리 적용

형사소송법이 제121조, 제122조, 제219조에서
'당사자의 참여권'이라는 표제 아래
검사, 피의자, 변호인의 참여권을 규정하면서도
제123조에서 '책임자의 참여'라는 표제로
주거주 등이나 이웃 등의 필요적 참여를 별도로 정하고 있고,
'당사자의 참여권'과 '책임자의 참여'는
그 취지나 목적, 보호법익이 동일하지 않기 때문이다. •당사자 참여권

따라서 피의자가 주거주 등인 주거지 등에서
압수·수색영장을 집행하는 경우
피의자에게 참여능력이 없다면
그 피의자만 참여하는 것으로는 부족하고,
수사기관은 형사소송법 제123조 제3항에 따라
참여능력이 있는 이웃 등을 함께 참여시켜야 한다. •피의자 참여능력

이때 참여능력이 없는 피의자만이 참여하였다면
그 압수·수색은
형사소송법 제123조 제2항, 제3항을 위반한 것으로
원칙적으로 위법하다. •위법수사(=참여능력이 없는 피의자만이 참여)

[5] 위와 같이 형사소송법 제123조 제2항, 제3항, 제219조에 따라
압수수색절차에 참여한 참여자와 관련하여
해당 절차의 적법요건이 갖추어졌는지는,
수사기관이 인식하였거나 인식할 수 있었던 사정 등을 포함하여
압수·수색 당시를 기준으로

외형적으로 인식 가능한 사실상의 상태를 살펴 판단하여야 한다.
· 압수·수색 당시 기준

압수·수색 당시 수사기관이 인식할 수 없었던
참여자의 내부적, 주관적 사정이나
참여자의 객관직 능력에 관한 법률적·사후적인 판단은
고려대상이 아니다. · 수사기관 인식은 고려대상 아님

판결 해설

　대상판결 쟁점은 수사에서 적법절차이다. 압수·수색절차에서 참여능력이다. 주거지 등 압수·수색에서 참여능력 요부가 문제된 사건이다.

　대법원은, 기본권 보장을 위하여 압수·수색에 관한 적법절차와 영장주의의 근간을 선언한 헌법과 실체적 진실 규명과 개인의 권리보호 이념을 조화롭게 실현할 수 있도록 그 구체적인 절차를 정하고 있는 형사소송법의 규범력은 확고히 유지되어야 하고, 참여권에 관한 규정을 비롯하여 형사소송법이 정한 압수·수색절차에 관한 구체적 규정들은 헌법원칙인 적법절차와 영장주의를 구현하는 관점에 따라 해석·실현되어야 한다고 판단하였다.

　따라서 피의자가 주거주 등인 주거지 등에서 압수·수색영장을 집행하는 경우 피의자에게 최소한 압수·수색절차의 의미를 이해할 수 있는 정도의 능력(이하 '참여능력'이라고 한다)이 없다면 그 피의자만 참여하는 것으로는 부족하고, 수사기관은 형사소송법 제123조 제3항에 따라 참여능력이 있는 이웃 등을 함께 참여시켜야 한다. 이때 참여능력이 없는 피의자만이 참여하였다면 그 압수·수색은 형사소송법 제123조 제2항, 제3항을 위반한 것으로 원칙적으로 위법하다고 판단하였다.

　대상판결은 적법절차·압수·수색절차에서 참여능력·주거지 등 압수·수색에서 참여능력 요부에 대한 법리를 명확히 설명한다. 대법원 판결은 타당하다. 국가고시·변호사시험 선택형으로 출제 가능성이 있다.

적법절차
제3자 관리 복제 전자정보 임의제출과 원본 관리처분권자의 참여권

> 전자정보가 제3자 소유·관리의 정보저장매체에 복제되어 임의제출되는 경우 원본 전자정보 관리처분권자의 참여권이 문제된 사건
>
> 대법원 2024. 12. 24. 선고 2023도3626 판결
> [아동·청소년의성보호에관한법률위반(음란물제작·배포등)·아동·청소년의성보호에관한법률위반(성착취물소지등)·성폭력범죄의처벌등에관한특례법위반(카메라등이용촬영·반포등)·성폭력범죄의처벌등에관한특례법위반(카메라등이용촬영물소지등)]

[공소사실 요지]

피고인이, 청소년인 피해자와의 성교 장면이나 피해자의 신체 부위를 사진과 동영상으로 촬영하여 아동·청소년이용음란물을 제작하고, 위와 같은 음란물 및 수치심을 유발할 수 있는 피해자들의 신체 부위를 동의 없이 촬영한 사진과 동영상을 소지하였다는 등의 「아동·청소년의 성보호에 관한 법률」위반(음란물제작·배포등) 등으로 기소된 사안이다. · **요약**

피해자들은 피고인 소유·관리의 정보저장매체(이하 'USB')에 저장되어 있던 전자정보를 피해자들 소유·관리의 정보저장매체(이하 '제1, 2, 3 USB')에 복제한 다음 그 복제된 전자정보가 저장된 피해자들 소유·관리의 정보저장매체를 임의제출하였다.

(1) 피고인은 2013. 6. 22.경부터 2013. 12. 31.경까지 5회에 걸쳐 청소년인 피해자 공소외 1(여, 18세)과의 성교 장면 등을 사진과 동영상으로 촬영하여 아동·청소년이용음란물을 제작하였다.

(2) 피고인은 2014. 7. 22.경부터 2016. 5. 1.경까지 9회에 걸쳐 피해자 공

소외 1(여, 19세)과의 유사성교 장면이나 피해자의 음부 부위 등을 피해자의 의사에 반하여 사진과 동영상으로 촬영하였다.

(3) 피고인은 2020. 11. 25. 위와 같이 제작한 아동·청소년이용음란물 및 성적 욕망 또는 수치심을 유발할 수 있는 피해자 공소외 1, 공소외 2의 신체 부위를 피해자들의 동의 없이 촬영한 사진과 동영상을 소지하였다.

[법리 쟁점]

전자정보가 제3자 소유·관리의 정보저장매체에 복제되어 임의제출되는 경우 그 임의제출자 외에 원본 전자정보 관리처분권자를 실질적 피압수자로 평가하여 그에게 참여권을 인정하여야 하는지 여부(원칙적 소극)

[참조조문]

[1] 헌법 제12조 제1항, 제3항, 형사소송법 제118조, 제121조 [2] 헌법 제12조 제1항, 제3항, 형사소송법 제118조, 제121조, 제308조의2

[원심 판단]

제1심법원은 피고인에게 무죄를 선고하였다.

원심법원은 피고인에게 무죄를 선고하였다.

원심은, 피해자들이 임의제출한 제1, 2, 3 USB 및 그 저장 전자정보의 실질적 피압수자는 피고인인데 임의제출 과정에서 피고인의 참여권이 보장되지 않아 위법수집증거에 해당하고, 이에 기초하여 획득한 증거도 2차적 증거로서 증거능력이 없다고 보아, 이 사건 공소사실을 모두 무죄로 판단한 제1심판결을 그대로 유지하였다.

검사가 상고하였다.

[대법원 판단]

대법원은 원심판결을 파기하고, 사건을 부산고등법원에 환송한다.

대법원은, ① 피해자들이 임의제출한 제1, 2, 3 USB는 피해자들의 소유·관리에 속하는 정보저장매체로서 그 자체로는 피고인과 관련이 없는 점, ② 피고인이 소유·관리하는 정보저장매체는 원본 USB 뿐인데, 원본 USB는 수사기관에 임의제출되거나 압수된 바 없으므로 원본 USB에 관하여 형사소송법이 정한 참여권이나 그 참여권 인정을 위한 전제로 실질적 피압수자라는 지위를 상정하기 어려운 점, ③ 이 사건 전자정보 등의 압수·수색(임의제출) 과정에서는 특별한 사정이 없는 한 임의제출자인 피해자들(피압수자)에게 형사소송법이 정하는 바에 따라 참여의 기회를 부여하는 것으로 충분하고, 원본 USB 소유·관리자이자 그 저장 전자정보의 관리처분권자인 피고인을 실질적 피압수자로 보아 피고인에게까지 참여의 기회를 부여해야만 그 임의제출이 적법하다고 평가할 수는 없다고 보아, 이와 달리 본 원심판결을 파기·환송하였다.

낭독 형사소송법 판결문 09

대법원 2024. 12. 24. 선고 2023도3626 판결 [아동·청소년의성보호에관한법률위반(음란물제작·배포등)·아동·청소년의성보호에관한법률위반(성착취물소지등)·성폭력범죄의처벌등에관한특례법위반(카메라등이용촬영·반포등)·성폭력범죄의처벌등에관한특례법위반(카메라등이용촬영물소지등)]

〈전자정보기 제3자 소유·관리의 정보저장매체에 복제되어 임의제출되는 경우 원본 전자정보 관리처분권자의 참여권이 문제된 사건〉

판시 사항

[1] 전자정보가 제3자 소유·관리의 정보저장매체에 그 내용이 동일하게 복제되어 임의제출되는 경우, 복제 전자정보 임의제출자 외에 원본 전자정보 관리처분자를 실질적 피압수자로 보고 그에게 참여권을 인정해야 하는지 여부(원칙적 소극)

[2] 아동·청소년이용음란물 및 성적 욕망 또는 수치심을 유발할 수 있는 피해자들의 신체 부위를 피해자들의 동의 없이 촬영한 사진과 동영상을 소지하였다는 공소사실로 기소된 피고인 소유의 USB에 저장된 사진과 동영상 등 전자정보 중 일부를 피해자들이 임의로 선별, 복제한 다음 그 복제 전자정보를 피해자들이 소유·관리하는 USB들에 저장하여 경찰에 임의제출한 사안에서, 피해자들이 제출한 위 전자정보 등이 위법수집증거에 해당하고 이에 기초하여 획득한 증거도 2차적 증거로서 증거능력이 없다고 보아 공소사실을 무죄로 본 원심판단에 법리오해의 잘못이 있다고 한 사례.

판결 요지

[1] 전자정보가
제3자 소유·관리의 정보저장매체에 복제되어
임의제출되는 경우에 복제 전자정보와 원본 전자정보의 내용이
완전히 동일하다고 하더라도,
복제 전자정보 생성 경위와 지배관리 상태,
복제 전자정보를 임의제출하게 된 경위,
원본 전자정보 임의제출이나
압수·수색 가능성 등 제반 사정과
전자정보 압수·수색에서 혐의사실과
무관한 전자정보의 무분별한 탐색·복제·출력 등을
방지하려는 참여권의 의의 및 기능을 종합적으로 살펴,

원본 전자정보 임의제출이 충분히 가능함에도
오직 원본 전자정보 관리처분권자의 참여를 배제할 목적으로
원본 전자정보 대신 복제 전자정보를
임의제출하는 경우 등과 같이
복제 전자정보를 임의제출하는 사람에게만
참여의 기회를 부여하는 것이
현저히 부당하다는 등의 특별한 사정이 없는 한

그 정보의 동일성을 들어
복제 전자정보 임의제출자 외에
원본 전자정보 관리처분권자를 실질적 피압수자로 평가하고
그에게 참여권을 인정해야 하는 것은 아니라고 보아야 한다.

• 원본 전자정보 관리처분권자 참여를 배제할 목적이 아닌 경우(=복제 전자정보를 임의제출하는 사람에게만 참여 기회를 부여하는 것도 적법하다).

(가) 전자정보는 그 자체로는 무정형의 관념에 불과할 뿐
물리적 존재가 아니다.
전자정보는 복제가 용이하고
다수에게 손쉽게 전파·유통될 수 있으며
그 보유·사용·처분·변경 등이
다수에 의하여 동시다발적으로 이루어질 수 있는
비경합적·비배타적 성질을 가진다.

전자정보가 복제되어 유통·처분·변경되거나
여러 번 재복제되더라도
원본 전자정보나 복제되기 전 단계의 정보들은
마모되거나 훼손되지 않은 채
복제된 정보와 독립하여 존재할 수 있다.

이와 같은 전자정보의 특성을 고려하면,
'제3자가 피의자 소유·관리의 정보저장매체 자체를
수사기관에 제출하는 방법으로
그 정보저장매체 내에 저장된 전자정보를 임의제출하는 것'과
'그 전자정보를 제3자 소유·관리의 정보저장매체에 복제한 후
복제 전자정보가 저장된 정보저장매체를
그 제3자가 수사기관에 제출하는 방법으로
복제 전자정보를 임의제출하는 것'은
적어도 그 임의제출 과정에서
보장되어야 하는 참여권의 관점에서는
동일하다고 평가할 수 없다. · 복제 전자정보 임의제출자 참여권

(나) 참여권자로서의 실질적 피압수자에 해당하는지 여부는,
임의제출(압수)되는 전자정보나

정보저장매체의 관리처분권에 관하여

민사법상 권리의 귀속에 따른 사후적 판단이 아니라

압수·수색 당시의 외형적·객관적인 기준에 의하여,

즉 임의제출(압수)의 직접적 대상인 당해

정보저장매체의 현실적 지배관리 상태와

그로부터 외형적·객관적으로 추단되는 저장 전자정보에 대한

관리처분권 유무를 통하여 판단하여야 한다(대법원 2022. 1. 27. 선고

2021도11170 판결 등 참조). ·정보저장매체 현실적 지배관리 상태와 관리처분권 유무

로 판단

(다) 원본 전자정보에 대한 관리처분권을

복제 전자정보 임의제출 시

참여권 인정의 근거로 새기게 되면

무한한 복제·유통·변형·합성 등이 가능한

전자정보의 압수절차에서 일일이 원본 전자정보나

그 관리처분권자를 특정해야 할 것이다. ·관리처분권자 특정 문제

이는 현실적으로 불가능할 뿐만 아니라

수사의 현장성·적시성·밀행성에도 어긋난다. ·수사기법과 현실

(라) 복제 전자정보가

사인(私人)이 임의로 수집, 제출한 증거로서 위법한지 여부는

전자정보 및 저장매체 임의제출(압수) 과정에서의

절차적 권리인 참여권 보장 문제와는

다른 측면에서 판단되어야 한다.

·임의제출 과정에서 참여권과 전자정보 압수·수색과정에서 혐의사실 무관 정보 방지 목적

참여권 구분

[2] 아동·청소년이용음란물 및 성적 욕망 또는

수치심을 유발할 수 있는 피해자들의 신체 부위를

피해자들의 동의 없이 촬영한 사진과 동영상을 소지하였다는
공소사실로 기소된
피고인 소유의 USB(이하 '원본 USB'라 한다)에
저장된 사진과 동영상 등 전자정보 중 일부를
피해자들이 임의로 선별, 복제한 다음 그 복제 전자정보를
피해자들이 소유·관리하는 USB들에 저장하여
경찰에 임의제출한 사안에서,

피해자들이 임의제출한 USB들은
피해자들의 소유·관리에 속하는 정보저장매체로서
그 자체로는 피고인과 관련이 없는 점,
피고인이 소유·관리하는 정보저장매체는 원본 USB뿐인데,
원본 USB는 수사기관에 임의제출되거나 압수된 바 없으므로
원본 USB에 관하여 형사소송법이 정한 참여권이나
그 참여권 인정을 위한 전제로
실질적 피압수자라는 지위를 상정하기 어려운 점,

피해자들이 임의제출한 전자정보 등의 압수·수색(임의제출)
과정에서는 특별한 사정이 없는 한
임의제출자인 피해자들(피압수자)에게
형사소송법이 정하는 바에 따라
참여의 기회를 부여하는 것으로 충분하고
그 전자정보 등이 원본 USB로부터 유래하였다는 사정만으로
원본 USB 소유·관리자이자
그 저장 전자정보의 관리처분권자인 피고인을
실질적 피압수자로 보아
피고인에게까지 참여의 기회를 부여해야만
그 임의제출이 적법하다고 평가할 수는 없는 점을 종합하면,

피해자들이 제출한 위 전자정보 등이 위법수집증거에 해당하고
이에 기초하여 획득한 증거도
2차적 증거로서 증거능력이 없다고 보아
공소사실을 무죄로 본 원심판단에
법리오해의 잘못이 있다고 한 사례.

판결 해설

　대상판결 쟁점은 수사에서 적법절차이다. 제3자 관리 복제 전자정보 임의제출과 원본 관리처분권자의 참여권이다. 전자정보가 제3자 소유·관리의 정보저장매체에 복제되어 임의제출되는 경우 원본 전자정보 관리처분권자의 참여권이 문제된 사건이다.

　대법원은, 원본 전자정보 임의제출이 충분히 가능함에도 오직 원본 전자정보 관리처분권자의 참여를 배제할 목적으로 원본 전자정보 대신 복제 전자정보를 임의제출하는 경우 등과 같이 복제 전자정보를 임의제출하는 사람에게만 참여의 기회를 부여하는 것이 현저히 부당하다는 등의 특별한 사정이 없는 한 그 정보의 동일성을 들어 복제 전자정보 임의제출자 외에 원본 전자정보 관리처분권자를 실질적 피압수자로 평가하고 그에게 참여권을 인정해야 하는 것은 아니라고 보아야 한다고 판단하였다.

　임의제출(압수)의 직접적 대상인 당해 정보저장매체의 현실적 지배관리 상태와 그로부터 외형적·객관적으로 추단되는 저장 전자정보에 대한 관리처분권 유무를 통하여 판단하여야 한다고 판단하였다.

　대상판결은 적법절차·제3자 관리 복제 전자정보 임의제출과 원본 관리처분권자의 참여권·전자정보가 제3자 소유·관리의 정보저장매체에 복제되어 임의제출되는 경우 원본 전자정보 관리처분권자의 참여권 법리를 명확히 설명한다. 대법원 판결은 타당하다. 국가고시·변호사시험 선택형·사례형으로 출제 가능성이 있다.

적법절차
친권자 통한 미성년자 자녀 사용 휴대전화 압수절차와 참여권

> 경찰이 친권자를 통하여 미성년인 자녀가 사용·관리하는
> 휴대전화를 압수한 절차의 위법 여부가 문제된 사건
>
> 대법원 2024. 12. 24. 선고 2022도2071 판결
> [업무방해]

[공소사실 요지]

경찰은 A를 피의자로 하여 발부받은 압수·수색·검증영장(이하 '이 사건 영장')을 A에게 제시하고, A는 딸인 피고인들(각 16세)로부터 피고인들이 사용하거나 보관 중인 그 소유 휴대전화 4대(이하 통틀어 '이 사건 휴대전화')를 인도받아 경찰에 제출하였는데, 이 사건 영장의 '압수할 물건' 란에는 '참고인인 피고인들이 실제 사용·보관 중인 휴대전화'가 기재되어 있었다. 경찰은 A를 이 사건 휴대전화의 피압수자인 소지자·제출자로 보아 압수조서를 작성하고, A는 참여인으로서 위 압수조서에 서명하였으며, 경찰은 A에게 이 사건 휴대전화 반출 후의 탐색·복제·출력 등 과정 등에 참여할 수 있다는 취지로 고지하면서 전자정보 확인서를 작성하였고, A는 피압수사(제출자)의 지위에서 '참여하지 않겠다'는 뜻을 위 확인서에 표시하고 서명하였으나, 경찰은 피고인들에게 이 사건 영장에 기초한 일련의 압수·수색의 과정에서 이 사건 영장을 제시하거나 참여의 기회를 보장하지는 않았다. ·요약

(가) 경찰은 '피의자 공소외인이 2017. 3.경부터 2018. 3.경까지 ○○여자고등학교 정기고사 출제 문제 및 정답을 위 고등학교에 재학 중인 딸인 피고인들에게 유출하여 위 고등학교의 정기고사 업무를 방해하였다.'는 내

용의 업무방해 등 혐의사실을 수사하면서, 2018. 9. 4. '압수할 물건'에 '참고인인 피고인들이 실제 사용·보관 중인 휴대전화'가 포함되어 있고 '수색·검증할 장소'가 '위 고등학교 교장실, 교무실'로 기재된 압수·수색·검증영장(이하 '이 사건 영장'이라 한다)을 발부받았다.

(나) 경찰은 2018. 9. 5. 위 고등학교 교장실에서 이 사건 영장 집행에 착수하고 피고인들의 아버지인 공소외인에게 이 사건 영장을 제시하였다. 공소외인은 피고인들(각 16세)로부터 피고인들이 사용하거나 보관 중인 그 소유 휴대전화 4대(이하 통틀어 '이 사건 휴대전화'라 한다)를 인도받아 경찰에 제출하였다.

(다) 경찰은 위와 같은 경위로 이 사건 휴대전화를 압수하면서, 공소외인을 이 사건 휴대전화의 피압수자인 소지자·제출자로 보아 압수조서를 작성하고, 공소외인은 참여인으로서 위 압수조서에 서명하였다. 경찰은 공소외인에게 이 사건 휴대전화 반출 후의 탐색·복제·출력 등 과정 등에 참여할 수 있다는 취지로 고지하면서 '전자정보 확인서(모바일기기 반출용)'를 작성하였고, 공소외인은 피압수자(제출자)의 지위에서 '참여하지 않겠다.'는 뜻을 위 확인서에 표시하고 서명하였다.

(라) 경찰은 이 사건 영장에 기초한 일련의 압수·수색의 과정에서 피고인들에게 이 사건 영장을 제시하거나 참여의 기회를 보장하지 않았다.

[법리 쟁점]
[1] 압수·수색절차 과정에서 처분을 받는 자가 미성년자인 경우, 의사능력이 있는 한 미성년자에게 영장이 반드시 제시되어야 하는지 여부(적극) 및 그 친권자에 대한 영장제시로 이를 갈음할 수 있는지 여부(소극), 의사능력이 있는 미성년자나 그 변호인에게 압수·수색영장 집행 절차에 참여할 기회가 보장되어야 하는지 여부(적극) 및 그 친권자에게 참여의 기회가 보장되었다는 이유만으로 압수·수색이 적법하게 되는지 여부(소극)
[2] 수사기관의 지시·요청에 따라 사인(私人)이 자기 외의 제3자가 지배·관리하는 물건을 취거하여 수사기관에 전달하는 등으로 수사기관이 직접 하였다면 강제처분인 압수·수색에 해당하는 행위를 한 경우, 수사기관이 사인을 이용하여 강제처분을 하였다고 보아, 형사소송법에서 규정하는 영장의 제시, 참여권의 보장 등 절차의 준수를 요구하여야 하는지 여부(원칙적 적극)

[참조조문]

[1] 헌법 제12조 제3항, 구 형사소송법(2022. 2. 3. 법률 제18799호로 개정되기 전의 것) 제118조, 제121조, 제219조 [2] 헌법 제12조, 형사소송법 제118조, 제121조, 제219조 [3] 형사소송법 제308조의2

[참조판례]

[1] 대법원 2011. 5. 26.자 2009모1190 결정(공2011하, 1342); 대법원 2015. 7. 16.자 2011모1839 전원합의체 결정(공2015하, 1274); 대법원 2017. 9. 21. 선고 2015도12400 판결(공2017하, 2033) [3] 대법원 2013. 3. 14. 선고 2012도13611 판결(공2013상, 703); 대법원 2024. 4. 16. 선고 2020도3050 판결(공2024상, 818)

[원심 판단]

제1심법원은 피고인들에게 유죄를 선고하였다.

원심법원은 피고인들에게 유죄를 선고하였다.

원심은, 이 사건 휴대전화와 그 전자정보에 대한 압수·수색 절차가 적법하고, 설령 피고인들에게 참여권을 보장하지 아니한 위법이 있다고 하더라도 이 사건 휴대전화에 기초하여 수집된 증거들의 증거능력이 인정된다는 취지로 판단하였다.

피고인들과 검사가 상고하였다.

[대법원 판단]

대법원은 상고를 모두 기각한다.

대법원은, ① A는 이 사건 영장 집행에 착수한 경찰로부터 영장을 제시받고 그 지시에 따라 피고인들로부터 이 사건 휴대전화의 점유를 이전받아 경찰에 제출하였다고 보이고, 이러한 A의 행위가 오로지 A의 사적 이익이나 목적 추구를 위해 이루어졌다거나 경찰이 이 사건 휴대전화의 실제 점유자가 피고인들임을 인식·예견하지 못하였다고 보기 어려우므로, 경찰이 A를 이용하여 이 사건 휴대전화에 대한 압수 등 강제처분을 하였다고 보는 것이 타당하다고 전제한 다음,

② 경찰은 이 사건 휴대전화를 압수함에 있어 '처분을 받는 자'로서 이 사건 영장 집행에 참여할 능력이 충분하였다고 보이는 피고인들에게 영장을 제시하였어야 하고, A가 친권자의 지위에서 피고인들의 이익을 위하여 영

장을 제시받았다고 하더라도 달리 볼 수 없으며,

③ 이 사건 휴대전화와 그 전자정보에 대하여 한 압수·수색은 비단 이 사건 영장에 피의자로 기재된 A 등의 범죄 혐의사실에 대한 수사에 그치는 것이 아니라 피고인들의 범죄 혐의사실에 대한 수사의 일환으로 한 것에도 해당하고, 피고인들은 이 사건 휴대전화에 대한 관리처분권을 행사하고 있었으므로, 경찰은 피압수자인 피고인들에게 이 사건 휴대전화의 탐색·복제·출력 등 일련의 과정에 참여할 기회를 보장하였어야 하고, 경찰이 피고인들의 이익을 위하여 피고인들을 대신하여 친권자인 A에게 참여의 기회를 부여하였다는 사정만으로 피압수자인 피고인들의 절차 참여를 보장한 취지가 실질적으로 침해되지 않았다거나 압수·수색이 적법하게 된다고 볼 수 없다고 보아, 이 사건 휴대전화의 전자정보나 이에 기초하여 수집한 증거의 증거능력이 부정된다고 판단하였다. 다만, 나머지 적법하게 채택된 증거들만으로도 피고인들에 대한 공소사실(무죄 부분 제외)을 유죄로 인정하기에 충분하므로 원심의 판단에 판결에 영향을 미친 잘못이 없다고 보아, 상고를 모두 기각하였다.

낭독 형사소송법 판결문 10

대법원 2024. 12. 24. 선고 2022도2071 판결 [업무방해] (자) 상고기각
〈경찰이 친권자를 통하여 미성년인 자녀가 사용·관리하는 휴대전화를 압수한 절차의 위법 여부가 문제된 사건〉

판시 사항

[1] 수사기관의 압수·수색절차 과정에서 처분을 받는 자가 의사능력 있는 미성년자인 경우, 반드시 미성년자에게 영장이 제시되어야 하는지 여부(적극) 및 친권자에 대한 영장제시로 이를 갈음할 수 있는지 여부(소극) / 의사능력 있는 미성년자나 변호인 대신 친권자에게 압수·수색 영장 집행 절차에 참여할 기회를 보장하였다는 이유만으로 압수·수색이 적법하게 되는지 여부(소극)

[2] 수사기관의 지시·요청에 따라 사인(私人)이 자기 외의 제3자가 지배·관리하는 물건을 취거하여 수사기관에 전달하는 등으로 압수·수색에

해당하는 행위를 한 경우, 형사소송법에서 규정하는 영장의 제시, 참여
권의 보장 등 절차의 준수가 요구되는지 여부(원칙적 적극)
[3] 수사기관이 적법한 절차에 따르지 아니하고 수집한 증거 및 이를
기초로 하여 획득한 2차적 증거를 법원이 유죄 인정의 증거로 사용할
수 있는 예외적인 경우

판결 요지

[1] 헌법 제12조 제3항 본문은
'체포·구속·압수 또는 수색을 할 때에는
적법한 절차에 따라 검사의 신청에 의하여
법관이 발부한 영장을 제시하여야 한다.'고 규정하고,
구 형사소송법(2022. 2. 3. 법률 제18799호로 개정되기 전의 것. 이하
같다) 제219조, 제118조는
'수사기관이 압수·수색영장을 집행할 때에는 처분을 받는 자에게
반드시 압수·수색영장을 제시하여야 한다.'는 취지로 규정하고 있
다. · 적법절차(=처분 받는 자에게 반드시 압수·수색영장 제시 의무)

이와 같이 압수·수색영장은
현장에서 처분을 받는 자가
여러 명일 경우에는 그들 모두에게
개별적으로 영장을 제시해야 하는 것이 원칙이고,^{이다.} · 개별 제시 의무

수사기관이 압수·수색에 착수하면서
그 장소의 관리책임자에게 영장을 제시하였다고 하더라도,
물건을 소지하고 있는 다른 사람으로부터
이를 압수하고자 하는 때에는
그 사람에게 따로 영장을 제시하여야 한다(대법원 2017. 9. 21. 선고
2015도12400 판결 등 참조). · 별도 제시 의무

압수·수색이 정보저장매체에 대하여 이루어질 때
그 범위를 정하여 출력 또는 복제하는 방법이 불가능하거나
압수의 목적을 달성하기에
현저히 곤란한 예외적인 사정이 인정되어
전자정보가 담긴 저장매체 또는
복제본을 수사기관 사무실 등으로 옮겨
이를 복제·탐색·출력하는 경우에도,

그와 같은 일련의 과정에서
구 형사소송법 제219조, 제121조에서 규정하는
압수·수색영장의 집행을 받는 당사자(이하 '피압수자'라 한다)나
그 변호인에게 참여의 기회를 보장하고 · 참여권 보장

혐의사실과 무관한 전자정보의 임의적인 복제 등을
막기 위한 적절한 조치를 취하는 등
영장주의 원칙과 적법절차를 준수하여야 한다.
· 혐의 무관 정보 복제 금지

만약 그러한 조치가 취해지지 않았다면
피압수자 측이 참여하지 아니한다는 의사를
명시적으로 표시하였거나
절차 위반행위가 이루어진 과정의 성질과 내용 등에 비추어
피압수자 측에 절차 참여를 보장한 취지가
실질적으로 침해되었다고 볼 수 없을 정도에 해당한다는 등의
특별한 사정이 없는 이상
압수·수색이 적법하다고 평가할 수 없다(대법원 2011. 5. 26.자 2009모
1190 결정, 대법원 2015. 7. 16.자 2011모1839 전원합의체 결정 등 참조). · 피
압수자 절차 참여권 실질적으로 침해(=압수·수색이 위법)

이와 같은 수사기관의 압수·수색절차 과정에서
처분을 받는 자가 미성년자인 경우,
의사능력이 있는 한 미성년자에게 영장이 반드시 제시되어야 하고,
그 친권자에 대한 영장제시로 이를 갈음할 수 없다. · 미성년자 참여권

또한 의사능력이 있는 미성년자나 그 변호인에게
압수·수색영장 집행 절차에 참여할 기회가 보장되어야 하고,
그 친권자에게 참여의 기회가 보장되었다는 이유만으로
압수·수색이 적법하게 되는 것은 아니다. · 친권자 참여권은 다른 문제

[2] 형사소송법이 헌법 제12조에서 선언한
적법절차와 영장주의 원칙을 이어받아
압수·수색절차에서
실체적 진실 규명과 개인의 권리보호 이념을
조화롭게 실현할 수 있도록 마련한
구체적 기준의 규범력은 확고히 유지되어야 한다. · 적법절차와 영장주의

수사기관의 지시·요청에 따라
사인(私人)이 자기 외의 제3자가 지배·관리하는 물건을 취거하여
수사기관에 전달하는 등으로
수사기관이 직접 하였다면
강제처분인 압수·수색에 해당하는 행위를 한 경우,
이러한 사인의 행위가
오로지 자기의 이익이나 목적 추구를 위해 이루어진 것이라거나
수사기관이 해당 물건의 실제 점유자가
제3자임을 미처 인식·예견하지 못하였다는 등의
특별한 사정이 없는 이상,

수사기관이
사인을 이용하여 강제처분을 하였다고 보아,
형사소송법에서 규정하는 영장의 제시, 참여권의 보장 등
절차의 준수를 요구하는 것이
헌법과 형사소송법이 구현하고자 하는
적법절차와 영장주의의 정신에 부합한다. ·헌법정신·적법절차·영장주의

[3] 형사소송법 제308조의2에 따라
적법한 절차에 따르지 아니하고
수집한 증거는 증거로 할 수 없다. ·위법수집증거배제법칙

수사기관이 헌법과 형사소송법이 정한 절차에 따르지 아니하고
수집한 증거는 물론,
이를 기초로 하여 획득한 2차적 증거 역시
유죄 인정의 증거로 삼을 수 없는 것이 원칙이다. ·2차 수집 증거

다만 수사기관의 절차 위반행위가
적법절차의 실질적인 내용을 침해하는 경우에 해당하지 아니하고,
오히려 그 증거의 증거능력을 배제하는 것이 ·증거능력 배제

헌법과 형사소송법이 형사소송에 관한 절차조항을 마련하여
적법절차의 원칙과 실체적 진실 규명의 조화를 도모하고,
이를 통하여 형사 사법 정의를 실현하려고 한 취지에 반하는
결과를 초래하는 것으로 평가되는 예외적인 경우라면,
법원은 그 증거를 유죄 인정의 증거로 사용할 수 있다. ·예외 인정

판결 해설

대상판결 쟁점은 수사에서 적법절차이다. 친권자 통한 미성년자 자녀
사용 휴대전화 압수절차와 참여권이다. 경찰이 친권자를 통하여 미성년

인 자녀가 사용·관리하는 휴대전화를 압수한 절차의 위법 여부가 문제
된 사건이다. 시사 판례이다. 쌍둥이 학교 시험 사건이다.

　대법원은, 수사기관이 압수·수색에 착수하면서 그 장소의 관리책임자
에게 영장을 제시했더라도, 물건을 소지하고 있는 다른 사람으로부터
이를 압수하고자 하는 때에는 그 사람에게 따로 영장을 제시해야 한다
고 판단하였다.

　수사기관의 압수·수색절차 과정에서 처분을 받는 자가 미성년자인
경우, 의사능력이 있는 한 미성년자에게 영장이 반드시 제시되어야 하
고, 그 친권자에 대한 영장제시로 이를 갈음할 수 없다.

　또한 의사능력이 있는 미성년자나 그 변호인에게 압수·수색영장 집
행 절차에 참여할 기회가 보장되어야 하고, 그 친권자에게 참여의 기회
가 보장되었다는 이유만으로 압수·수색이 적법하게 되는 것은 아니다고
판단하였다.

　이 사건에서 경찰의 절차 위반행위는 영장주의 원칙을 위반하고 적
법절차의 실질적 내용을 침해하는 경우에 해당하므로, 이 사건 휴대전
화의 전자정보나 이에 기초하여 수집한 증거들은 위법수집증거 또는 그
2차적 증거로서 유죄의 증거로 삼을 수 없다.

　다만 증거능력이 인정되는 나머지 적법하게 채택된 증거들만으로도
피고인들에 대한 공소사실(무죄 부분 제외)을 유죄로 인정하기에 충분하
므로, 원심의 위와 같은 잘못이 판결에 영향을 미쳤다고 할 수 없다고
판단하였다.

　대상판결은 적법절차·친권자 통한 미성년자 자녀 사용 휴대전화 압
수절차와 참여권·경찰이 친권자를 통하여 미성년인 자녀가 사용·관리하
는 휴대전화를 압수한 절차의 위법 여부에 대한 법리를 명확히 설명한
다. 대법원 판결은 타당하다. 국가고시·변호사시험 선택형·사례형으로
출제 가능성이 있다.

적법절차
제3자를 임의로 참여하게 한
압수·수색영장 집행

경찰공무원 외에 생명보험협회 소속 치과위생사가 집행에 참여한
압수수색의 적법 여부가 문제된 사건

대법원 2024. 12. 16.자 2020모3326 결정
[수사기관압수처분에대한재항고]

[공소사실 요지]

사법경찰관은 압수수색영장에 기하여 준항고인이 운영하는 치과병원을 수색하면서 생명보험협회 소속 치과위생사 1명을 참여하게 하였다. 그런데 치과위생사는 약 6명의 경찰관들과 함께 병원에 진입하여 압수수색 전과정에 참여하였다. 사법경찰관은 그 수색을 통하여 병원에 보관되어 있던 유체물과 전자정보를 압수하였다(이하 '이 사건 압수처분'). 준항고인은 이 사건 압수처분에 대하여 준항고를 제기하였다. · **요약**

(가) ○○경찰서 소속 사법경찰관(이하 '사법경찰관'이라 한다)은 인천지방법원 부천지원 판사로부터 발부받은 발부일자와 영장번호를 알 수 없는 압수·수색영장(이하 '이 사건 영장'이라 한다)에 기하여 2020. 8. 5. 부천시 △동에 위치한 준항고인이 운영하는 치과병원(이하 '이 사건 병원'이라 한다)을 수색하였다.

(나) 사법경찰관은 당시 경찰공무원 이외에 생명보험협회 소속 치과위생사 1명(이하 '이 사건 치과위생사'라 한다)을 참여케 하였는데, 이 사건 치과위생사는 2020. 8. 5. 12:24경 약 6명의 경찰관들과 함께 이 사건 병원에 진입하여 압수·수색 전 과정에 참여하였다.

(다) 이 사건 병원에 설치된 CCTV에는 이 사건 압수·수색 당시의 상황이 녹화되어 있는데, 녹화된 영상에는 다음의 장면들이 포함되어 있다.

1) 이 사건 치과위생사가 2020. 8. 5. 12:29경 사법경찰관과 준항고인의 대화 도중 사법경찰관이 소지하고 있던 서류에 자유롭게 접근하여 열람하는 장면

2) 이 사건 치과위생사가 2020. 8. 5. 12:30경 이 사건 병원 압수·수색 과정을 촬영하던 사법경찰관으로부터 휴대전화를 건네받아 준항고인이 사용하던 것으로 보이던 책상 서랍과 그 내용물을 촬영하는 장면 및 2020. 8. 5. 12:40경 및 13:19경 이 사건 병원 환자대기실 바닥에 펼쳐진 압수대상 문서를 직접 분류하는 장면

3) 이 사건 치과위생사가 2020. 8. 5. 13:01경 압수 대상물을 소지한 채 사법경찰관들에게 다가가 이를 보여주면서 대화를 나누는 장면 및 2020. 8. 5. 14:46경 사법경찰관에게 서류뭉치를 건네주자 사법경찰관이 건네받은 서류에 무언가를 기재하는 장면

4) 이 사건 치과위생사가 2020. 8. 5. 15:00경 이 사건 병원 접수대 안쪽에 설치된 간호사 PC를 탐색하고, 그곳에 펼쳐진 환자의 엑스레이 사진이 부착된 진료기록부를 확인한 후 그 진료기록부를 넘겨가며 사법경찰관과 대화하는 장면과 15:06경 소지한 노트에 무언가를 적은 다음 그 노트를 사법경찰관에게 보여주며 대화하는 장면

(라) 사법경찰관은 위 수색을 통하여 이 사건 병원에 보관되어 있던 청구외인 외 36명의 진료기록부와 업무용 수첩 등 유체물, 그곳 컴퓨터에 저장되어 있던 전자정보를 압수하였다(이하 '이 사건 압수처분'이라 한다).

[법리 쟁점]

수사기관이 압수·수색 현장에 형사소송법상 참여권자나 참여할 수 있도록 규정된 사람 이외의 사람을 참여시킬 수 있는지 여부(원칙적 소극) 및 참여가 허용된 사람 이외의 제3자를 임의로 참여케 하여 압수·수색영장을 집행하거나 영장 없이 압수·수색을 한 경우의 위법 여부(적극)

[참조조문]

헌법 제12조 제1항, 제16조, 제17조, 형사소송법 제115조 제1항, 제119조 제1항, 제120조 제1항, 제121조, 제122조, 제123조, 제124조, 제199조 제1항, 제219조

[원심 판단]

제1심법원은 피고인에게 항고를 기각하였다.

원심법원은 피고인에게 준항고를 기각하였다.

원심은, 치과위생사가 이 사건 압수처분 당시 활발히 참여한 사실을 인정하면서도 주도적으로 압수수색영장을 집행하지 않았고, 적법한 수색업무 집행을 위한 이행보조자나 조력인 정도의 역할을 수행한 것에 불과하다고 보아, 준항고를 기각하였다.

피고인이 상고하였다.

[대법원 판단]

대법원은 원심결정을 파기하고, 사건을 인천지방법원 부천지원에 환송한다.

대법원은, ① 이 사건 압수처분이 법률상 의료기사인 치과위생사만이 할 수 있는 행위를 수반한다고 보기 어려운 점,

② 치과위생사가 이 사건 압수처분 당시 한 압수 대상물 분류, PC 탐색 등과 같은 행위는 전자정보 복호화, 잠금장치 해제나 중량 압수물 운반과 같이 단순한 기술적, 사실적 보조에 그친다고 보기 어려운 점,

③ 이 사건 압수처분을 통하여 압수된 유체물이나 전자정보가 치과위생사 혹은 생명보험협회에게 환부되어야 할 물건이나 전자정보로 보기 어려운 점,

④ 치과위생사가 사법경찰관의 압수·수색 과정에 참여한 것이 정당화될 수 있는 예외적인 경우에 해당한다고 볼 만한 특별한 사정을 찾을 수 없고, 치과위생사는 보험사기의 피해자인 개별 생명보험회사의 공동 이익 증진 등을 위해 설립된 단체인 생명보험협회의 사용인으로 이들과 이해관계를 같이 한다고 볼 여지도 있는 점 등에 비추어 보면,

사법경찰관이 이 사건 압수처분 당시 형사소송법이 규정한 참여권자 또는 참여할 수 있도록 규정된 사람 이외의 제3자인 치과위생사를 압수수색 전 과정에 참여케 한 행위는 강제처분에 있어 헌법과 형사소송법이 정한 절차에 따르지 아니한 것으로 위법하고, 헌법 제12조에서 정한 적법절차 원칙과 헌법 제16조, 제17조에서 규정하고 있는 기본권인 주거의 자유와 사생활의 비밀과 자유의 중요성에 비추어 그 위반의 정도도 무거우므로, 이 사건 압수처분이 취소되어야 한다고 보아, 이와 달리 판단한 원심을 파기·환송하였다.

낭독 형사소송법 판결문 11

대법원 2024. 12. 16.자 2020모3326 결정 [수사기관압수처분에대한재항고]
〈경찰공무원 외에 생명보험협회 소속 치과위생사가 집행에 참여한 압수수색의 적법 여부가 문제된 사건〉

───

판시 사항

수사기관이 압수·수색 현장에 형사소송법상 참여권자나 참여할 수 있도록 규정된 사람 이외의 사람을 참여시킬 수 있는지 여부(원칙적 소극) 및 참여가 허용된 사람 이외의 제3자를 임의로 참여케 하여 압수·수색영장을 집행하거나 영장 없이 압수·수색을 한 경우의 위법 여부(적극)

판결 요지

[1] 압수·수색영장은

검사의 지휘에 의하여 사법경찰관리가 집행하고

(형사소송법 제115조 제1항),

그 집행을 위하여 잠금장치를 열거나 개봉 기타

필요한 처분을 할 수 있으며(형사소송법 제120조 제1항),

타인의 출입을 금지할 수 있다(형사소송법 제119조 제1항).

한편 검사, 피고인 또는 변호인(이하 '참여권자'라 한다)은

압수·수색영장 집행에 참여할 수 있고(형사소송법 제121조),

그 집행에 앞서

참여권자가 참여하지 아니한다는 의사를 명시한 때 또는

급속을 요하는 때 이외에는

미리 집행의 일시와 장소를 참여권자에게 통지하여야 한다(형사소송법 제122조). · 급속 이외, 집행일시와 집행장소 참여권 통지 의무

공무소, 군사용 항공기 또는 선박·차량 안에서

압수·수색영장을 집행하려면

그 책임자에게 참여할 것을 통지하여야 하고,

타인의 주거, 간수자 있는 가옥, 건조물(建造物),

항공기 또는 선박·차량 안에서 압수·수색영장을 집행할 때에는

주거주(住居主), 간수자 또는

이에 준하는 사람을 참여하게 하여야 하며,

이들을 참여하게 하지 못할 때에는

이웃 사람 또는 지방공공단체의 직원을 참여하게 하여야 한다(형사소송법 제123조). •책임자/주거주/교도관/이웃/지방공공단체 직원 참여 의무

그리고 여자의 신체에 대하여 수색할 때에는

성년의 여자를 참여하게 하여야 한다(형사소송법 제124조). •여자 신체 수색 시 성년 여자 참여 의무

형사소송법은 수소법원의 압수·수색·검증에 관한

위와 같은 규정을 수사기관이 행하는

압수·수색·검증에 준용하고 있다(형사소송법 제219조). •수소법원 압수·수색·검증 규정을 수사기관 압수·수색·검증 집행에 준용

[2] 형사소송법 제199조 제1항 단서는

"강제처분은 이 법률에 특별한 규정이 있는 경우에 한하며,

필요한 최소한도의 범위 안에서만 하여야 한다."라고 규정하여

강제처분 법정주의를 취하고 있으므로, 있다. •강제처분 법정주의

형사소송법에 근거하지 아니한

수사기관의 강제처분은 허용될 수 없다.

압수·수색은

주거의 자유나 사생활의 비밀과 자유를 중대하게

제한하는 강제처분이다.

따라서 수사기관은

강제채혈, 강제채뇨 등과 같이 강제처분이

법률상 의료인 아닌 자가

수행할 수 없는 의료행위를 수반하는 경우,

잠금장치 해제, 전자정보의 복호화나 중량 압수물의 운반과 같이

단순한 기술적, 사실적 보조가 필요한 경우,

압수수색 후

환부 대상이 될 도품의 특정을 위하여 필요한 경우 등

제한적 범위 내에서

압수·수색영장의 집행기관인 사법경찰관리의 엄격한

감시·감독 하에 제3자의 집행 조력이 정당화될 수 있는

예외적인 경우가 아닌 이상

압수·수색 현장에

형사소송법상 참여권자나 참여할 수 있도록 규정된

사람 이외의 사람을 참여시킬 수는 없고,

참여가 허용된 사람 이외의 제3자를 임의로 참여케 하여

압수·수색영장을 집행하거나

영장 없이 압수·수색을 한 것은 위법하다. • 제3자 참여 불가

[3] 이 사건 압수처분이

법률상 의료기사인 치과위생사만이

할 수 있는 행위를 수반한다고 보기 어렵고,

이 사건 치과위생사가 이 사건 압수처분 당시 한

압수 대상물 분류, PC 탐색 등과 같은 행위는

전자정보 복호화, 잠금장치 해제나 중량 압수물 운반과 같이

단순한 기술적, 사실적 보조에 그친다고 보기 어려우며,^{어렵다.}

이 사건 압수처분을 통하여 압수된 유체물이나 전자정보가

이 사건 치과위생사 혹은 생명보험협회에 환부되어야 할

물건이나 전자정보로 보기도 어렵다. • 환부 물건·전자정보 아님

그 밖에 이 사건 치과위생사가
이 사건 영장에 기한 사법경찰관의 압수·수색 과정에 참여한 것이
정당화될 수 있는 예외적인 경우에 해당한다고 볼 만한
특별한 사정을 찾을 수 없다. · 참여 예외 사유 없음
이 사건 치과위생사는
보험사기의 피해자인 개별 생명보험회사의
공동 이익 증진 등을 위해 설립된 단체인
생명보험협회의 사용인으로
이들과 이해관계를 같이한다고 볼 여지도 있다.

그렇다면 사법경찰관이 이 사건 압수처분 당시
형사소송법이 규정한 압수·수색 참여권자 또는
압수·수색에 참여할 수 있도록 규정된 사람 이외의
제3자인 이 사건 치과위생사를
약 3시간 동안 압수·수색 전 과정에 참여케 한 행위는
강제처분에 있어
헌법과 형사소송법이 정한 절차에 따르지 아니한 것으로 위법하고,
헌법 제12조에서 정한 적법절차 원칙과
헌법 제16조, 제17조에서 규정하고 있는
기본권인 주거의 자유와 사생활의 비밀과 자유의 중요성에 비추어
그 위반의 정도 역시 무겁다고 판단되므로,
결국 이 사건 압수처분은 취소되어야 한다. · 치과위생사 참여 위법

판결 해설

　대상판결 쟁점은 수사에서 적법절차이다. 제3자를 임의로 참여하게 한 압수·수색영장 집행이다. 경찰공무원 외에 생명보험협회 소속 치과위생사가 집행에 참여한 압수수색의 적법 여부가 문제된 사건이다.

　대법원은, 압수·수색 후 환부 대상이 될 도품의 특정을 위하여 필요한 경우 등 제한적 범위 내에서 압수·수색영장의 집행기관인 사법경찰관리의 엄격한 감시·감독하에 제3자의 집행 조력이 정당화될 수 있는 예외적인 경우가 아닌 이상 압수·수색 현장에 형사소송법상 참여권자나 참여할 수 있도록 규정된 사람 이외의 사람을 참여시킬 수는 없고, 참여가 허용된 사람 이외의 제3자를 임의로 참여케 하여 압수·수색영장을 집행하거나 영장 없이 압수·수색을 한 것은 위법하다고 판단하였다.

　이 사건에서 사법경찰관이 이 사건 압수처분 당시 형사소송법이 규정한 압수·수색 참여권자 또는 압수·수색에 참여할 수 있도록 규정된 사람 이외의 제3자인 이 사건 치과위생사를 약 3시간 동안 압수·수색 전 과정에 참여케 한 행위는 강제처분에 있어 헌법과 형사소송법이 정한 절차에 따르지 아니한 것으로 위법하고, 헌법 제12조에서 정한 적법절차 원칙과 헌법 제16조, 제17조에서 규정하고 있는 기본권인 주거의 자유와 사생활의 비밀과 자유의 중요성에 비추어 그 위반의 정도 역시 무겁다고 판단하였다.

　한편 원심은 치과위생사가 이 사건 압수처분 당시 활발히 참여한 사실을 인정하면서도 주도적으로 압수수색영장을 집행하지 않았고, 적법한 수색업무 집행을 위한 이행보조자나 조력인 정도의 역할을 수행한 것에 불과하다고 보아, 준항고를 기각하였다. 대법원은 이 사건 압수처분이 취소되어야 한다고 보아, 이와 달리 판단한 원심을 파기·환송하였다.

　대상판결은 적법절차·제3자를 임의로 참여하게 한 압수·수색영장 집행·경찰공무원 외에 생명보험협회 소속 치과위생사가 집행에 참여한 압수수색의 적법 법리를 명확히 설명한다. 대법원 판결은 타당하다. 국가고시·변호사시험 선택형·사례형으로 출제 가능성이 있다.

제3장

공소와 심판대상

12~14

공소시효
'범인이 형사처분을 면할 목적으로 국외에 있는 경우'의 의미

> **피고인이 국외에 체류한 기간의 공소시효 정지 여부가 문제된 사건**
>
> 대법원 2024. 7. 31. 선고 2024도8683 판결
> [국제조세조정에관한법률위반]

[공소사실 요지]

피고인이 해외금융계좌정보의 신고의무자로서 신고기한 내에 50억 원을 초과하는 해외금융계좌정보를 납세지 관할 세무서장에게 신고하지 않았다.
· **요약**
검사는 피고인을 「국제조세조정에 관한 법률」 위반죄로 기소하였다.

(1) 서울지방국세청장은 2022. 5. 27. 피고인 명의 이 사건 해외금융계좌를 조사하기 시작하였고, 이 사건 위반행위를 적발하여 2022. 6. 7. 피고인의 세무대리인을 통하여 피고인을 상대로 문답조사를 실시하였으며 바로 같은 날 그에 대한 20억 원의 과태료부과 사전통지를 하였다. 피고인의 세무대리인은 2022. 5. 27. 서울지방국세청장의 자료 제출 요구서를 대리 수령하였고, 2022. 6. 7. 문답조사에 응하였으며, 같은 날 위 과태료부과 사전통지를 대리수령하였다. 피고인은 서울지방국세청장의 위 조사 시작 무렵부터 문답조사 실시 및 과태료부과 사전통지 무렵 사이에 피고인의 세무대리인을 통하여 이 사건 위반행위가 문제 된다는 사실을 충분히 인식하였을 것으로 보인다.
(2) 피고인은 조세 및 회계 전문가 등을 통하여 서울지방국세청장의 세무조사에 대응하는 과정에서 20억 원의 과태료 부과 사유가 무엇인지에 관

하여 전문적이고 상세한 자문을 받았던 것으로 보이고, 특히 2022. 6. 15. 피고인의 세무대리인을 통하여 서울지방국세청에 이 사건 해외금융계좌 잔액의 자금 원천을 소명하기까지 하였다.

(3) 공소시효 완성을 얼마 남겨두지 않은 2022. 4. 22. 홍콩으로 출국하여 체류 중이던 피고인은 이 사건 위반행위가 문제 된다는 사실을 인식하였음에도 특별한 사정 없이 곧바로 귀국하지 아니하였고, 이 사건 위반행위로 인한 범죄의 공소시효 기산일인 2017. 7. 1.부터 공소시효기간인 5년이 도과한 2022. 7. 28. 귀국하였다.

[법리 쟁점]

형사소송법 제253조 제3항의 '범인이 형사처분을 면할 목적으로 국외에 있는 경우'의 의미

[참조조문]

형사소송법 제253조 제3항

[참조판례]

대법원 2015. 6. 24. 선고 2015도5916 판결(공2015하, 1110); 대법원 2022. 12. 1. 선고 2019도5925 판결(공2023상, 228)

[원심 판단]

제1심법원은 피고인에게 유죄를 선고하였다.

원심법원은 피고인에게 유죄를 선고하였다.

원심은, 피고인이 늦어도 서울지방국세청 소속 세무공무원이 피고인의 세무대리인을 통하여 피고인을 상대로 이 사건 위반행위에 대한 문답조사를 실시하고 피고인의 세무대리인이 이 사건 위반행위에 대한 20억 원의 과태료부과 사전통지를 받은 2022. 6. 7.부터 피고인이 국내로 입국한 2022. 7. 28.의 전날인 2022. 7. 27.까지 형사처분을 면할 목적으로 국외에 체류한 것으로 봄이 상당하므로 위 기간 동안 공소시효가 정지되었다고 보아, 공소시효 완성을 주장하는 피고인의 항소이유 주장을 받아들이지 않고, 이 사건 공소사실을 유죄로 인정하였다.

피고인이 상고하였다.

[대법원 판단]

대법원은 상고를 기각한다.

낭독 형사소송법 판결문 12

대법원 2024. 7. 31. 선고 2024도8683 판결 [국제소세조정에관한법률위반] (사)
상고기각

〈피고인이 국외에 체류한 기간의 공소시효 정지 여부가 문제된 사건〉

판시 사항

공소시효의 정지에 관한 형사소송법 제253조 제3항의 입법 취지 / 위
규정에서 정한 '범인이 형사처분을 면할 목적으로 국외에 있는 경우'의
의미 및 이때 '형사처분을 면할 목적'이 인정되는 경우

판결 요지

형사소송법 제253조 제3항은
"범인이 형사처분을 면할 목적으로 국외에 있는 경우
그 기간 동안 공소시효는 정지된다."라고 규정하고 있다.
위 규정의 입법 취지는
범인이 우리나라의 사법권이 실질적으로 미치지 못하는 국외에
체류한 것이 도피 수단으로 이용된 경우에
그 체류기간 동안은 공소시효가 진행되는 것을 저지하여
범인을 처벌할 수 있도록 함으로써
형벌권을 적정하게 실현하고자 하는 데 있다. ・공소시효 정지

따라서 위 규정이 정한
'범인이 형사처분을 면할 목적으로 국외에 있는 경우'는
범인이 국내에서 범죄를 저지르고 형사처분을 면할 목적으로
국외로 도피한 경우에 한정되지 아니하고,

범인이 국외에서 범죄를 저지르고 형사처분을 면할 목적으로
국외에서 체류를 계속하는 경우도 포함된다. · 국외체류기간

이때 '형사처분을 면할 목적'은
그것이 국외 체류의 유일한 목적으로 되는 것에 한정되지 않고
범인이 가지는 여러 국외 체류 목적 중에
포함되어 있으면 충분하다. · 형사처분 면할 목적

범인이 국외에 있는 것이
형사처분을 면하기 위한 하나의 방편이었다면
'형사처분을 면할 목적'이 있었다고 볼 수 있고,
'형사처분을 면할 목적'과 양립할 수 없는
범인의 주관적 의사가 명백히 드러나는
객관적 사정이 존재하지 않는 한
국외 체류기간 동안 '형사처분을 면할 목적'은
계속 유지된다고 볼 것이다(대법원 2015. 6. 24. 선고 2015도5916 판결 참
조). · 객관적 사정

판결 해설

대상판결 쟁점은 공소시효이다. 형사소송법 제253조 제3항의 '범인이
형사처분을 면할 목적으로 국외에 있는 경우'의 의미이다. 피고인이 국
외에 체류한 기간의 공소시효 정지 여부가 문제된 사건이다.

대법원은, '형사처분을 면할 목적'은 그것이 국외 체류의 유일한 목적
으로 되는 것에 한정되지 않고 범인이 가지는 여러 국외 체류 목적 중
에 포함되어 있으면 충분하다. 범인이 국외에 있는 것이 형사처분을 면
하기 위한 하나의 방편이었다면 '형사처분을 면할 목적'이 있었다고 볼
수 있고, '형사처분을 면할 목적'과 양립할 수 없는 범인의 주관적 의사
가 명백히 드러나는 객관적 사정이 존재하지 않는 한 국외 체류기간 동
안 '형사처분을 면할 목적'은 계속 유지된다고 볼 것이라고 판단하였다.

이 사건에서 피고인은 늦어도 서울지방국세청 소속 세무공무원이 피고인의 세무대리인을 통하여 피고인을 상대로 이 사건 위반행위에 대한 문답조사를 실시하고 그 세무대리인이 이 사건 위반행위에 대한 20억 원의 과태료부과 사전통지를 받은 2022. 6. 7.부터 피고인이 국내로 입국한 2022. 7. 28.의 전날인 2022. 7. 27.까지 형사처분을 면할 목적으로 국외에 체류한 것으로 봄이 상당하므로 위 기간 동안 공소시효가 정지되었다고 판단하였다.

대상판결은 공소시효·형사소송법 제253조 제3항의 '범인이 형사처분을 면할 목적으로 국외에 있는 경우'의 의미·피고인이 국외에 체류한 기간의 공소시효 정지 법리를 명확히 설명한다. 대법원 판결은 타당하다. 국가고시·변호사시험 선택형으로 출제 가능성이 있다.

공소시효

1. 공소시효 개념

공소시효公訴時效는 범죄행위가 종료한 후犯行終了時點時設 공소제기 없이 일정 기간을 경과하면 국가소추권이 소멸하는 제도이다. 공소시효가 완성된 범죄는 소급효를 부정한다. 소급효를 배제하는 명문 규정도 있다. 공소시효를 정지·연장·배제하는 특례조항은 명시적 경과규정이 없는 경우, 법적 안정성과 신뢰보호원칙을 준수하여 신중히 적용하라고 판시하였다.

2. 공소시효 기간

공소시효 기간期間은 법정형을 기준으로 한다. 법정형이 2개 이상일 경우 중한 형을 기준으로 한다. 교사범과 종범은 정범의 형을 기준으로 한다. 범죄 후 법률 개정으로 법정형이 가벼운 경우 가벼운 법정형을 기준으로 한다. 수개의 공소사실이 예비적·택일적으로 기재된 경우 개별적 시효기간을 기준으로 한다. 상상적 경합범은 각 죄에 맞는 시효기간을 적용한다.

공소장변경은 최초 공소 제시 시점을 기준으로 시작한다. 변경된 공소사실에 대한 법정형이 최초 공소제기 시점에서 계산하여 **공소시효기간이 완성된 경우 면소판결을 선고**한다. 법원이 공소장변경 없이 직권으로 다른 사실을 인정할 경우, 그 사실에 대한 법정형을 기준으로 판단한다. 포괄일죄는 최종 범죄행위가 종료된 때부터 진행한다. 공범의 경우 최종행위가 종료한 때부터 공범 전체에 대한 시효기간을 계산한다.

3. 공소시효 정지

공소시효 정지停止·잠시 멈춤란 일정한 사유가 있으면 공소시효 진행이 정지된다. 정지 사유가 소멸하면, 다시 남은 공소시효 기간이 이어서 진행한다. 정지 사유는 공소제기·국외 도피·재정신청·소년보호사건·아동학대 사건(성년이 될 때까지)·대통령 재직기간 범죄 사건(내란죄·외환죄는 제외한다) 등이 있다.

4. 공소시효 완성

공소시효가 완성되면, 검사는 공소권 없음으로 불기소처분을 한다. 법원은 면소판결을 선고한다. 의제공소시효가 완성된 경우도 면소판결을 선고한다. 면소는 소송이익이 없기 때문에 소송을 종결한다. 재판을 빨리 끝내는 형식재판이다.

5. 공소시효 특례조항

공소시효 특례조항은 정지·연장·배제가 있다. 미성년자 대상 성폭행 범죄와 아동·청소년 대상 성범죄는 공소시효가 정지된다. 미성년자인 피해자가 성년이 달할 때까지 공소시효는 자동으로 정지된다. 성년이 되면, 그날부터 공소시효가 다시 진행한다.

연장은 일부 성폭력 범죄의 공소시효가 디엔에이(DNA) 죄를 증명할 때 과학적 증거가 있는 경우 10년 더 연장된다.

배제는 사람을 살해한 범죄로 사형에 해당하는 범죄에 적용된다. 살인죄는 공소시효가 없다. 다만 종범은 제외한다.

이 법 시행 전 공소시효가 완성되지 않은 살인 범죄에 적용한다. 부칙에 명문으로 예외 규정을 두었다.

그 외 헌정질서파괴범죄·강간살인죄·집단살인죄·국제형사재판소 관할 범죄는 공소시효가 배제된다(이주원, 형사소송법, 제6판, 박영사, 2024, 305–315면). 언젠가 처벌된다.

공소장변경
공소장변경허가신청 그 허용 가부
판단기준

> **원심의 공소장변경신청 허가 결정과 관련하여 공소장변경이 허용될 수 없는 특별한 사정이 있는지 여부가 문제된 사건**
>
> 대법원 2024. 12. 12. 선고 2020도11949 판결
> [군사기밀보호법위반]

[공소사실 요지]

피고인이 '업무상 군사기밀을 취급하였던 자로서, 그 업무상 알게 되었거나 점유한 이 사건 군사기밀을 타인에게 누설하였다'는 군사기밀보호법 제13조 제1항 위반의 공소사실(제1 공소사실)로 기소된 사안이다. ·요약

(1) 군검사는 2019. 7. 9. 피고인에 대하여 '피고인이 업무상 군사기밀을 취급하였던 자로서, 그 업무상 알게 되었거나 점유한 이 사건 군사기밀을 타인에게 누설하였다.'는 내용의 「군사기밀 보호법」 제13조 제1항 위반죄(법정형 3년 이상의 유기징역)의 공소사실(이하 '제1 공소사실'이라 한다)로 공소를 제기하였다.

(2) 변호인은 2019. 10. 15. 제1심법원 제1회 공판기일에 이 사건 군사기밀은 피고인이 업무상 알게 된 기밀이 아니라는 취지의 의견을 진술하였다. 이에 군검사는 변호인의 의견에 동의한다고 진술하면서 제1 공소사실을 '피고인이 적법한 절차에 의하지 아니한 방법으로 군사기밀을 탐지하거나 수집하고, 이를 타인에게 누설하였다.'는 「군사기밀 보호법」 제11조 위반죄(법정형 10년 이하의 징역), 제12조 제1항 위반죄(법정형 1년 이상의 유기징역)의 공소사실(이하 '제2 공소사실'이라 한다)로 교환적으로 변경하는 공소장변경허가신청을 하였고, 제1심법원은 위 신청에 대한 허가

결정을 한 후 증거조사를 마쳤다. 피고인은 2019. 11. 5. 제1심법원 제2회 공판기일에 변경된 제2 공소사실을 자백하였고, 제1심법원은 변론을 종결한 후 2019. 11. 19. 피고인에 대한 제2 공소사실에 관하여 징역 1년의 선고를 유예하는 판결을 하였다. 군검사는 제1심판결에 대하여 형이 너무 가볍다는 이유로 항소하였다.

(3) 군검사는 2020. 6. 18. 원심법원 제1회 공판기일에 다시 제1 공소사실(제1심법원에서 교환적 변경으로 철회된 부분)을 주위적 공소사실로 추가하고 제2 공소사실(제1심법원에서 유죄로 인정된 부분)을 예비적 공소사실로 변경하는 공소장변경허가신청을 하였고, 이에 변호인이 '공소권의 남용이므로 위 신청을 기각하여 달라.'고 진술하였으나 원심법원은 위 신청에 대한 허가 결정(이하 '이 사건 공소장변경'이라 한다)을 하였다. 원심법원은 2020. 7. 16. 제2회 공판기일에 '피고인이 이 사건 군사기밀 누설 당시 제3자에게 이 사건 군사기밀을 이미 인계한 상태였다.'는 취지로 변호인이 제출한 피고인 등의 문서등록대장목록에 대한 증거조사를 한 후 변론을 종결하였고, 2020. 8. 20. 주위적 공소사실로 추가된 제1 공소사실을 유죄로 인정하여 피고인에게 징역 1년 6월에 집행유예 3년의 판결을 선고하였다.

[법리 쟁점]
공소장변경허가신청이 있는 경우 그 허용 가부를 판단하는 기준

[참조조문]
[1] 헌법 제13조 제1항, 군사법원법 제355조, 형사소송법 제298조 [2] 군사기밀 보호법 제11조, 제12조 제1항, 제13조 제1항, 군사법원법 제355조

[참조판례]
[1] 대법원 1996. 10. 11. 선고 96도1698 판결(공1996하, 3370); 헌법재판소 2012. 5. 31. 선고 2010헌바128 전원재판부 결정(헌공188, 1012)

[원심 판단]
제1심법원은 피고인에게 유죄를 선고하였다.
원심법원은 피고인에게 유죄를 선고하였다.
제1심 법원은 제1 공소사실을 '적법한 절차에 의하지 아니한 방법으로 군사기밀을 탐지하거나 수집하고, 이를 타인에게 누설하였다'는 군사기밀보

호법 제11조 및 제12조 제1항 위반의 공소사실(제2 공소사실)로 교환적으로 변경하는 검사의 공소장변경허가신청을 허가한 후 제2 공소사실에 대해 유죄를 선고하였고, 이에 대하여 군검사는 형이 너무 가볍다는 이유로 항소하였다. 군검사는 원심 제1회 공판기일에 다시 제1 공소사실을 주위적 공소사실로 추가하고 제2 공소사실을 예비적 공소사실로 변경하는 공소장변경허가신청을 하였고, 피고인의 변호인이 공소권 남용 주장을 하였으나, 원심은 검사의 공소장변경허가신청을 허가한 후(이하 '이 사건 공소장변경') 제1 공소사실을 유죄로 인정하였다.
피고인이 상고하였다.

[대법원 판단]
대법원은 상고를 기각한다.
대법원은, 이 사건 공소장변경은 소송절차에서 피고인의 지위를 어느 정도 불안정하게 한 측면은 있다.
그러나 ① 기본적 사실관계가 동일한 제1, 2 공소사실의 기초를 이루는 주된 사실관계는 제1심에서부터 원심에 이르기까지 심리대상에 계속 포함되어 있었던 점,
② 이 사건 공소장변경 이후 피고인이 제1 공소사실에 관하여 방어하기 위해 제출한 모든 증거가 채택되었고, 방어권 행사의 기회도 보장되었던 것으로 보이는 점,
③ 이 사건 공소장변경으로 인해 방어 내용, 시간, 비용, 노력 등에서 현격히 차이나는 어려움을 겪었다거나, 제1심에서 제1 공소사실이 계속 유지되었더라면 제출할 수 있었던 유력한 증거가 항소심에서 이미 상당한 기간의 경과로 산일되어 제출이 불가능해진 것 등과 같은 시기적 측면에서의 방어 곤란을 겪었다는 등의 사정을 찾기 어렵다는 점에 비추어 공소장변경이 허용될 수 없는 특별한 사정이 있는 경우라고 보기 어렵다.
그러므로 이 사건 공소장변경허가신청을 허가한 후 제1 공소사실을 유죄로 인정한 원심의 조치와 판단에 잘못이 없다고 보아, 원심을 수긍하여 상고를 기각하였다.

낭독 형사소송법 판결문 13

대법원 2024. 12. 12. 선고 2020도11949 판결 [군사기밀보호법위반]
〈원심의 공소장변경신청 허가 결정과 관련하여 공소장변경이 허용될 수 없는 특별한 사정이 있는지 여부가 문제된 사건〉

판시 사항

[1] 군사법원법 제355조 공소장변경제도의 취지 / 공소사실의 동일성이 인정되는 범위 내에서 특정 공소사실을 철회하였다가 다시 추가하는 등과 같은 공소장변경이 얼마든지 허용되는지 여부(소극) / 공소장변경이 원칙적으로 허용될 수 없는 특별한 사정이 있는지 판단할 때 고려할 사항 및 이때 특별한 사정이 있더라도 공소장변경이 허용되는 예외가 인정되는지 판단하는 기준

[2] 피고인이 군사기밀 보호법 제13조 제1항 위반의 제1 공소사실로 기소되었는데, 군검사가 제1 공소사실을 같은 법 제11조, 제12조 제1항 위반의 제2 공소사실로 교환적으로 변경하는 공소장변경허가신청을 하여 제1심법원이 이를 허가한 후 제2 공소사실에 관하여 유죄를 인정하였고, 이에 항소한 군검사가 원심법원에서 다시 제1 공소사실을 주위적 공소사실로 추가하고 제2 공소사실을 예비적 공소사실로 변경하는 공소장변경허가신청을 하자 원심법원이 이를 허가한 후 제1 공소사실을 유죄로 인정한 사안에서, 공소장변경이 허용될 수 없는 특별한 사정이 있는 경우라고 보기 어렵다고 한 사례.

판결 요지

[1] 군사법원법 제355조의 공소장변경제도는
당사자주의적 견지에서
공소사실의 동일성이 인정되는 범위 내라 할지라도
공소장변경 절차에 의하여
심판의 대상을 명확히 한정하지 아니하면
심판대상이 되지 아니하는 것으로 함으로써

피고인이 예상하지 아니한 처벌을 받는 불이익을
방지하려는 것으로
형벌권의 적정한 실현과 소송경제를 도모하는 한편
피고인의 방어권을 실질적으로 보장하는 데에
그 제도적 가치가 있다(대법원 1996. 10. 11. 선고 96도1698 판결, 헌법재판
소 2012. 5. 31. 선고 2010헌바128 결정 등 참조). · **공소장변경제도**

한편, 동적·발전적인 성격의 형사소송절차에서
처음 공소제기된 사실관계가 소송 진행에 따라
다르게 나타나는 등의 사정이 있을 수 있으므로
공소사실의 동일성이 인정되는 범위 내에서
특정 공소사실을 철회하였다가 다시 추가하는 등과 같은
공소장변경도 불가능한 것은 아니다. · **공소사실 동일성 범위**

그러나 헌법 제13조 제1항 후문
'거듭처벌금지의 원칙'의 정신에 비추어
소송절차에서 불안정한 지위에 놓이게 될 수 있는
피고인의 인권과 법적 안정성 보장의 관점에서
그러한 공소장변경이 얼마든지 허용된다고 볼 수는 없다.
따라서 공소장변경이
소송절차에서 피고인의 지위를 과도하게 불안정하게 하고,
피고인의 방어권을 본질적으로 침해하는 것과 같은
특별한 사정이 있는 경우 그러한 공소장변경은
원칙적으로 허용될 수 없다. · **피고인 방어권 보장**

이때 그러한 특별한 사정이 있는지 여부는
검사의 공소장변경허가신청의 실질적 의도와 시기,
특히 검사가 공소장변경허가신청 기회가

충분히 있는데도 불구하고
장기간 권한행사를 하지 않다가
피고인의 방어가 성공한 단계 이후에
전격적으로 공소장변경허가신청을 한 것인지 여부,
공소장변경허가신청의 횟수, 경과 및
공소사실의 철회·추가·변경 등 유형,
특히 검사의 신청이 특정 공소사실에 대하여
현실적 심판대상에서 제외하였다가
다시 이를 번복하는 취지인지 여부,
기존 공소사실과 변경하려는 공소사실에 대한 방어 내용의 차이,

공소장변경허가신청을 전후로 이루어진
피고인의 방어권 행사 내용과 과정 등
심리의 경과에 비추어 공소장변경으로 인해
그 이전에 해 온 피고인의 방어활동이
무위로 돌아가는지 여부 및 변경하려는 공소사실에 대한
피고인의 실질적이고도 충분한 방어가 가능한지 여부 등
제반 사정들을 종합적으로 고려하여 판단하여야 한다. · 충분한 방어권

다만, 위와 같은 특별한 사정이 있더라도
공소장변경 없이는
적정절차에 의한 신속한 실체적 진실의 발견이라는
형사소송의 목적에 비추어
현저히 정의와 형평에 반하는 결과를 초래하는 경우에는
예외적으로 그러한 공소장변경도 허용될 여지가 있으나,

그러한 예외가 인정되는지 여부도
피고인의 법적 안정성 보장과 공소장변경제도의 가치 등을

고려하여 매우 엄격하고 신중하게 판단해야 한다. ·예외 엄격 신중

[2] 피고인이 군사기밀 보호법 제13조 제1항 위반의
제1 공소사실로 기소되었는데,
군검사가 제1 공소사실을
같은 법 제11조, 제12조 제1항 위반의 제2 공소사실로
교환적으로 변경하는 공소장변경허가신청을 하여
제1심법원이 이를 허가한 후
제2 공소사실에 관하여 유죄를 인정하였고, 인정하였다.

이에 항소한 군검사가
원심법원에서 다시 제1 공소사실을 주위적 공소사실로 추가하고
제2 공소사실을 예비적 공소사실로 변경하는
공소장변경허가신청을 하자
원심법원이 이를 허가한 후
제1 공소사실을 유죄로 인정한 사안에서, 사안이다.

원심에서의 공소장변경에 따라 제1 공소사실이 추가됨으로써
피고인으로서는 제1심 방어활동의 성과로서 철회된
제1 공소사실에 대해서
더 이상 심판받지 않을 것이라는 신뢰가 일거에 깨뜨려지는 등
소송절차에서 피고인의 지위가
상당히 불안정하게 되었다고 볼 여지가 있지만,

기본적 사실관계가 동일한 제1, 2 공소사실의 기초를 이루는
주된 사실관계는 제1심에서부터 원심에 이르기까지
심리대상에 계속 포함되어 있었던 점,
원심에서의 공소장변경 이후
피고인이 제1 공소사실에 관하여 방어하기 위해 제출한

모든 증거가 채택되었고,

방어권 행사의 기회도 보장되었던 것으로 보이는 점,

피고인이 제1 공소사실에 관하여

항소심 단계에서야 이루어진 공소장변경으로 방어 내용, 시간,

비용, 노력 등에서 현격히 차이나는 어려움을 겪었다거나,

제1심에서 제1 공소사실이 계속 유지되었더라면

제출할 수 있었던 유력한 증거가

항소심에서 전격적으로 이루어진 공소장변경 시점에서는

이미 상당한 기간의 경과로 산일되어 제출이 불가능해진 것 등과

같은 시기적 측면에서의 방어 곤란을 겪었다는 등의

사정을 찾기 어려운 점을 종합하면,

공소장변경이 허용될 수 없는 특별한 사정이 있는 경우라고

보기 어렵다는 이유로

군검사의 공소장변경허가신청을 허가한 후

제1 공소사실을 유죄로 인정한 원심판단을 수긍한 사례.

판결 해설

대상판결 쟁점은 공소장변경이다. 공소장변경허가신청이 있는 경우 그 허용 가부 판단기준이다. 원심의 공소장변경신청 허가 결정과 관련하여 공소장변경이 허용될 수 없는 특별한 사정이 있는지 여부가 문제된 사건이다.

대법원은, 검사의 신청이 특정 공소사실에 대하여 현실적 심판대상에서 제외하였다가 다시 이를 번복하는 취지인지 여부, 기존 공소사실과 변경하려는 공소사실에 대한 방어 내용의 차이, 공소장변경허가신청을 전후로 이루어진 피고인의 방어권 행사 내용과 과정 등 심리의 경과에 비추어 공소장변경으로 그 이전에 해 온 피고인의 방어활동이 무위로 돌아가는지 여부 및 변경하려는 공소사실에 대한 피고인의 실질적이고도 충분한 방어가 가능한지 여부 등 제반 사정들을 종합적으로 고려하

여 판단하여야 한다고 판단하였다.

이 사건에서 제1심에서 제1 공소사실을 제2 공소사실로 교환적 변경한 후 원심에서 다시 제1 공소사실을 주위적 공소사실로 추가하였다고 하더라도, 기본적 사실관계가 동일한 제1, 2 공소사실의 기초를 이루는 주된 사실관계는 제1심에서부터 원심에 이르기까지 심리대상에 계속 포함되어 있었다. 공소장변경 이후 피고인이 제1 공소사실에 관하여 방어하기 위해 제출한 모든 증거가 채택되었고, 방어권 행사의 기회도 보장되었던 것으로 보이는 점, 피고인이 제1 공소사실에 관하여 항소심 단계에서야 이루어진 공소장변경으로 방어 내용, 시간, 비용, 노력 등에서 현격히 차이나는 어려움을 겪었다거나, 제1심에서 제1 공소사실이 계속 유지되었더라면 제출할 수 있었던 유력한 증거가 항소심에서 전격적으로 이루어진 공소장변경 시점에서는 이미 상당한 기간의 경과로 산일되어 제출이 불가능해진 것 등과 같은 시기적 측면에서의 방어 곤란을 겪었다는 등의 사정을 찾기 어려운 점을 종합하면, 공소장변경이 허용될 수 없는 특별한 사정이 있는 경우라고 보기 어렵다고 판단하였다.

대상판결은 공소장변경·공소장변경허가신청이 있는 경우 그 허용 가부 판단기준·원심의 공소장변경신청 허가 결정과 관련하여 공소장변경이 허용될 수 없는 특별한 사정이 있는지 여부에 대한 법리를 명확히 설명한다. 대법원 판결은 타당하다. 국가고시·변호사시험 선택형으로 출제 가능성이 있다.

공소장변경

1. 공소장변경 개념

공소장변경은 검사가 공소사실 동일성 범위에서 법원 허가를 받아 공소사실 또는 적용법조를 추가·철회·변경하는 제도이다. 공소사실 예비적·택일적 추가도 가능하다. 피고인 방어권 보장과 형벌권 적정한 실현 때문이다.

2. 공소장변경 한계

공소장변경은 공소사실 동일성을 침해하지 않는 범위에서 허용된다.

동일성은 단일과 동일을 말한다. 판례는 사회적 사실관계를 기본으로 하고 규범적 요소도 함께 고려한다. 동일성은 밀접한 관계와 양립될 수 없는 관계로 본다. 규범 요소·피해법익·죄질에 현저한[분명한] 차이는 동일성이 없다. 엄격한 해석이 최근 경향이다.

3. 공소장변경 절차

공소장변경은 검사가 법원에 서면으로 신청한다. 공소사실을 예비적·택일적으로 변경할 수 있다. 피고인이 동의하면 공판정에서 구술로 한다. 법원 허가는 의무이다. 법원 허가 결정에 독립하여 항고할 수 없다. 검사는 공판기일에 변경된 공소장을 낭독한다. 공판절차 정지는 임의이다. 법원이 재량으로 공소장변경을 요구할 수 있다. 검사가 불응하면 법원은 공소장 공소사실을 심판한다. 제1심·항소심·파기환송심에서 모두 공소장변경이 허용된다.

4. 공소장변경 판단

공소장변경 판단기준은 사실 기재이다. 공소사실에 기재된 사실과 실질적으로 다른 사실을 인정할 때 공소장변경이 필요하다. 방어권 행사에 실질적 불이익이 있기 때문이다. 공판에서 방조사실이 한 번도 심리되지 않았다면 공소장변경이 필요하다. 구성요건이 다르면 공소장변경이 필요하다. 축소 사실과 법적 평가만 다른 경우, 법원은 공소장변경 없이 직권으로 판단한다(이주원, 형사소송법, 제6판, 박영사, 2024, 322−343면).

5. 이중기소와 공소취소

포괄일죄의 경우 검사가 일부에 대해 기소하더라도 효력은 전부에 있다. 검사의 추가기소는 이중기소이다. 검사는 포괄일죄로 공소장변경을 신청하고, 추가기소는 공소취소를 해야 한다. 검사가 공소장변경을 하지 않으면, 공소기각판결을 선고한다. 선행기소가 단순범죄인 경우 포괄일죄로 추가기소한 부분은 법원에서 석명권을 행사한다.

공소장변경과 공소취소는 다르다. 공소사실 동일성에서 차이가 있다.

공소장변경
횡령 공소사실과 배임수재 공소사실 동일성 판단

> ### 위반(횡령)과 배임수재의 공소사실 동일성 인정 여부가 문제된 사건
>
> 대법원 2024. 12. 12. 선고 2020도3273 판결
> [특정경제범죄가중처벌등에관한법률위반(횡령)·
> 범죄수익은닉의규제및처벌등에관한법률위반]

[공소사실 요지]

A 회사의 대표이사인 피고인 1은 B 회사 측으로부터 A 회사와 B 회사 등 사이에 체결된 토지 매매계약의 매매대금을 지급받아 이를 횡령하였다는 「특정경제범죄 가중처벌 등에 관한 법률」위반(횡령)으로 기소되고, 피고인 1, 2, 3은 위와 같이 횡령한 범죄수익을 은닉하거나 그 취득에 관한 사실을 가장하였다는 「범죄수익은닉의 규제 및 처벌 등에 관한 법률」(이하 '범죄수익은닉규제법')위반으로 기소된 사안이다. · **요약**

기록에 의하면, 당초의 이 부분 공소사실[특정경제범죄법위반(횡령)]의 요지는, '피고인 1은 공소외 1 회사의 대표이사로, 2017. 6. 16.경부터 2017. 12. 21.경까지 공소외 2 회사 등(이하 '공소외 2 회사 측'이라 한다)의 회장 공소외 3이나 총무부장 공소외 4로부터 이 사건 ○○리 토지에 관하여 공소외 1 회사와 공소외 2 회사 측 사이에 체결된 매매대금으로 원심판결 별지 범죄일람표 1, 2 기재와 같이 현금이나 수표로 합계 58억 400만 원을 교부받거나 차명계좌로 합계 9억 5,500만 원을 송금받아 그 무렵 횡령금 및 개인 채무 변제, 생활비 등에 사용하여 이를 횡령하였다.'는 것이고, 그 후 검사가 공소장변경허가를 신청한 예비적 공소사실(배임수재)의 요지는 '피고인 1이 위 공소외 3으로부터 개인적인 대가를 따로 지급

할 테니 이 사건 ○○리 토지를 공소외 2 회사 측에 양도해달라는 취지의 부정한 청탁을 받고 위와 같은 일시, 장소에서 위 토지를 공소외 2 회사 측에 매매하는 것에 대한 대가 명목으로 위 각 금원을 교부받았다.'는 것이다.

[법리 쟁점]

A 회사의 대표이사인 피고인 1이 B 회사 측으로부터 A 회사와 B 회사 등 사이에 체결된 토지 매매계약의 매매대금을 지급받아 이를 횡령하였다는 「특정경제범죄 가중처벌 등에 관한 법률」 위반(횡령)과 피고인 1이 B 회사 측으로부터 A 회사 소유 토지를 양도해 달라는 부정한 청탁을 받고 개인적인 대가 명목으로 위 금원을 교부받았다는 배임수재 공소사실의 동일성이 인정되는지 여부(적극)

[참조조문]

형사소송법 제298조 제1항

[참조판례]

대법원 1994. 3. 22. 선고 93도2080 전원합의체 판결, 대법원 2013. 9. 12. 선고 2012도14097 판결 등 참조

[원심 판단]

제1심법원은 피고인 1에게 무죄를 선고하였다.

원심법원은 피고인 1에게 무죄를 선고하였다.

원심은, 피고인 1에 대한 「특정경제범죄 가중처벌 등에 관한 법률」 위반(횡령) 부분에 관하여 예비적으로 피고인 1이 B 회사 측으로부터 A 회사 소유 토지를 양도해 달라는 취지의 부정한 청탁을 받고 개인적인 대가 명목으로 금원을 교부받았다는 배임수재의 공소사실을 추가하는 검사의 공소장변경허가신청을 불허하고 피고인 1에 대한 「특정경제범죄 가중처벌 등에 관한 법률」 위반(횡령) 부분을 무죄로 판단하고, 이를 전제로 범죄수익은닉규제법 위반 부분도 모두 무죄로 판단하였다.

검사(피고인 모두에 대하여)가 상고하였다.

[대법원 판단]

대법원은 원심판결을 파기하고, 사건을 광주고등법원에 환송한다.

대법원은, 기존의 「특정경제범죄 가중처벌 등에 관한 법률」 위반(횡령)과 예비적으로 추가하여 변경하려는 배임수재의 공소사실은 전체적으로 모두 피고인 1이 동일한 토지를 이용하여 B 회사 등 측으로부터 동일한 일시, 장소에서 동일한 방법으로 금원을 수령하는 일련의 행위에 관한 것으로서 그 기본적인 사실관계는 동일하다고 볼 수 있고, 당초의 공소사실은 B 회사 등 측이 피고인 1에게 교부한 금원이 A 회사에 지급한 매매대금임을 전제로 하는 것인 반면,

검사가 예비적으로 추가하여 변경하려는 공소사실은 위 금원이 피고인 1에게 부정한 청탁과 관련하여 지급된 금원임을 전제로 하는 것이어서 서로 양립할 수 없는 밀접한 관계에 있으므로, 규범적으로 보아도 공소사실의 동일성이 인정된다고 보아, 이와 달리 검사의 공소장변경허가신청을 불허한 원심을 파기·환송하였다.

낭독 형사소송법 판결문 14

대법원 2024. 12. 12. 선고 2020도3273 판결 [특정경제범죄가중처벌등에관한법률위반(횡령)·범죄수익은닉의규제및처벌등에관한법률위반]

〈「특정경제범죄 가중처벌 등에 관한 법률」 위반(횡령)과 배임수재의 공소사실 동일성 인정 여부가 문제된 사건〉

판시 사항

A 회사의 대표이사인 피고인 1이 B 회사 측으로부터 A 회사와 B 회사 등 사이에 체결된 토지 매매계약의 매매대금을 지급받아 이를 횡령하였다는 「특정경제범죄 가중처벌 등에 관한 법률」 위반(횡령)과 피고인 1이 B 회사 측으로부터 A 회사 소유 토지를 양도해 달라는 부정한 청탁을 받고 개인적인 대가 명목으로 위 금원을 교부받았다는 배임수재 공소사실의 동일성이 인정되는지 여부(적극)

판결 요지

[1] 검사는

법원의 허가를 얻어

공소장에 기재한 공소사실 또는 적용법조의
추가, 철회 또는 변경을 할 수 있고,
이 경우에 법원은 공소사실의 동일성을 해하지 아니하는
한도에서 허가하여야 한다(형사소송법 제298조 제1항). · 공소장변경

공소사실의 동일성은
그 사실의 기초가 되는 사회적 사실관계가
기본적인 점에서 동일하면 그대로 유지되며, 유지된다. · 공소사실 동일성

이러한 기본적 사실관계의 동일성을 판단할 때에는
그 사실의 동일성이 갖는 기능을 염두에 두고
피고인의 행위와 그 사회적인 사실관계를 기본으로 하되
규범적 요소도 아울러 고려하여야 한다(대법원 1994. 3. 22. 선고 93도
2080 전원합의체 판결, 대법원 2013. 9. 12. 선고 2012도14097 판결 등 참조).
· 기본(=피고인 행위와 그 사회적 사실관계)+함께 고려(=규범 요소)

[2] 두 공소사실은 비록 행위 태양이나 피해법익 등을
일부 달리하는 측면이 있기는 하지만,
전체적으로는 모두 피고인 1이 동일한 토지를 이용하여
공소외 2 회사측으로부터 동일한 일시, 장소에서 동일한 방법으로
금원을 수령하는 일련의 행위에 관한 것으로서
그 기본적인 사실관계는 동일하다고 볼 수 있다. · 기본 사실관계 동일

또한 당초의 공소사실은
공소외 2 회사 측이 피고인 1에게 교부한 금원이
공소외 1 회사에 지급한 매매대금임을 전제로 하는 것인 반면,
검사가 예비적으로 추가하여 변경하려는 공소사실은
위 금원이 피고인 1에게 부정한 청탁과 관련하여
지급된 금원임을 전제로 하는 것이어서

서로 양립할 수 없는 밀접한 관계에 있으므로,
규범적으로 보아도 공소사실의 동일성이 인정된다. ·규범 요소 동일

판결 해설

　대상판결 쟁점은 공소장변경이다. 횡령 공소사실과 배임수재 공소사실 동일성 판단이다. 「특정경제범죄 가중처벌 등에 관한 법률」 위반(횡령)과 배임수재의 공소사실 동일성 인정 여부가 문제된 사건이다.

　대법원은, 검사는 법원의 허가를 얻어 공소장에 기재한 공소사실 또는 적용법조의 추가, 철회 또는 변경을 할 수 있고, 이 경우에 법원은 공소사실의 동일성을 해하지 아니하는 한도에서 허가하여야 한다(형사소송법 제298조 제1항).

　공소사실의 동일성은 그 사실의 기초가 되는 사회적 사실관계가 기본적인 점에서 동일하면 그대로 유지되며, 이러한 기본적 사실관계의 동일성을 판단할 때에는 그 사실의 동일성이 갖는 기능을 염두에 두고 피고인의 행위와 그 사회적인 사실관계를 기본으로 하되 규범적 요소도 아울러 고려하여야 한다고 판단하였다.

　이 사건에서 두 공소사실은 모두 피고인 1이 동일한 토지를 이용하여 동일한 일시, 장소에서 동일한 방법으로 금원을 수령하는 일련의 행위에 관한 것으로서 그 기본적인 사실관계는 동일하다. 또한 검사가 예비적으로 추가하여 변경하려는 공소사실은 위 금원이 피고인 1에게 부정한 청탁과 관련하여 지급된 금원임을 전제로 하는 것이어서 서로 양립할 수 없는 밀접한 관계에 있으므로, 규범적으로 보아도 공소사실의 동일성이 인정된다고 판단하였다.

　대상판결은 공소장변경·횡령 공소사실과 배임수재 공소사실 동일성 판단·「특정경제범죄 가중처벌 등에 관한 법률」 위반(횡령)과 배임수재의 공소사실 동일성 인정 법리를 명확히 설명한다. 대법원 판결은 타당하다. 국가고시·변호사시험 선택형으로 출제 가능성이 있다.

✎ 참조 조문

형사소송법 제298조(공소장의 변경)

① 검사는 법원의 허가를 얻어 공소장에 기재한 공소사실 또는 적용법조의 추가, 철회 또는 변경을 할 수 있다. 이 경우에 법원은 공소사실의 동일성을 해하지 아니하는 한도에서 허가하여야 한다.

② 법원은 심리의 경과에 비추어 상당하다고 인정할 때에는 공소사실 또는 적용법조의 추가 또는 변경을 요구하여야 한다.

③ 법원은 공소사실 또는 적용법조의 추가, 철회 또는 변경이 있을 때에는 그 사유를 신속히 피고인 또는 변호인에게 고지하여야 한다.

④ 법원은 전3항의 규정에 의한 공소사실 또는 적용법조의 추가, 철회 또는 변경이 피고인의 불이익을 증가할 염려가 있다고 인정한 때에는 직권 또는 피고인이나 변호인의 청구에 의하여 피고인으로 하여금 필요한 방어의 준비를 하게 하기 위하여 결정으로 필요한 기간 공판절차를 정지할 수 있다.

[전문개정 1973.1.25]

【출처】 형사소송법 일부개정 2024.10.16 [법률 제20460호, 시행 2025.1.17.] 법무부

✎ 입법개정안 ☞ 법문장을 읽기 쉽게 다듬었다.

형사소송법 제298조(공소장변경)

① 검사는 법원 허가를 받아 공소장에 기재된 공소사실·적용된 법조문을 추가·철회·변경을 할 수 있다. 이 경우 법원은 공소사실 동일성을 침해하지 않는 한도에서 공소장변경을 허가한다.

② 법원은 심리경과에 비추어 타당하다고 인정될 경우 검사에게 공소사실·적용된 법조문을 추가·변경을 요구한다.

③ 법원은 공소사실·적용된 법조문을 추가·철회·변경할 경우 피고인·변호인에게 사유를 신속히 고지한다.

④ 법원은 제1항·제2항·제3항에 근거하여 공소사실·적용된 법조문을 추가·철회·변경하는 것이 피고인에게 불이익을 증가할 염려가 있다고 인정되는 경우, 법원직권 또는 피고인·변호인 청구가 있으면 결정으로 피고인에게 필요한 방어준비를 위해 필요한 기간 동안 공판절차를 정지할 수 있다.

[전문개정 73·1·25]

[개정방향]

※ 전3항의 규정에 의한 ⇒ 제1항·제2항·제3항에 근거하여

※ 허가하여야 한다 ⇒ 허가한다. 충분한 의미 전달이 가능함

※ 피고인으로 하여금 ⇒ 피고인에게(통일)

제4장

공 판

불출석 재판
형사소송법 제277조 경미사건과 피고인 불출석 재판

항소심에서 형사소송법 제370조, 제277조 제1호를 이유로
피고인의 출석 없이 공판기일을 진행한 사건

대법원 2024. 9. 13. 선고 2024도8185 판결
[절도]

[공소사실 요지]

피고인은 피해자의 주택 현관 앞에 놓여 있던 장식용 조약돌을 가지고 가 절취하였다. 검사는 피고인을 형법 제329조 절도죄로 기소하였다.

[법리 쟁점]

피고인의 출석 없이 개정할 수 있는 경우 중 하나인 형사소송법 제277조 제1호에서 정한 '다액 500만 원 이하의 벌금 또는 과료에 해당하는 사건'의 의미

[참조조문]

[1] 형사소송법 제370조, 제276조 본문 [2] 형사소송법 제365조 [3] 형사소송법 제370조, 제277조 제1호

[원심 판단]

제1심법원은 피고인에게 유죄를 선고하였다.

원심법원은 피고인에게 유죄를 선고하였다.

원심은, 피고인이 제1회 공판기일에 피고인소환장을 송달받고도 출석하지 아니하자 형사소송법 제370조, 제277조 제1호에 의해 피고인의 출석 없이 개정하여 증거조사 등 심리를 마친 다음 변론을 종결하고, 그 다음 기일에

피고인의 항소를 기각하여 벌금 10만 원을 선고한 제1심을 유지하였다. 피고인이 상고하였다.

[대법원 판단]

대법원은 원심판결을 파기하고, 사건을 인천지방법원에 환송한다.

대법원은, 이 사건 공소사실에 대하여 적용되는 형법 제329조의 법정형은 '6년 이하의 징역 또는 1천만 원 이하의 벌금'이다. 그러므로 이 사건은 형사소송법 제370조, 제277조 제1호에 따라 항소심에서 불출석 재판이 허용되는 사건에 해당하지 않는다. 이와 달리 피고인의 출석 없이 공판기일을 진행하여 판결을 선고한 원심의 조치에는 소송절차가 형사소송법을 위반하여 판결에 영향을 미친 잘못이 있다. 대법원은 원심을 파기·환송하였다.

낭독 형사소송법 판결문 15

대법원 2024. 9. 13. 선고 2024도8185 판결 [절도]

〈항소심에서 형사소송법 제370조, 제277조 제1호를 이유로 피고인의 출석 없이 공판기일을 진행한 사건〉

판시 사항

피고인의 출석 없이 개정할 수 있는 경우 중 하나인 형사소송법 제277조 제1호에서 정한 '다액 500만 원 이하의 벌금 또는 과료에 해당하는 사건'의 의미

판결 요지

[1] 항소심에서도 피고인의 출석 없이는 원칙적으로 개정하지 못한다(형사소송법 제370조, 제276조 본문).

피고인이 항소심 공판기일에 출정하지 않은 때에는

다시 기일을 정하여야 하고

피고인이 정당한 사유 없이

다시 정한 기일에도 출정하지 않은 때에는

피고인의 진술 없이 판결할 수 있다(형사소송법 제365조). ·**출석재판**
다만 법정형이
'다액 500만 원 이하의 벌금 또는 과료'에 해당하여
중형선고의 가능성이 없는 사건에서는
항소심에서도 피고인의 출석 없이 개정할 수 있다(형사소송법 제370
조, 제277조 제1호). ·**출석재판 예외(=경미범죄)**

[2] 이 사건 공소사실에 대하여 적용되는
형법 제329조의 법정형은
'6년 이하의 징역 또는 1천만 원 이하의 벌금'이므로
이 사건은 형사소송법 제370조, 제277조 제1호에 따라
항소심에서 불출석 재판이 허용되는 사건에 해당하지 않는다.
·**법령위반(=법정형 상한이 500만원 이하 벌금 또는 과료에 해당하는 사건)**

그럼에도 원심은 형사소송법 제370조, 제277조 제1호를 이유로
피고인의 출석 없이 제1회 공판기일을 개정하여
증거조사 등 심리를 마친 다음 변론을 종결하였는바,
이러한 원심의 조치에는
소송절차가 형사소송법을 위반하여
판결에 영향을 미친 잘못이 있다.

판결 해설

　대상판결 쟁점은 불출석 재판이다. 형사소송법 제277조 경미사건과
피고인 불출석 재판이다. 항소심에서 형사소송법 제370조, 제277조 제1
호를 이유로 피고인의 출석 없이 공판기일을 진행한 사건이다.
　대법원은, 항소심에서도 피고인의 출석 없이는 원칙적으로 개정하지
못한다(형사소송법 제370조, 제276조 본문). 피고인이 항소심 공판기일에
출정하지 않은 때에는 다시 기일을 정하여야 하고 피고인이 정당한 사
유 없이 다시 정한 기일에도 출정하지 않은 때에는 피고인의 진술 없이

판결할 수 있다(형사소송법 제365조). 다만 법정형이 '다액 500만 원 이하의 벌금 또는 과료'에 해당하여 중형선고의 가능성이 없는 사건에서는 항소심에서도 피고인의 출석 없이 개정할 수 있다(형사소송법 제370조, 제277조 제1호)고 판단하였다.

이 사건에서 이 사건 공소사실에 대하여 적용되는 형법 제329조의 법정형은 '6년 이하의 징역 또는 1천만 원 이하의 벌금'이므로 이 사건은 형사소송법 제370조, 제277조 제1호에 따라 항소심에서 불출석 재판이 허용되는 사건에 해당하지 않는다고 판단하였다.

대상판결은 불출석 재판·형사소송법 제277조 경미사건과 피고인 불출석 재판·항소심에서 형사소송법 제370조, 제277조 제1호를 이유로 피고인의 출석 없이 공판기일을 진행한 사건 법리를 명확히 설명한다. 대법원 판결은 타당하다. 국가고시·변호사시험 선택형으로 출제 가능성이 있다.

✎ 참조 조문

형사소송법 제277조(경미사건 등과 피고인 불출석)
다음 각 호의 어느 하나에 해당하는 사건에 관하여는 피고인의 출석을 요하지 아니한다. 이 경우 피고인은 대리인을 출석하게 할 수 있다.
1. 다액 500만원 이하의 벌금 또는 과료에 해당하는 사건
2. 공소기각 또는 면소의 재판을 할 것이 명백한 사건
3. 장기 3년 이하의 징역 또는 금고, 다액 500만원을 초과하는 벌금 또는 구류에 해당하는 사건에서 피고인의 불출석허가신청이 있고 법원이 피고인의 불출석이 그의 권리를 보호함에 지장이 없다고 인정하여 이를 허가한 사건. 다만, 제284조에 따른 절차를 진행하거나 판결을 선고하는 공판기일에는 출석하여야 한다.
4. 제453조제1항에 따라 피고인만이 정식재판의 청구를 하여 판결을 선고하는 사건 [전문개정 2007.6.1] [[시행일 2008.1.1]]
[본조제목개정 2007.6.1] [[시행일 2008.1.1.]]

【출처】 형사소송법 일부개정 2024.10.16 [법률 제20460호, 시행 2025.1.17.] 법무부

제5장

증 거

16~26

죄형법정주의와 법률해석
통신비밀보호법 제3조·제16조 '청취' 의미

> 종료된 대화의 녹음물을 재생하여 듣는 것이 통신비밀보호법상
> '청취'에 해당하는지 여부가 문제된 사건
>
> 대법원 2024. 2. 29. 선고 2023도8603 판결
> [통신비밀보호법위반]

[공소사실 요지]
피고인은 2020. 2. 배우자와 함께 거주하는 아파트 거실에 녹음기능이 있
는 영상정보 처리기기(이른바 '홈캠')를 설치하였고, 2020. 5. 1. 13:00경
위 거실에서 배우자와 그 부모 및 동생이 대화하는 내용이 위 기기에 자
동 녹음되었다. 이에 대하여 피고인은 "공개되지 아니한 타인간 대화를
청취하고 그 내용을 누설"하여 통신비밀보호법 제16조, 제3조를 위반한
것으로 기소된 사안이다.

[법리 쟁점]
통신비밀보호법 제3조, 제16조 제1항에서 '청취'의 의미

[참조조문]
통신비밀보호법 제3조 제1항, 제16조 제1항

[원심 판단]
제1심법원은 피고인에게 유죄를 선고하였다.
원심법원은 피고인에게 무죄를 선고하였다.
원심은, 종료된 대화의 녹음물을 재생하여 듣는 것이 통신비밀보호법상
'청취'에 해당하지 않는다고 보아 무죄를 선고하였다.
검사가 상고하였다.

[대법원 판단]

대법원은 상고를 기각한다.

대법원은, 피고인이 녹음된 공소외인 등의 대화 내용을 듣고 그 녹음파일을 제3자에게 전송한 것이 통신비밀보호법 제16조 제1항 각호의 구성요건에 해당하지 않는다고 본 원심의 판단은 정당하고, 거기에 통신비밀보호법의 공개되지 않은 타인 간의 대화에 관한 법리를 오해한 잘못이 없다. 대법원은 피고인을 무죄로 판단한 원심을 수긍하여 상고를 기각하였다.

낭독 형사소송법 판결문 16

대법원 2024. 2. 29. 선고 2023도8603 판결 [통신비밀보호법위반]

〈종료된 대화의 녹음물을 재생하여 듣는 것이 통신비밀보호법상 '청취'에 해당하는지 여부가 문제된 사건〉

판시 사항

통신비밀보호법에서 정하는 '청취'의 의미 및 대화가 이미 종료된 상태에서 그 대화의 녹음물을 재생하여 듣는 행위가 '청취'에 포함되는지 여부(소극)

판결 요지

통신비밀보호법(이하 법명은 생략한다) 제3조 제1항은

누구든지 이 법과 형사소송법 또는

군사법원법의 규정에 의하지 아니하고는

우편물의 검열·전기통신의 감청 또는

공개되지 않은 타인간의 대화를 녹음 또는

청취하지 못한다고 규정하고 있고,

제16조 제1항은 이를 위반하는 행위를 처벌하도록 규정하고 있다.

여기서 '청취'는

타인간의 대화가 이루어지고 있는 상황에서

실시간으로
그 대화의 내용을 엿듣는 행위를 의미하고,
대화가 이미 종료된 상태에서
그 대화의 녹음물을 재생하여
듣는 행위는 '청취'에 포함되지 않는다. •대화 중 실시간 듣는 행위
이유는 다음과 같다.

(1) 제3조 제1항은 공개되지 아니한 타인간 '대화'를
'청취'의 대상으로 규정하고 있다.
'대화'는 '원칙적으로
현장에 있는 당사자들이 육성으로 말을 주고받는 의사소통행위'로
서(대법원 2017. 3. 15. 선고 2016도19843 판결 참조),
이러한 의사소통행위가 종료되면
청취 대상으로서의 대화도 종료된다. •대화(=육성 의사소통행위)
종료된 대화의 녹음물을 재생하여 듣는 것은
대화 자체의 청취라고 보기 어렵고,
제3조 제1항이 대화 자체 외에
대화의 녹음물까지 청취 대상으로 규정하고 있지도 않다. •녹음물
이러한 '대화'의 의미나 제3조 제1항의 문언에 비추어 보면,
'대화'와 구별되는 '대화의 녹음물'까지
청취 대상에 포함시키는 해석에는 신중함이 요구된다. •엄격 해석

(2) 제14조 제1항은 누구든지
공개되지 아니한 타인간의 대화를
녹음하거나 전자장치 또는 기계적 수단을 이용하여
청취할 수 없다고 규정함으로써,
금지되는 청취행위를 구체화하여 제한하고 있다. •비공개 타인 대화
이는 타인간의 비공개 대화를

자신의 청력을 이용하여 듣는 등의 행위까지
처벌대상으로 할 필요는 없다는 점에서
이를 실시간으로 엿들을 수 있는 전자장치 또는
기계적 수단을 이용하여 이루어지는 청취만을
금지하고자 하는 취지의 조항으로 보인다. · 녹음 또는 전자 기계로 청취
그런데 이미 종료된 대화의 녹음물을
재생하여 듣는 방식으로 이루어지는 청취는
이와 같이 제14조 제1항이 금지하고자 하는
청취에 포함되지 않는다. · 종료된 대화 녹음물 청취(=비실시간 대화 녹음물)

(3) 제3조 제1항, 제16조 제1항은
'녹음'과 '청취'를 나란히
금지 및 처벌 대상으로 규정하고 있으므로
'녹음'과 '청취'의 공통 대상이 되는 '대화'는
특별한 사정이 없는 한 동일한 의미로 해석할 필요가 있다.
그런데 '녹음'의 일상적 의미나
통신비밀보호법이 '녹음'을 금지하는 취지에 비추어 보면,
제3조 제1항에서 금지하는 타인간 대화의 녹음은
특정 시점에 실제 이루어지고 있는 대화를
실시간으로 녹음하는 것을 의미할 뿐
이미 종료된 대화의 녹음물을 재생한 뒤
이를 다시 녹음하는 행위까지
포함한다고 보기는 어렵다. · 통신비밀보호법이 '녹음'(=실시간 녹음·청취)
이처럼 '녹음'의 대상인 '대화'가 녹음 시점에
실제 이루어지고 있는 대화를 의미한다면,
같은 조항에 규정된 '청취'의 대상인 '대화'도
특별한 사정이 없는 한

청취 시점에 실제 이루어지고 있는 대화를 의미한다고

해석하는 것이 타당하다. · 통신비밀보호법 대화(=실시간 대화)

(4) 통신비밀보호법상 '전기통신의 감청'은

전기통신이 이루어지고 있는 상황에서

실시간으로 그 전기통신의 내용을

지득·채록하는 경우 등을 의미하는 것이지

이미 수신이 완료된 전기통신에 관하여 남아 있는 기록이나

내용을 열어보는 등의 행위는 포함하지 않는다(대법원 2016. 10. 13.

선고 2016도8137 판결 및 송·수신이 완료된 전기통신을 달리 취급하는 제9조의3

등 참조). · 통신비밀보호법 감청(=실시간 감청)

한편 통신비밀보호법상 '전기통신의 감청'과

'공개되지 않은 타인간 대화의 청취'는 대상('음향 등'과 '육성으로 주

고받는 말'),

수단('전자장치·기계장치 등'과 '전자장치 또는 기계적 수단') 및

행위 태양('청취·공독하여 그 내용을 지득 또는 채록하는 것 등'과 '청

취')에 있어서

서로 중첩되거나 유사하다(제2조 제3호, 제7호, 제14조 참조).

· 통신비밀보호법 대상·수단·행위(=실시간 법리) 중첩 유사

또한 통신비밀보호법은 '전기통신의 감청'에 관한 다수 규정들

(제4조 내지 제8조, 제9조 제1항 전단 및 제3항, 제9조의2, 제11조 제1

항, 제3항, 제4항, 제12조)을

'공개되지 않은 타인간 대화의 청취'에도 적용함으로써

그 범위에서 양자를 공통으로 규율하고 있다(제14조 제2항).

이러한 '전기통신의 감청'과

'공개되지 않은 타인간 대화의 청취'의

개념 및 규율의 유사성 등

양자의 체계적 관계에 비추어 보면,

'전기통신의 감청'과 마찬가지로

'공개되지 않은 타인간 대화의 청취' 역시

이미 종료된 대화의 녹음물을 듣는 행위는 포함하지 않는다고

해석하는 것이 타당하다. ·감청과 청취 법리(=통신비밀보호법 실시간 원칙)

(5) 종료된 대화의 녹음물을 재생하여 듣는 행위도

제3조 제1항의 '청취'에 포함시키는 해석은

'청취'를 '녹음'과 별도 행위 유형으로 규율하는

제3조 제1항에 비추어 불필요하거나

'청취'의 범위를 너무 넓혀 금지 및 처벌 대상을

과도하게 확장할 수 있다. ·엄격 해석

위법한 녹음 주체가 그 녹음물을 청취하는 경우에는

그 위법한 녹음을 금지 및 처벌 대상으로 삼으면 충분하고,

녹음에 사후적으로 수반되는 청취를

별도의 금지 및 처벌 대상으로 삼을 필요성이 크지 않다.

· 위법한 녹음행위와 행위자만 처벌(=녹음물 사후 청취는 불가벌적 사후행위)

또한 적법한 녹음 주체 또는 제3자가 그 녹음물을 청취하거나,

위법한 녹음물을 녹음 주체 외의 제3자가 청취하는 경우까지

금지 및 처벌 대상으로 삼으면

이들의 행동의 자유를 과도하게 제한하게 된다. ·녹음물 청취자 불처벌

나아가 이는 명문의 형벌법규 의미를

엄격하게 해석하기보다는

피고인에게 불리한 방향으로 지나치게 확장해석하거나

유추해석하는 것으로서

죄형법정주의의 원칙에 비추어 보더라도 타당하지 않다(대법원 2013.

11. 28. 선고 2012도4230 판결, 대법원 2018. 3. 15. 선고 2017도21656 판결

등 참조). ·죄형법정주의·엄격해석

판결 해설

　대상판결 쟁점은 죄형법정주의와 법률해석이다. 통신비밀보호법 제3조·제16조 '청취' 의미이다. 종료된 대화의 녹음물을 재생하여 듣는 것이 통신비밀보호법상 '청취'에 해당하는지 여부가 문제된 사건이다.

　여기에는 학설이 대립한다. ① 실시간 타인 대화 감청·녹음·청취설, ② 실시간 타인 대화 감청·녹음·청취·녹음 후 녹음물 재생 청취 포함설이다.

　대법원은, 통신비밀보호법(이하 법명은 생략한다) 제3조 제1항은 누구든지 이 법과 형사소송법 또는 군사법원법의 규정에 의하지 아니하고는 우편물의 검열·전기통신의 감청 또는 공개되지 않은 타인 간의 대화를 녹음 또는 청취하지 못한다고 규정하고 있고, 제16조 제1항은 이를 위반하는 행위를 처벌하도록 규정하고 있다. 여기서 '청취'는 타인 간의 대화가 이루어지고 있는 상황에서 실시간으로 그 대화의 내용을 엿듣는 행위를 의미하고, 대화가 이미 종료된 상태에서 그 대화의 녹음물을 재생하여 듣는 행위는 '청취'에 포함되지 않는다고 판단하였다.

　이미 종료된 대화의 녹음물을 재생하여 듣는 방식으로 이루어지는 청취는 이와 같이 제14조 제1항이 금지하고자 하는 청취에 포함되지 않는다. 제3조 제1항, 제16조 제1항은 '녹음'과 '청취'를 나란히 금지 및 처벌 대상으로 규정하고 있으므로 '녹음'과 '청취'의 공통 대상이 되는 '대화'는 특별한 사정이 없는 한 동일한 의미로 해석할 필요가 있다. 제3조 제1항에서 금지하는 타인 간 대화의 녹음은 특정 시점에 실제 이루어지고 있는 대화를 실시간으로 녹음하는 것을 의미할 뿐 이미 종료된 대화의 녹음물을 재생한 뒤 이를 다시 녹음하는 행위까지 포함한다고 보기는 어렵다고 판단하였다.

　이 사건에서 종료된 대화의 녹음물을 재생하여 듣는 행위도 제3조 제1항의 '청취'에 포함시키는 해석은 '청취'를 '녹음'과 별도 행위 유형으로 규율하는 제3조 제1항에 비추어 불필요하거나 '청취'의 범위를 너무 넓혀 금지 및 처벌 대상을 과도하게 확장할 수 있다. 위법한 녹음 주체가 그 녹음물을 청취하는 경우에는 그 위법한 녹음을 금지 및 처벌 대상으로 삼으면 충분하고, 녹음에 사후적으로 수반되는 청취를 별도의 금지 및 처벌 대상으로 삼을 필요성이 크지 않다고 판단하였다.

대법원은, 피고인이 녹음된 공소외인의 대화 내용을 듣고 그 녹음파일을 제3자에게 전송한 것이 통신비밀보호법 제16조 제1항 각호의 구성요건에 해당하지 않는다. 대법원은 원심을 수긍하여 상고를 기각하였다.

대상판결은 죄형법정주의와 법률해석·통신비밀보호법 제3조·제16조 '청취'·종료된 대화의 녹음물을 재생하여 듣는 것이 통신비밀보호법상 '청취'에 해당하는지 여부에 대한 판단기준 법리를 명확히 설명한다. 대법원 판결은 타당하다. 국가고시·변호사시험 선택형·사례형으로 출제 가능성이 있다.

생각건대 통신비밀보호법 제3조는 입법개정이 필요하다. ① 실시간 공개되지 않은 타인 간의 대화를 녹음 또는 청취하는 행위, ② 실시간 공개되지 않은 타인 간의 대화를 녹음·녹화하고 나중에 그 녹음물·녹화물을 청취·시청하는 행위는 불법성이 크게 다르지 않기 때문이다. 내 입법제안이다. 청취(=녹음물 청취·녹화물 시청도 포함). 사안에 따라 불법 '녹음' 행위로 처벌할 수 있다. 여기서 녹음은 통신비밀과 대화비밀 침해를 인식하고 의욕한 고의가 핵심이다. 가벌성을 확장한다는 비판이 있을 수 있지만, 통신비밀과 대화비밀을 보호한다는 장점도 있을 것이다.

✎ **참조 조문**

통신비밀보호법 제3조(통신 및 대화비밀의 보호)
① 누구든지 이 법과 형사소송법 또는 군사법원법의 규정에 의하지 아니하고는 우편물의 검열·전기통신의 감청 또는 통신사실확인자료의 제공을 하거나 **공개되지 아니한 타인간의 대화를 녹음 또는 청취하지 못한다.** 다만, 다음 각호의 경우에는 당해 법률이 정하는 바에 의한다. 〈개정 2000.12.29, 2001.12.29, 2004.1.29, 2005.3.31, 2007.12.21, 2009.11.2〉
1. 환부우편물등의 처리: 우편법 제28조·제32조·제35조·제36조등의 규정에 의하여 폭발물등 우편금제품이 들어 있다고 의심되는 소포우편물(이와 유사한 우편물을 포함한다)을 개피하는 경우, 수취인에게 배달할 수 없거나 수취인이 수령을 거부한 우편물을 발송인에게 환부하는 경우, 발송인의 주소·

성명이 누락된 우편물로서 수취인이 수취를 거부하여 환부하는 때에 그 주
소·성명을 알기 위하여 개피하는 경우 또는 유가물이 든 환부불능우편물을
처리하는 경우
2. 수출입우편물에 대한 검사: 관세법 제256조·제257조 등의 규정에 의한 신
서외의 우편물에 대한 통관검사절차
3. 구속 또는 복역중인 사람에 대한 통신: 형사소송법 제91조, 군사법원법 제
131조, 「형의 집행 및 수용자의 처우에 관한 법률」 제41조·제43조·제44조
및 「군에서의 형의 집행 및 군수용자의 처우에 관한 법률」 제42조·제44조
및 제45조에 따른 구속 또는 복역중인 사람에 대한 통신의 관리
4. 파산선고를 받은 자에 대한 통신: 「채무자 회생 및 파산에 관한 법률」 제
484조의 규정에 의하여 파산선고를 받은 자에게 보내온 통신을 파산관재인
이 수령하는 경우
5. 혼신제거등을 위한 전파감시: 전파법 제49조 내지 제51조의 규정에 의한
혼신제거등 전파질서유지를 위한 전파감시의 경우
② 우편물의 검열 또는 전기통신의 감청(이하 "통신제한조치"라 한다)은 범죄
수사 또는 국가안전보장을 위하여 보충적인 수단으로 이용되어야 하며, 국
민의 통신비밀에 대한 침해가 최소한에 그치도록 노력하여야 한다. 〈신설
2001.12.29〉
③ 누구든지 단말기기 고유번호를 제공하거나 제공받아서는 아니된다. 다만,
이동전화단말기 제조업체 또는 이동통신사업자가 단말기의 개통처리 및 수
리 등 정당한 업무의 이행을 위하여 제공하거나 제공받는 경우에는 그러하
지 아니하다. 〈신설 2004.1.29.〉

【출처】통신비밀보호법 일부개정 2024.01.23 [제20072호, 시행 2024.07.24] 법무부

✎**입법개정안** ☞ 법문장을 읽기 쉽게 다듬었다.

통신비밀보호법 제3조(통신비밀 보호 · 대화비밀 보호)
① 누구든지 이 법·형사소송법·군사법원법에 근거하지 않고 다음 각 호 행위
를 하지 못한다.
1. 우편물 검열
2. 전기통신 감청
3. 통신사실확인자료 제공
4. 공개되지 아니한 타인간의 대화를 녹음
5. 공개되지 아니한 타인간의 대화를 청취(=녹음물·녹화물 시청도 포함)
다만 다음 각 호의 경우 당해 법률이 정하는 바에 의한다.

위법수집증거
수업시간 중 발언을 몰래 녹음한 파일의 증거능력

피해아동의 부모가 초등학교 담임교사의 수업시간 중 발언을 몰래 녹음한 파일의 증거능력이 문제된 사건

대법원 2024. 1. 11. 선고 2020도1538 판결
[아동학대범죄의처벌등에관한특례법위반(아동복지시설종사자등의
아동학대가중처벌)]

[공소사실 요지]

피해아동의 담임교사인 피고인이 피해아동에게 수업시간 중 교실에서 "학교 안 다니다 온 애 같아."라고 말하는 등 정서적 학대행위를 하였다는 이유로 기소되었다. 그런데 피해아동의 부모가 피해아동의 가방에 녹음기를 넣어 수업시간 중 교실에서 피고인이 한 발언을 몰래 녹음한 녹음파일, 녹취록 등의 증거능력이 문제된 사안이다. ·**요약**

피해아동의 담임교사로서 「아동학대범죄의 처벌 등에 관한 특례법」에 따른 아동학대범죄의 신고의무자인 피고인이 2018. 3. 14.경부터 2018. 5. 8.경까지 피해아동에게 "학교 안 다니다 온 애 같아. 저쪽에서 학교 다닌 거 맞아, 1, 2학년 다녔어, 공부시간에 책 넘기는 것도 안 배웠어, 학습 훈련이 전혀 안 되어 있어, 1, 2학년 때 공부 안 하고 왔다갔다만 했나 봐."라는 말을 하는 등 원심 판시 별지 범죄일람표 순번 1 내지 3, 5 내지 8, 10 내지 16번 기재와 같이 14회에 걸쳐 아동의 정신건강 및 발달에 해를 끼치는 정서적 학대행위를 하였다는 것이다.

[법리 쟁점]

통신비밀보호법 제14조 제1항이 금지하는 '공개되지 아니한 타인 간의 대

화 녹음'에서 '공개되지 아니한'의 의미 및 이에 관한 판단방법

[참조조문]
[1] 통신비밀보호법 제4조, 제14조 제1항, 제2항 [2] 통신비밀보호법 제4조, 제14조 제1항, 제2항

[참조판례]
[1] 대법원 2022. 8. 31. 선고 2020도1007 판결(공2022하, 2069)

[원심 판단]
제1심법원은 피고인에게 유죄를 선고하였다.
원심법원은 피고인에게 유죄를 선고하였다.
원심은, 피고인이 30명 정도 상당수의 학생들을 상대로 발언하였고, 국민생활에 필요한 기초적인 교육을 목적으로 하는 초등학교 교육은 공공적인 성격을 가지므로 피고인이 수업시간 교실에서 한 발언이 통신비밀보호법 제14조 제1항의 '공개되지 아니한 대화'에 해당하지 않는 점, 피해아동의 부모와 피해아동은 밀접한 인적 관련이 있는 점, 피해아동의 부모는 피고인의 아동학대 행위 방지를 위하여 녹음에 이르게 되었고, 녹음 외에 별다른 유효적절한 수단이 없었으며, 아동학대 범죄의 사회적 해악을 고려하면 증거수집의 필요성이 인정되는 점 등을 이유로 녹음파일 등의 증거능력을 인정하고 이를 유죄의 증거로 삼아 일부 공소사실을 유죄로 판단하였다.
피고인이 상고하였다.

[대법원 판단]
대법원은 원심판결을 파기하고, 사건을 서울동부지방법원에 환송한다.
대법원은, ① 초등학교 교실은 출입이 통제되는 공간이고, 수업시간 중 불특정 다수가 드나들 수 있는 장소가 아니며, 수업시간 중인 초등학교 교실에 학생이 아닌 제3자가 별다른 절차 없이 참석하여 담임교사의 발언 내용을 청취하는 것은 상정하기 어려우므로, 초등학교 담임교사가 교실에서 수업시간 중 한 발언은 통상적으로 교실 내 학생들만을 대상으로 하는 것으로서 교실 내 학생들에게만 공개된 것일 뿐, 일반 공중이나 불특정 다수에게 공개된 것이 아닌 점,
② 피고인의 발언은 특정된 30명의 학생들에게만 공개되었을 뿐, 일반 공

중이나 불특정 다수에게 공개되지 않았으므로, 대화자 내지 청취자가 다
수였다는 사정만으로 '공개된 대화'로 평가할 수는 없고, 대화 내용이 공
적인 성격을 갖는지 여부나 발언자가 공적 인물인지 여부 등은 '공개되지
않은 대화'에 해당하는지 여부를 판단하는 데에 영향을 미치지 않는 점,
③ 피해아동의 부모는 피고인의 수업시간 중 발언의 상대방, 즉 대화에
원래부터 참여한 당사자에 해당하지 않는 점 등에 비추어 보면, 이 사건
녹음파일 등은 통신비밀보호법 제14조 제1항을 위반하여 '공개되지 아니
한 타인 간의 대화'를 녹음한 것이므로 통신비밀보호법 제14조 제2항 및
제4조에 따라 증거능력이 부정된다고 보아야 하고,
사생활 및 통신의 불가침을 국민의 기본권의 하나로 선언하고 있는 헌법
규정과 통신 및 대화의 비밀 보호, 통신 및 대화의 자유 신장을 목적으로
제정된 통신비밀보호법의 취지에 비추어 보면,
원심이 들고 있는 사정들을 이유로 이 사건 녹음파일 등의 증거능력을 인
정할 수는 없다고 보아, 이와 달리 판단한 원심판결을 파기·환송하였다.

낭독 형사소송법 판결문 17

대법원 2024. 1. 11. 선고 2020도1538 판결 [아동학대범죄의처벌등에관한특례법
위반(아동복지시설종사자등의아동학대가중처벌)]
〈피해아동의 부모가 초등학교 담임교사의 수업시간 중 발언을 몰래 녹음한 파일
의 증거능력이 문제된 사건〉

판시 사항

[1] 통신비밀보호법 제14조 제1항에서 공개되지 않은 타인 간의 대화를
녹음 또는 청취하지 못하도록 한 취지 / 여기서 '공개되지 않았다.'의
의미 및 이를 판단하는 방법
[2] 피해아동의 담임교사인 피고인이 피해아동에게 수회에 걸쳐 아동의
정신건강 및 발달에 해를 끼치는 정서적 학대행위를 하였다는 이유로
아동학대범죄의 처벌 등에 관한 특례법 위반(아동복지시설종사자등의아동
학대가중처벌)으로 기소된 사안에서, 피해아동의 부모가 피해아동의 가
방에 녹음기를 넣어 수업시간 중 교실에서 피고인이 한 발언을 녹음한

녹음파일, 녹취록 등은 공개되지 아니한 타인 간의 대화를 녹음한 것이므로 통신비밀보호법 제14조 제2항 및 제4조에 따라 증거능력이 부정된다고 한 사례.

판결 요지

[1] 통신비밀보호법 제14조 제1항은
"누구든지 공개되지 아니한 타인 간의 대화를
녹음하거나 전자장치 또는 기계적 수단을 이용하여
청취할 수 없다."라고 규정하고,
제14조 제2항 및 제4조는
"제14조 제1항을 위반한 녹음에 의하여 취득한
대화의 내용은 재판 또는 징계절차에서 증거로 사용할 수 없다."라는 취지로 규정하고 있다. · 위법수집증거

통신비밀보호법 제14조 제1항이
공개되지 않은 타인 간의 대화를 녹음
또는 청취하지 못하도록 한 것은,
대화에 원래부터 참여하지 않는 제3자가
일반 공중이 알 수 있도록
공개되지 않은 타인 간의 발언을 녹음하거나
전자장치 또는 기계적 수단을 이용하여
청취해서는 안 된다는 취지이다. · 대화 비참여 제3자 녹음·청취 금지

여기서 '공개되지 않았다'는 것은
반드시 비밀과 동일한 의미는 아니고
일반 공중에게 공개되지 않았다는 의미이며,
구체적으로 공개된 것인지는
발언자의 의사와 기대, 대화의 내용과 목적,

상대방의 수, 장소의 성격과 규모,
출입의 통제 정도, 청중의 자격 제한 등
객관적인 상황을 종합적으로 고려하여 판단해야 한다(대법원 2022. 8.
31. 선고 2020도1007 판결 등 참조). ・일반 공중에게 미공개 비밀

[2] 피해아동의 담임교사인 피고인이 피해아동에게
"학교 안 다니다 온 애 같아. 저쪽에서 학교 다닌 거 맞아.
1, 2학년 다녔어. 공부시간에 책 넘기는 것도 안 배웠어. 학습 훈
련이 전혀 안 되어 있어. 1, 2학년 때 공부 안 하고 왔다갔다만 했
나봐."라는 말을 하는 등
수회에 걸쳐 아동의 정신건강 및 발달에 해를 끼치는
정서적 학대행위를 하였다는 이유로
아동학대범죄의 처벌 등에 관한 특례법 위반(아동복지시설종사자등의
아동학대가중처벌)으로 기소된 사안에서, 이다.

초등학교 담임교사가 교실에서 수업시간 중 한 발언은
통상적으로 교실 내 학생들만을 대상으로 하는 것으로서
교실 내 학생들에게만 공개된 것일 뿐,
일반 공중이나 불특정 다수에게 공개된 것이 아니므로,
대화자 내지 청취자가 다수였다는 사정만으로
'공개된 대화'로 평가할 수는 없어,
피해아동의 부모가 몰래 녹음한 피고인의 수업시간 중 발언은
'공개되지 않은 대화'에 해당하는 점,
피해아동의 부모는
피고인의 수업시간 중 발언의 상대방에 해당하지 않으므로,

위 발언은 '타인 간의 대화'에 해당하는 점을 종합하면,
피해아동의 부모가 피해아동의 가방에 녹음기를 넣어

수업시간 중 교실에서 피고인이 한 발언을 녹음한 녹음파일,
녹취록 등은 통신비밀보호법 제14조 제1항을 위반하여
공개되지 아니한 타인 간의 대화를 녹음한 것이므로
통신비밀보호법 제14조 제2항 및 제4조에 따라
증거능력이 부정된다는 이유로,
이와 달리 본 원심판단에 법리오해의 잘못이 있다고 한 사례.

판결 해설

대상판결 쟁점은 위법수집증거이다. 수업시간 중 발언을 몰래 녹음한 파일의 증거능력이다. 피해아동의 부모가 초등학교 담임교사의 수업시간 중 발언을 몰래 녹음한 파일의 증거능력이 문제된 사건이다.

대법원은, 통신비밀보호법 제14조 제1항 '공개되지 않았다.'는 것은 반드시 비밀과 동일한 의미는 아니고 일반 공중에게 공개되지 않았다는 의미라고 판단하였다.

이 사건에서 피해아동의 부모가 피해아동의 가방에 녹음기를 넣어 수업시간 중 교실에서 피고인이 한 발언을 녹음한 녹음파일, 녹취록 등은 통신비밀보호법 제14조 제1항을 위반하여 공개되지 아니한 타인 간의 대화를 녹음한 것이므로 통신비밀보호법 제14조 제2항 및 제4조에 따라 증거능력이 부정된다고 판단하였다.

대상판결은 위법수집증거·통신비밀보호법 제14조 제1항이 금지하는 '공개되지 아니한 타인 간의 대화 녹음'에서 '공개되지 아니한'의 의미 및 이에 관한 판단방법, 수업시간 중 발언을 몰래 녹음한 파일의 증거능력 법리를 명확히 설명한다. 대법원 판결은 타당하다. 국가고시·변호사시험 선택형·사례형으로 출제 가능성이 있다.

연구논문으로 김종현, 통신비밀보호법 제14조 제1항이 금지하는 '공개되지 아니한 타인 간의 대화 녹음'; 대상판결: 대법원 2024. 1. 11. 선고 2020도1538 판결, 사법 제68호, 사법발전재단, 2024, 655 – 691면.

18

위법수집증거
수사기관의 영장 없는
범행현장 대화 녹음 증거능력

수사기관의 영장 없는 범행현장 대화 녹음 등의 증거능력이
문제된 사건

대법원 2024. 5. 30. 선고 2020도9370 판결
[성매매알선등행위의처벌에관한법률위반(성매매알선등)]

[공소사실 요지]

피고인이 돈을 받고 영업으로 성매매를 알선하였다는 「성매매알선 등 행
위의 처벌에 관한 법률」 위반(성매매알선등)으로 기소된 사안이다. 경찰
관이 피고인이 운영하는 성매매업소에 손님으로 가장하고 출입하여 피고
인 등과의 대화 내용을 녹음한 내용이 문제된 사안이다. · **요약**

피고인은 2018. 5. 17. 19:35경 고양시에 있는 '○○○○○'이라는 상호의
성매매업소(이하 '이 사건 성매매업소'라 한다)에서, 손님으로 가장한 남
성 경찰관에게서 대금 11만 원을 받고 7번방으로 안내한 다음 여종업원
공소외 1을 들여보내 성교행위를 하도록 하여 영업으로 성매매를 알선하
였다.

[법리 쟁점]

수사기관의 영장 없는 범행현장 대화 녹음이 위법한지 여부를 판단하는
기준

[참조조문]

[1] 형사소송법 제211조, 제212조, 제216조 제1항 제2호, 제307조, 제308
조의2, 통신비밀보호법 제3조 제1항 [2] 헌법 제12조 제2항, 형사소송법
제244조의3, 제307조, 제308조의2, 제312조

- 152 -

[참조판례]

[2] 대법원 2009. 8. 20. 선고 2008도8213 판결; 대법원 2011. 11. 10. 선고 2011도8125 판결; 대법원 2015. 10. 29. 선고 2014도5939 판결

[원심 판단]

제1심법원은 피고인에게 무죄를 선고하였다.

원심법원은 피고인에게 무죄를 선고하였다.

원심은, 경찰관이 피고인 등과의 대화 내용을 비밀녹음한 것은 피고인 등의 기본권을 침해하고, 대화비밀을 침해하는 등으로 위법하므로 그 녹음은 위법수집증거로서 증거능력이 없다는 등의 이유로 범죄사실에 대한 증명이 없다고 보아 무죄를 선고하였다.

검사가 상고하였다.

[대법원 판단]

대법원은 원심판결을 파기하고, 사건을 의정부지방법원에 환송한다.

손님으로 가장한 경찰관이 대화당사자로서 성매매업소를 운영하는 피고인 등과의 대화 내용을 녹음한 것은 통신비밀보호법 제3조 제1항이 금지하는 공개되지 아니한 타인간의 대화를 녹음한 경우에 해당하지 않는다. 경찰관이 불특정 다수가 출입할 수 있는 성매매업소에 통상적인 방법으로 들어가 적법한 방법으로 수사를 하는 과정에서 성매매알선 범행이 행하여진 시점에 위 범행의 증거를 보전하기 위하여 범행 상황을 녹음한 것이다. 그러므로 설령 대화상대방인 피고인 등이 인식하지 못한 사이에 영장 없이 녹음하였다고 하더라도 이를 위법하다고 볼 수 없다. 대법원은 이러한 이유로, 이와 달리 판단한 원심을 파기·환송하였다.

낭독 형사소송법 판결문 18

대법원 2024. 5. 30. 선고 2020도9370 판결 [성매매알선등행위의처벌에관한법률위반(성매매알선등)]

〈수사기관의 영장 없는 범행현장 대화 녹음 등의 증거능력이 문제된 사건〉

[1] 수사기관이 적법한 절차와 방법에 따라 범죄를 수사하면서 현재 그 범행이 행하여지고 있거나 행하여진 직후이고, 증거보전의 필요성 및 긴급성이 있으며, 일반적으로 허용되는 상당한 방법으로 범행현장에서 현행범인 등 관련자들과 수사기관의 대화를 녹음한 경우, 위 녹음이 영장 없이 이루어졌다는 이유로 위법하다고 단정할 수 있는지 여부(소극) / 이는 그 녹음이 행하여지고 있는 사실을 현장에 있던 대화상대방, 즉 현행범인 등 관련자들이 인식하지 못하고 있었더라도 마찬가지인지 여부(한정 적극) / 이때 수사기관이 일반적으로 허용되는 상당한 방법으로 녹음하였는지 판단하는 기준

[2] 수사기관에서의 조사 과정에서 피의자의 진술을 녹취 내지 기재한 '진술조서, 진술서, 자술서'를 피의자신문조서와 달리 볼 수 있는지 여부(소극) / 수사기관이 피의자를 신문하면서 피의자에게 미리 진술거부권을 고지하지 않은 경우, 피의자 진술의 증거능력 유무(소극) / 진술거부권 고지의 대상이 되는 피의자의 지위가 인정되는 시기 및 피의자의 지위에 있지 아니한 자에게 진술거부권이 고지되지 아니한 경우, 그 진술의 증거능력 유무(적극)

[1] 수사기관이

적법한 절차와 방법에 따라 범죄를 수사하면서

현재 그 범행이 행하여지고 있거나 행하여진 직후이고,

증거보전의 필요성 및 긴급성이 있으며,

일반적으로 허용되는 상당한 방법으로

범행현장에서 현행범인 등 관련자들과

수사기관의 대화를 녹음한 경우라면,

위 녹음이 영장 없이 이루어졌다 하여

위법하다고 단정할 수 없다.

이는 설령 그 녹음이 행하여지고 있는 사실을
현장에 있던 대화상대방, 즉 현행범인 등 관련자들이
인식하지 못하고 있었더라도,
통신비밀보호법 제3조 제1항이 금지하는
공개되지 아니한 타인 간의 대화를 녹음한 경우에
해당하지 않는 이상 마찬가지이다.

다만 수사기관이 일반적으로 허용되는 상당한 방법으로
녹음하였는지는
수사기관이 녹음장소에 통상적인 방법으로 출입하였는지,
녹음의 내용이 대화의 비밀 내지
사생활의 비밀과 자유 등에 대한 보호가
합리적으로 기대되는 영역에 속하는지 등을
종합적으로 고려하여 신중하게 판단하여야 한다.

[2] 피의자의 진술을 녹취 내지 기재한 서류
또는 문서가 수사기관에서의 조사 과정에서 작성된 것이라면,
그것이 '진술조서, 진술서, 자술서'라는
형식을 취하였다고 하더라도
피의자신문조서와 달리 볼 수 없고,^{없다.}
한편 형사소송법이 보장하는 피의자의 진술거부권은
헌법이 보장하는 형사상 자기에 불리한 진술을
강요당하지 않는 자기부죄거부의 권리에 터 잡은 것이므로^{것이다.}
수사기관이 피의자를 신문함에 있어서
피의자에게 미리 진술거부권을 고지하지 않은 때에는
그 피의자의 진술은 위법하게 수집된 증거로서
진술의 임의성이 인정되는 경우라도

증거능력이 부인되어야 한다.

피의자에 대한 진술거부권의 고지는

피의자의 진술거부권을 실효적으로 보장하여

진술이 강요되는 것을 막기 위하여 인정되는 것인데,

이러한 진술거부권 고지에 관한

형사소송법의 규정 내용 및 진술거부권 고지가 갖는

실질적인 의미를 고려하면,

수사기관에 의한 진술거부권 고지의 대상이 되는 피의자의 지위는

수사기관이 조사대상자에 대하여 범죄의 혐의가 있다고 보아

실질적으로 수사를 개시하는 행위를 한 때에

인정되는 것으로 봄이 타당하다.

따라서 이러한 피의자의 지위에 있지 아니한 자에 대하여는

진술거부권이 고지되지 아니하였다 하더라도

그 진술의 증거능력을 부정할 것은 아니다.

판결 해설

대상판결 쟁점은 위법수집증거이다. 수사기관의 영장 없는 범행현장 대화 녹음 증거능력이다. 수사기관의 영장 없는 범행현장 대화 녹음 등의 증거능력이 문제된 사건이다.

대법원은, 수사기관이 적법한 절차와 방법에 따라 범죄를 수사하면서 현재 그 범행이 행하여지고 있거나 행하여진 직후이고, 증거보전의 필요성 및 긴급성이 있으며, 일반적으로 허용되는 상당한 방법으로 범행현장에서 현행범인 등 관련자들과 수사기관의 대화를 녹음한 경우라면, 위 녹음이 영장 없이 이루어졌다 하여 위법하다고 단정할 수 없다.

이는 설령 그 녹음이 행하여지고 있는 사실을 현장에 있던 대화상대방, 즉 현행범인 등 관련자들이 인식하지 못하고 있었더라도, 통신비밀보호법 제3조 제1항이 금지하는 공개되지 아니한 타인 간의 대화를 녹음한 경우에 해당하지 않는다고 판단하였다.

이 사건에서 손님으로 가장한 경찰관이 대화당사자로서 성매매업소를 운영하는 피고인 등과의 대화 내용을 녹음한 것은 통신비밀보호법 제3조 제1항이 금지하는 공개되지 아니한 타인간의 대화를 녹음한 경우에 해당하지 않는다.

경찰관이 불특정 다수가 출입할 수 있는 성매매업소에 통상적인 방법으로 들어가 적법한 방법으로 수사를 하는 과정에서 성매매알선 범행이 행하여진 시점에 위 범행의 증거를 보전하기 위하여 범행 상황을 녹음한 것이다. 그러므로 설령 대화상대방인 피고인 등이 인식하지 못한 사이에 영장 없이 녹음하였다고 하더라도 이를 위법하다고 볼 수 없다고 판단하였다.

원심은, 경찰관이 피고인 등과의 대화 내용을 비밀녹음한 것은 피고인 등의 기본권을 침해하고, 대화비밀을 침해하는 등으로 위법하므로 그 녹음은 위법수집증거로서 증거능력이 없다는 등의 이유로 범죄사실에 대한 증명이 없다고 보아 무죄를 선고하였다. 대법원은 원심판결을 파기·환송하였다.

대상판결은 위법수집증거·수사기관의 영장 없는 범행현장 대화 녹음 증거능력 법리를 명확히 설명한다. 대법원 판결은 타당하다. 국가고시·변호사시험 선택형·사례형으로 출제 가능성이 있다. 형사소송법 제308조2 위법수집증거배제법칙이다.

연구논문으로 김시원, 수사기관의 범행현장 등 촬영의 적법성 판단기준: 대상판결: 대법원 2023. 4. 27. 선고 2018도8161 판결, 사법 제69호, 사법발전재단, 2024, 469-505면.

위법수집증거
전자정보 압수·수색 과정 우연히 발견한 무관정보의 증거능력

> 수사기관이 전자정보에 대한 압수·수색 과정에서 우연히 발견한
> 무관정보의 증거능력이 문제된 사건
>
> 대법원 2024. 4. 16. 선고 2020도3050 판결
> [부정청탁및금품등수수의금지에관한법률위반·공무상비밀누설]
> 〈수사기관이 전자정보에 대한 압수·수색 과정에서 우연히 발견한
> 무관정보의 증거능력이 문제된 사건〉

[공소사실 요지]

검찰수사서기관인 피고인이 수사를 지연시켜 달라는 내용의 부정청탁을 받고 그에 따라 직무를 수행하고 수사기관 내부의 비밀을 누설하였다는 혐의로 수사를 받게 되었다. 그런데 수사기관이 별건 압수·수색 과정에서 압수한 휴대전화에 저장된 전자정보를 탐색하던 중 우연히 이 사건 범죄사실 혐의와 관련된 전자정보(이하 '이 사건 녹음파일 등')를 발견하였다. 그런데도 이후 약 3개월 동안 대검찰청 통합디지털증거관리시스템(D-NET, 이하 '대검찰청 서버')에 그대로 저장된 채로 계속 보관하면서 영장 없이 이를 탐색·복제·출력하여 증거를 수집한 사안이다. **· 요약**

피고인은 ○○지방검찰청 △△지청에서 검찰청 사건 접수 및 처리와 수사지휘에 관한 사항 등에 관한 사무를 분장하는 □□과장(검찰수사서기관)으로 재직한 사람이다. 공소외 1은 위 지청에서 지청장이 명하는 범죄사건의 수사를 분장하는 ◇◇과장(수사사무관)으로 재직한 사람이고, 공소외 2는 △△시청 ☆☆☆국장(지방 4급)으로 재직하고 2018. 12. 말경 퇴직한 사람이다.

가. 「부정청탁 및 금품등 수수의 금지에 관한 법률(이하 '청탁금지법'이라 한다)」위반 부분

피고인은 2018. 5. 1.경 공소외 2로부터 "○○지검 △△지청 ◇◇과에서 현 시장의 측근 공소외 3에 대한 수사를 개시할 수 있다는 이야기를 들었다. 2018. 6. 13.에 있을 △△시장 선거에서 현 시장의 재당선에 지장이 생기면 안 되니 선거 전까지 공소외 3에 대한 문제가 불거지지 않도록 수사를 지연시켜달라."라는 취지의 청탁(이하 '이 사건 청탁'이라 한다)을 받았다.

피고인은 2018. 5. 2.경 위 지청 사무실 안에서 약 27년간 알고 지낸 직장 후배이자 사법경찰관으로서 위 사건 수사 진행 중인 ◇◇과장 공소외 1에게 공소외 3에 대한 사건(피의자 공소외 4 관련 사건) 진행을 △△시장 선거에 영향이 없도록 선거 이후로 미루어 달라는 취지로 요청하였다. 이에 따라 공소외 1은 피고인으로부터 부탁받은 대로 공소외 4에 대한 피의 사건의 검사실 송치를 지연시키거나 사건 수사가 선거에 영향을 미치지 않도록 하기 위하여, 수사를 직접 담당한 사법경찰관 검찰주사 공소외 5로부터 사전 결재를 위해 받아 두었던 수사지휘건의서를 1회 반려하고 2018. 5. 초순경 수정된 수사지휘건의서에 대하여도 제대로 회신을 주지 않았으며, 2018. 5. 하순경 형사▽부장검사로부터 공소외 3 혐의에 대한 수사 계획에 대하여 문의를 받자 공소외 3에 대한 수사를 ◇◇과에서 진행하지 않고 추후 검사실 송치 후 진행하도록 제안하고, 2018. 5. 28.경 위 공소외 5로부터 공소외 4에 대한 구속 기소의견이 기재된 수사지휘건의서와 구속영장신청서 초안 컴퓨터 파일을 전달받게 되자 그 즉시 구속영장신청서 범죄사실란에 포함되어 있던 공소외 3 및 △△시장 관련 부분을 삭제하고, 2018. 6. 4.에서야 최종 결재를 함으로써 결과적으로 위 공소외 4 사건이 △△시장 선거 이후인 2018. 6. 15.에서야 검사실에 송치되게 하여 선거일 이전에 공소외 3에 대한 수사가 진행되지 않도록 하였다.

피고인은 위와 같이 공소외 1과 공모하여 공소외 2로부터 수사업무 처리에 관하여 선거일 이후로 공소외 3에 대한 수사를 지연시켜 달라는 내용의 부정청탁을 받고 그에 따라 직무를 수행하였다.

나. 공무상비밀누설

(1) 피고인은 2018. 6. 7.경 공소외 2에게 전화를 걸어 공소외 3에 대한 주요 수사 단서인 공소외 4 진술의 요지, 향후 공소외 3에 대한 수사개시 및 구속영장 청구 계획 등 수사기관의 범죄 수사 기능에 장애를 초래할 위험이 있는 수사기관 내부의 비밀을 누설하였다.

(2) 피고인은 2018. 8. 30.경 및 같은 해 10. 17.경 공소외 2로부터 친형 공소외 6의 고소 사건 진행 경과를 확인해 달라는 부탁을 받고, 이에 따라 그 무렵 △△지청 사건과에 보관 중이던 위 사건에 대한 주임검사의 수사지휘서 내용을 확인한 후 2018. 10. 19.경 공소외 2에게 전화를 걸어 고소인과 피고소인 간 이해관계가 대립되는 고소 사건에서 고소인이 주장하는 피해 금액 진위 확인을 위한 보완 수사를 진행하라는 취지인 검사 수사지휘서의 내용을 알려줌으로써 수사기관의 범죄 수사 기능에 장애를 초래할 위험이 있는 수사기관 내부의 비밀을 누설하였다.

[법리 쟁점]

[1] 전자정보에 대한 압수·수색 과정에서 별도의 범죄혐의와 관련된 전자정보를 우연히 발견한 경우 수사기관이 적법하게 압수·수색하기 위한 요건

[2] 위법수집증거 배제법칙의 예외 및 2차적 증거의 증거능력 인정 여부

[참조조문]

[1] 형사소송법 제215조, 제307조, 제308조의2 [2] 헌법 제12조 제1항, 제3항, 형사소송법 제215조, 제307조, 제308조, 제308조의2

[참조판례]

[1] 대법원 2015. 7. 16.자 2011모1839 전원합의체 결정(공2015하, 1274); 대법원 2022. 1. 14.자 2021모1586 결정(공2022상, 405); 대법원 2023. 6. 1. 선고 2018도19782 판결(공2023하, 1162); 대법원 2023. 10. 18. 선고 2023도8752 판결(공2023하, 2050)

[2] 대법원 2007. 11. 15. 선고 2007도3061 전원합의체 판결(공2007하, 1974); 대법원 2013. 3. 14. 선고 2012도13611 판결(공2013상, 703); 대법원 2017. 9. 21. 선고 2015도12400 판결(공2017하, 2033)

[원심 판단]

제1심법원은 피고인에게 유죄를 선고하였다.

원심법원은 피고인에게 유죄를 선고하였다.

원심은, 영장 집행의 경위와 사건의 특수성 등에 비추어 수사기관이 의도적으로 영장주의의 취지를 회피하려고 시도하였다고 보기 어려운 점,

피고인의 일부 법정진술은 공개된 법정에서 진술거부권을 고지받고 변호인의 충분한 조력을 받은 상태에서 자발적으로 이루어진 것인 점,

새로운 영장의 집행 당시 참여권 등 관련 절차를 준수하였던 점 등의 사정들을 들어,

새로운 영장이 집행된 이후에 수집된 증거들은 절차에 따르지 아니한 1차적 증거수집과 인과관계가 희석 또는 단절되었다고 판단되므로 증거능력이 인정된다고 판단하였다.

피고인이 상고하였다.

[대법원 판단]

대법원은 원심판결을 파기하고, 사건을 춘천지방법원에 환송한다.

대법원은, 이 사건에서 수사기관이 무관정보를 우연히 발견하였는데도 더이상의 추가 탐색을 중단하고 법원으로부터 압수·수색영장을 발부받았다고 평가할 수 없다.

휴대전화에 저장된 이 사건 녹음파일 등은 적법한 압수·수색절차에 요구되는 관련 규정을 준수하지 아니함으로써 영장주의 및 적법절차 원칙을 위반하여 위법하게 수집된 증거에 해당한다.

나아가 위법수집증거인 이 사건 녹음파일 등을 기초로 수집된 증거들 역시 위법수집증거에 터 잡아 획득한 2차적 증거로서 위 압수절차와 2차적 증거수집 사이에 인과관계가 희석 또는 단절되었다고 볼 수 없으므로 증거능력을 인정할 수 없다.

대법원은 이와 달리 새로운 영장의 집행 이후에 수집된 증거들에 대하여 증거능력을 인정한 원심을 파기·환송하였다.

낭독 형사소송법 판결문 19

대법원 2024. 4. 16. 선고 2020도3050 판결 [부정청탁및금품등수수의금지에관한 법률위반·공무상비밀누설]

〈수사기관이 전자정보에 대한 압수·수색 과정에서 우연히 발견한 무관정보의 증거능력이 문제된 사건〉

판시 사항

[1] 전자정보에 대한 압수·수색이 종료되기 전에 혐의사실과 관련된 전자정보(유관정보)를 적법하게 탐색하는 과정에서 이와 무관한 전자정보(무관정보)를 우연히 발견한 경우, 수사기관이 그러한 정보에 대하여도 압수·수색을 할 수 있는지 여부(한정 적극) / 수사기관이 유관정보를 선별하여 압수한 후에도 무관정보를 삭제·폐기·반환하지 않은 채 그대로 보관하고 있는 경우, 무관정보 부분에 대한 압수가 위법한지 여부(석극) 및 사후에 법원으로부터 압수·수색영장이 발부되었거나 피고인 등이 이를 증거로 함에 동의한 경우, 위법성이 치유되는지 여부(소극) / 수사기관이 새로운 범죄혐의의 수사를 위하여 기존 압수·수색 과정에서 취득한 무관정보가 남아 있는 하드카피·이미징 등 형태의 복제본을 탐색, 복제 또는 출력할 수 있는지 여부(소극) 및 사후에 법원으로부터 복제본을 대상으로 압수·수색영장을 발부받아 집행했더라도 위법한지 여부(적극)

[2] 수사기관이 헌법과 형사소송법이 정한 절차에 따르지 않고 수집한 증거와 이를 기초로 획득한 2차적 증거를 유죄 인정의 증거로 삼을 수 있는지 여부(원칙적 소극) 및 법원이 위 증거를 유죄 인정의 증거로 사용할 수 있는 예외적인 경우 / 법원이 2차적 증거의 증거능력 인정 여부를 최종적으로 판단할 때 고려해야 할 사항

판결 요지

[1] 전자정보에 대한 압수·수색에 있어

그 저장매체 자체를 외부로 반출하거나

하드카피·이미징 등의 형태로

복제본(이하 '복제본'이라 한다)을 만들어

외부에서 그 저장매체나 복제본에 대하여

압수·수색이 허용되는 예외적인 경우에도

혐의사실과 관련된 전자정보(이하 '유관정보'라 한다)

이외에 이와 무관한 전자정보(이하 '무관정보'라 한다)를

탐색·복제·출력하는 것은

원칙적으로 위법한 압수·수색에 해당하므로

허용될 수 없다. ·혐의사실과 무관한 정보 탐색·복제·출력 금지

그러나 전자정보에 대한 압수·수색이 종료되기 전에

유관정보를 적법하게 탐색하는 과정에서

무관정보를 우연히 발견한 경우라면,

수사기관으로서는 더 이상의 추가 탐색을 중단하고

법원으로부터 별도의 범죄혐의에 대한

압수·수색영장을 발부받은 경우에 한하여

그러한 정보에 대하여도

적법하게 압수·수색을 할 수 있다(대법원 2015. 7. 16.자 2011모1839 전원합의체 결정 등 참조). ·유관정보 탐색 중 무관정보 우연한 발견(=별도 압수·수색영장 발부 후 압수·수색)

수사기관이 유관정보를 선별하여 압수한 후에도

무관정보를 삭제·폐기·반환하지 아니한 채

그대로 보관하고 있다면

무관정보 부분에 대하여는

압수의 대상이 되는 전자정보의 범위를 넘어서는 전자정보를

영장 없이 압수·수색하여 취득한 것이어서 위법하고,

사후에 법원으로부터 압수·수색영장이 발부되었다거나

피고인이나 변호인이 이를 증거로 함에 동의하였다고 하여
그 위법성이 치유된다고 볼 수 없다(대법원 2022. 1. 24.자 2021모1586
결정 등 참조). •무관정보 무영장 압수·수색, 위법수집증거는 사후 압수영장·수색영장
또는 피고인·변호인 증거동의로 위법성 치유 불가

수사기관이 새로운 범죄혐의의 수사를 위하여
무관정보가 남아 있는 복제본을 열람하는 것은
압수·수색영장으로 압수되지 않은 전자정보를
영장 없이 수색하는 것과 다르지 않다. •무관정보 복제본 열람 불가

따라서 복제본은 더 이상 수사기관의 탐색, 복제
또는 출력 대상이 될 수 없으며,
수사기관은 새로운 범죄혐의의 수사를 위하여 필요한 경우에도
기존 압수·수색 과정에서 출력하거나 복제한
유관정보의 결과물을 열람할 수 있을 뿐이다. •유관정보 열람 가능

사후에 법원으로부터 복제본을 대상으로
압수·수색영장이 발부받아 집행하였다고 하더라도,
이는 압수·수색절차가 종료됨에 따라
당연히 삭제·폐기되었어야 할
전자정보를 대상으로 한 것으로 위법하다(대법원 2023. 6. 1. 선고 2018
도19782 판결, 대법원 2023. 10. 18. 선고 2023도8752 판결 등 참조). •압수·수
색절차 종료/삭제·폐기 전자정보

[2] 형사소송법 제308조의2에 따라
적법한 절차에 따르지 아니하고 수집한 증거는
증거로 할 수 없다. •위법수집증거배제법칙 [본조신설 2007.6.1.]
수사기관이 헌법과 형사소송법이 정한 절차에 따르지 아니하고
수집한 증거는 물론,

이를 기초로 하여 획득한 2차적 증거 역시
유죄 인정의 증거로 삼을 수 없는 것이 원칙이다. ·2차 증거 포함

다만 수사기관의 절차 위반 행위가
적법절차의 실질적인 내용을 침해하는 경우에 해당하지 아니하고,
오히려 그 증거의 증거능력을 배제하는 것이
헌법과 형사소송법이 형사소송에 관한 절차조항을 마련하여
적법절차의 원칙과 실체적 진실 규명의 조화를 도모하고,
이를 통하여 형사 사법 정의를 실현하려고 한 취지에
반하는 결과를 초래하는 것으로 평가되는 예외적인 경우라면,
법원은 그 증거를 유죄 인정의 증거로 사용할 수 있다(대법원 2007.
11. 15. 선고 2007도3061 전원합의체 판결, 대법원 2013. 3. 14. 선고 2012도
13611 판결 등 참조). ·적법절차 실질적 내용 침해 아닌 경우(=이익형량설. 형사사법
정의. 유죄증거 사용)

법원이 2차적 증거의 증거능력 인정 여부를
최종적으로 판단할 때에는 먼저
절차에 따르지 아니한 1차적 증거수집과 관련된 모든 사정들,
즉 절차 조항의 취지와 그 위반의 내용 및 정도,
구체적인 위반 경위와 회피가능성,
절차 조항이 보호하고자 하는 권리
또는 법익의 성질과 침해 정도 및 피고인과의 관련성,
절차 위반행위와 증거수집 사이의 인과관계 등 관련성의 정도,
수사기관의 인식과 의도 등을 살피는 것은 물론, ·관련성 종합 판단

나아가 1차적 증거를 기초로 하여
다시 2차적 증거를 수집하는 과정에서
추가로 발생한 모든 사정들까지 구체적인 사안에 따라

주로 인과관계 희석 또는 단절 여부를 중심으로
전체적·종합적으로 고려하여야 한다(대법원 2017. 9. 21. 선고 2015도
12400 판결 등 참조). · 인과관계 희석·단절 판단

판결 해설

대상판결 쟁점은 위법수집증거이다. 전자정보 압수·수색 과정 우연히
발견한 무관정보의 증거능력이다. 수사기관이 전자정보에 대한 압수·수
색 과정에서 우연히 발견한 무관정보의 증거능력이 문제된 사건이다.

대법원은, 전자정보에 대한 압수·수색에 있어 저장매체 자체를 외부
로 반출하거나 하드카피·이미징 등의 형태로 복제본(이하 '복제본'이라 한
다)을 만들어 외부에서 그 저장매체나 복제본에 대하여 압수·수색이 허
용되는 예외적인 경우에도 혐의사실과 관련된 전자정보(이하 '유관정보'
라 한다) 이외에 이와 무관한 전자정보(이하 '무관성보'라 한다)를 탐색·복
제·출력하는 것은 원칙적으로 위법한 압수·수색에 해당하므로 허용될
수 없다고 판단하였다.

이 사건에서 수사기관이 무관정보를 우연히 발견하였는데도 더 이상
의 추가 탐색을 중단하고 법원으로부터 압수·수색영장을 발부받았다고
평가할 수 없다. 휴대전화에 저장된 이 사건 녹음파일 등은 적법한 압
수·수색절차에 요구되는 관련 규정을 준수하지 아니함으로써 영장주의
및 적법절차 원칙을 위반하여 위법하게 수집된 증거에 해당한다. 나아
가 위법수집증거인 이 사건 녹음파일 등을 기초로 수집된 증거들 역시
위법수집증거에 터 잡아 획득한 2차적 증거로서 위 압수절차와 2차적
증거수집 사이에 인과관계가 희석 또는 단절되었다고 볼 수 없으므로
증거능력을 인정할 수 없다고 판단하였다.

대상판결은 위법수집증거·전자정보 압수·수색 과정 우연히 발견한
무관정보의 증거능력·수사기관이 전자정보에 대한 압수·수색 과정에서
우연히 발견한 무관정보의 증거능력 법리를 명확히 설명한다. 대법원
판결은 타당하다. 국가고시·변호사시험 선택형·사례형으로 출제 가능성
이 있다. 형사소송법 제308조2 위법수집증거배제법칙이다.

전문증거 증거능력
형사소송법 제312조 제1항·제3항 '내용을 인정할 때' 의미와 공범에 대한 검사 또는 검사 이외의 수사기관 작성 피의자신문조서의 증거능력

> **공범에 대한 검사 또는 검사 이외의 수사기관 작성 피의자신문조서의 증거능력이 문제된 사건**
>
> 대법원 2024. 8. 29. 선고 2024도8200 판결
> [마약류관리에관한법률위반(향정)]

[공소사실 요지]

피고인이 필로폰을 투약하고, A로부터 현금을 건네받은 후 A에게 필로폰을 교부하여 매도하였다는 「마약류관리에 관한 법률」 위반(향정)으로 기소되었다. 피고인과 대향범으로서 공범관계에 있는 A에 대한 검사 또는 사법경찰관 작성 피의자신문조서의 증거능력이 문제된 사안이다.

[법리 쟁점]

공범에 대한 검사 또는 검사 이외의 수사기관 작성 피의자신문조서에 대하여 피고인이 내용을 부인하는 경우 형사소송법 제312조 제1항, 제3항이 적용되어 증거능력이 부정되는지 여부(적극) 및 증거능력을 인정하기 위한 '내용인정'의 의미

[참조조문]

[1] 형사소송법 제312조 제1항 [2] 형사소송법 제312조 제3항

[참조판례]

[1] 대법원 2023. 6. 1. 선고 2023도3741 판결(공2023하, 1182) [2] 대법

원 2007. 10. 25. 선고 2007도6129 판결; 대법원 2009. 10. 15. 선고 2009
도1889 판결(공2009하, 1910); 대법원 2010. 6. 24. 선고 2010도5040 판
결(공2010하, 1529); 대법원 2020. 6. 11. 선고 2016도9367 판결(공2020
하, 1425); 대법원 2022. 7. 28. 선고 2020도15669 판결

[원심 판단]
제1심법원은 피고인에게 유죄를 선고하였다.
원심법원은 피고인에게 유죄를 선고하였다.
원심은, 형사소송법 제312조 제1항 및 제3에서 정한 '검사 또는 검사 이
외의 수사기관이 작성한 피의자신문조서'는 당해 피고인에 대한 피의자신
문조서만을 의미한다. 공범에 대한 피의자신문조서는 각 형사소송법 제
312조 제4항에 따라 그 증거능력 유무를 판단하여야 한다. A에 대한 경
찰 및 검찰 피의자신문조서는 형사소송법 제312조 제4항의 요건을 모두
갖추어 그 증거능력이 인정된다고 판단하였다.
피고인이 상고하였디.

[대법원 판단]
대법원은 원심판결을 파기하고, 사건을 대구지방법원에 환송한다.
대법원은 종전 판례를 재확인하였다. 피고인과 변호인이 위 각 피의자신
문조서에 관하여 내용 부인 취지에서 '증거로 사용함에 동의하지 않는다'
는 의견을 밝혔다. 그러므로 공범인 A에 대한 각 피의자신문조서는 형사
소송법 제312조 제1항, 제3항에 따라 유죄의 증거로 쓸 수 없다. 대법원
은 이와 달리 판단한 원심을 파기·환송하였다.

▪ 낭독 형사소송법 판결문 20 ▪

대법원 2024. 8. 29. 선고 2024도8200 판결 [마약류관리에관한법률위반(향정)]
〈공범에 대한 검사 또는 검사 이외의 수사기관 작성 피의자신문조서의 증거능력
이 문제된 사건〉

판시 사항

[1] 검사가 작성한 피의자신문조서의 증거능력 제한에 관한 형사소송법
제312조 제1항에서 '그 내용을 인정할 때'의 의미 / 위 규정에서 정한

'검사가 작성한 피의자신문조서'에 당해 피고인과 공범관계에 있는 다른 피고인이나 피의자에 대한 것도 포함되는지 여부(적극) 및 이때 '공범'의 범위 / 피고인이 자신과 공범관계에 있는 다른 피고인이나 피의자에 대하여 검사가 작성한 피의자신문조서의 내용을 부인하는 경우, 그 조서를 유죄의 증거로 쓸 수 있는지 여부(소극)

[2] 검사 이외의 수사기관이 작성한 피의자신문조서의 증거능력 제한에 관한 형사소송법 제312조 제3항이 검사 이외의 수사기관이 작성한 당해 피고인과 공범관계에 있는 다른 피고인이나 피의자에 대한 피의자신문조서를 당해 피고인에 대한 유죄의 증거로 채택할 경우에도 적용되는지 여부(적극) 및 이때 '공범'의 범위 / 위 규정에서 '그 내용을 인정할 때'의 의미

판결 요지

[1] 2020. 2. 4. 법률 제16924호로 개정되어
2022. 1. 1.부터 시행된
형사소송법 제312조 제1항은
검사가 작성한 피의자신문조서의 증거능력에 대하여
"적법한 절차와 방식에 따라 작성된 것으로서
공판준비, 공판기일에
그 피의자였던 피고인 또는 변호인이
그 내용을 인정할 때에 한정하여 증거로 할 수 있다."
라고 규정하였다. · 형사소송법 제312조 제1항 내용 인정 증거 사용

여기서 '그 내용을 인정할 때'라 함은
피의자신문조서의 기재 내용이 진술 내용대로
기재되어 있다는 의미가 아니고
그와 같이 진술한 내용이
실제 사실과 부합한다는 것을 의미한다. · 내용 인정(=사실부합설)

그리고 형사소송법 제312조 제1항에서 정한
'검사가 작성한 피의자신문조서'란
당해 피고인에 대한 피의자신문조서만이 아니라
당해 피고인과 공범관계에 있는 다른 피고인이나 피의자에
대하여 검사가 작성한 피의자신문조서도 포함되고,^{된다.} · 공범 포함

여기서 말하는 '공범'에는 형법 총칙의 공범 이외에도
서로 대향된 행위의 존재를 필요로 할 뿐
각자의 구성요건을 실현하고
별도의 형벌 규정에 따라 처벌되는
강학상 필요적 공범 또는 대향범까지 포함한다. · 필요적 공범/대향범

따라서 피고인이 자신과 공범관계에 있는
다른 피고인이나 피의자에 대하여
검사가 작성한 피의자신문조서의 내용을 부인하는 경우에는
형사소송법 제312조 제1항에 따라 유죄의 증거로 쓸 수 없다(대법
원 2023. 6. 1. 선고 2023도3741 판결 참조).
· 검사작성 피의자신문조서 내용 부인(=형사소송법 제312조 제1항 유죄 증거 사용 불가)

[2] 형사소송법 제312조 제3항은
"검사 이외의 수사기관이 작성한 피의자신문조서는
적법한 절차와 방식에 따라 작성된 것으로서
공판준비 또는 공판기일에
그 피의자였던 피고인 또는 변호인이
그 내용을 인정할 때에 한하여 증거로 할 수 있다."
라고 규정하고 있다. · 형사소송법 제312조 제3항 내용 인정 증거 사용

위 규정은 검사 이외의 수사기관이 작성한

당해 피고인에 대한 피의자신문조서를 유죄의 증거로 하는 경우
뿐만 아니라, 검사 이외의 수사기관이 작성한
당해 피고인과 공범관계에 있는
다른 피고인이나 피의자에 대한 피의자신문조서를
당해 피고인에 대한 유죄의 증거로 채택할 경우에도 적용되는바^{된다.}
(대법원 2009. 10. 15. 선고 2009도1889 판결 등 참조), • 공범 포함

여기서 말하는 '공범'에는 형법 총칙의 공범 이외에도,
서로 대향된 행위의 존재를 필요로 할 뿐
각자의 구성요건을 실현하고
별도의 형벌 규정에 따라 처벌되는 강학상 필요적 공범 내지
대향범도 포함된다(대법원 2007. 10. 25. 선고 2007도6129 판결, 대법원
2020. 6. 11. 선고 2016도9367 판결 등 참조). • 필요적 공범 또는 대향범 포함

그리고 위 규정에서 '그 내용을 인정할 때'라 함은
피의자신문조서의 기재 내용이
진술 내용대로 기재되어 있다는 의미가 아니고
그와 같이 진술한 내용이 실제 사실과 부합한다는 것을 의미한다
(대법원 2010. 6. 24. 선고 2010도5040 판결 등 참조). • 내용 인정(=사실부합설)

판결 해설

　대상판결 쟁점은 전문증거 증거능력이다. 형사소송법 제312조 제1
항·제3항 '내용을 인정한 때'의미와 공범에 대한 검사 또는 검사 이외의
수사기관 작성 피의자신문조서의 증거능력이다. 공범에 대한 검사 또는
검사 이외의 수사기관 작성 피의자신문조서의 증거능력이 문제된 사건
이다.

　대법원은, 형사소송법 제312조 제1항은 검사가 작성한 피의자신문조
서의 증거능력에 대하여 "적법한 절차와 방식에 따라 작성된 것으로서
공판준비, 공판기일에 그 피의자였던 피고인 또는 변호인이 그 내용을

인정할 때에 한정하여 증거로 할 수 있다."라고 규정하였다.

여기서 '그 내용을 인정할 때'라 함은 피의자신문조서의 기재 내용이 진술 내용대로 기재되어 있다는 의미가 아니고 그와 같이 진술한 내용이 실제 사실과 부합한다는 것을 의미한다.

피고인이 자신과 공범관계에 있는 다른 피고인이나 피의자에 대하여 검사가 작성한 피의자신문조서의 내용을 부인하는 경우에는 형사소송법 제312조 제1항에 따라 유죄의 증거로 쓸 수 없다(대법원 2023. 6. 1. 선고 2023도3741 판결 참조)고 판단하였다.

형사소송법 제312조 제3항은 "검사 이외의 수사기관이 작성한 피의자신문조서는 적법한 절차와 방식에 따라 작성된 것으로서 공판준비 또는 공판기일에 그 피의자였던 피고인 또는 변호인이 그 내용을 인정할 때에 한하여 증거로 할 수 있다."라고 규정하고 있다.

위 규정은 검사 이외의 수사기관이 작성한 당해 피고인에 대한 피의자신문조서를 유죄의 증거로 하는 경우뿐만 아니라, 검사 이외의 수사기관이 작성한 당해 피고인과 공범관계에 있는 다른 피고인이나 피의자에 대한 피의자신문조서를 당해 피고인에 대한 유죄의 증거로 채택할 경우에도 적용되는바(대법원 2009. 10. 15. 선고 2009도1889 판결 등 참조), 여기서 말하는 '공범'에는 형법 총칙의 공범 이외에도, 서로 대향된 행위의 존재를 필요로 할 뿐 각자의 구성요건을 실현하고 별도의 형벌 규정에 따라 처벌되는 강학상 필요적 공범 내지 대향범도 포함된다(대법원 2007. 10. 25. 선고 2007도6129 판결, 대법원 2020. 6. 11. 선고 2016도9367 판결 등 참조).

그리고 위 규정에서 '그 내용을 인정할 때'라 함은 피의자신문조서의 기재 내용이 진술 내용대로 기재되어 있다는 의미가 아니고 그와 같이 진술한 내용이 실제 사실과 부합한다는 것을 의미한다(대법원 2010. 6. 24. 선고 2010도5040 판결 등 참조).

대법원은 이 사건에서 종전 판례를 재확인하였다. 피고인과 변호인이 위 각 피의자신문조서에 관하여 내용 부인 취지에서 '증거로 사용함에 동의하지 않는다'는 의견을 밝혔다. 그러므로 공범인 A에 대한 각 피의자신문조서는 형사소송법 제312조 제1항, 제3항에 따라 유죄의 증거로 쓸 수 없다고 판단하였다.

　대상판결은 전문증거 증거능력·형사소송법 제312조 제1항·제3항 '내용을 인정한 때'의미와 공범에 대한 검사 또는 검사 이외의 수사기관 작성 피의자신문조서의 증거능력 법리를 명확히 설명한다. 대법원 판결은 타당하다. 국가고시·변호사시험 선택형·사례형으로 출제 가능성이 있다. 형사소송법 제312조 제1항·제3항 전문증거 증거능력이다.

✎ 참조 조문

　　형사소송법 제312조(검사 또는 사법경찰관의 조서 등)
　　① 검사가 작성한 피의자신문조서는 적법한 절차와 방식에 따라 작성된 것으로서 공판준비, 공판기일에 그 피의자였던 피고인 또는 변호인이 그 내용을 인정할 때에 한정하여 증거로 할 수 있다. 〈개정 2020.2.4〉
　　② 삭제 〈2020.2.4〉
　　③ 검사 이외의 수사기관이 작성한 피의자신문조서는 적법한 절차와 방식에 따라 작성된 것으로서 공판준비 또는 공판기일에 그 피의자였던 피고인 또는 변호인이 그 내용을 인정할 때에 한하여 증거로 할 수 있다.

　　　　【출처】 형사소송법 일부개정 2024.10.16 [법률 제20460호, 시행 2025.1.17.] 법무부

　　형사소송법 제312조는 수사과정에서 작성한 전문증거의 증거능력이다.
　　■ 전문증거(＝타인 진술·서류 법원에 간접 보고)·본래증거(＝원본증거)
　　■ 검사작성 피의자신문조서(형사소송법 제312조 제1항)
　　■ 검사 이외 수사기관(사법경찰관작성) 피의자신문조서(형사소송법 제312조 제3항)
　　■ 검찰수사과정에서 쓴 피의자진술서(형사소송법 제312조 제5항 ⇒ 제1항)
　　■ 경찰수사과정에서 쓴 피의자진술서(형사소송법 제312조 제5항 ⇒ 제3항)
　　■ 甲 피고인과 공범관계가 있는 다른 피고인 乙에 대한 피의자신문조서(＝검사 작성 형사소송법 제312조 제1항, 검사 이외 수사기관 작성 형사소송법 제312조 제3항)
　　■ 쟁점은 **공범인 공동피고인에 대한 피의자신문조서 증거능력이다.** 2020년 2월 4일 형사소송법 제312조 제1항·제2항 개정으로 수사기관 작성 피의자신문조서는 동일한 법리가 적용된다. **피고인이 공판기일에서 그 조서 내용을 부인하면 증거능력이 부정된다**(대법원 2009. 10. 15. 선고 2009도1889 판결[석유 및 석유대체연료사업법위반]).

전문증거 증거능력
형사소송법 제312조 제3항 '그 내용을 인정할 때'의 의미

> ### 피고인이 피의자였을 때 한 자백의 증거능력이 문제된 사건
>
> 대법원 2024. 5. 30. 선고 2020도16796 판결
> [성폭력범죄의처벌등에관한특례법위반(성적목적다중이용장소침입)·성폭력범죄
> 의처벌등에관한특례법위반(카메라등이용촬영)]

[공소사실 요지]

'피고인이 2019. 7. 29. 21:20경 및 2019. 7. 30. 21:30경 휴대전화로 피해자의 신체를 각각 촬영하였다.'는 것이다. ·**요약**

압수조서의 압수경위 란 및 수사기관에 제출된 변호인 의견서에도 피고인이 피의사실을 전부 자백하였다는 취지로 기재되어 있다. 그런데 피고인이 공판과정에서 일관되게 쟁점 공소사실을 부인하면서 경찰에서 작성된 피의자신문조서의 내용을 부인한 사안이다.

[법리 쟁점]

[1] 압수조서의 압수경위 란에 기재된 피의자였던 피고인 진술의 증거능력 인정요건

[2] 수사기관에 제출된 변호인의견서에 기재된 피고인 진술을 유죄의 증거로 사용할 수 없는 경우

[참조조문]

[1] 구 형사소송법(2020. 2. 4. 법률 제16924호로 개정되기 전의 것) 제312조 제3항 [2] 구 형사소송법(2020. 2. 4. 법률 제16924호로 개정되기 전의 것) 제312조 제3항

[참조판례]

[1] 대법원 1983. 7. 26. 선고 82도385 판결; 대법원 2006. 1. 13. 선고 2003도6548 판결; 대법원 2010. 6. 24. 선고 2010도5040 판결; 대법원 2023. 4. 27. 선고 2023도2102 판결

[원심 판단]

제1심법원은 피고인에게 무죄를 선고하였다.

원심법원은 피고인에게 유죄를 선고하였다.

원심은, 피고인이 제1심에서 위 압수조서 및 변호인의견서에 대하여 증거동의를 하였다는 이유를 등을 들어, 쟁점 공소사실을 무죄로 판단한 제1심판결을 파기하고 이를 유죄로 판단하였다.

(1) 사법경찰관이 2019. 8. 2. 피고인으로부터 휴대전화를 임의제출받아 압수하면서 작성한 압수조서(이하 '이 사건 압수조서'라 한다)의 압수경위란 및 피고인의 변호인이 경찰에 제출한 변호인의견서(이하 '이 사건 변호인의견서'라 한다)에 피고인의 자백이 기재되어 있다.

(2) 피고인은 제1심에서 이 사건 압수조서 및 변호인의견서에 대하여 증거동의를 하였다.

피고인이 상고하였다.

[대법원 판단]

대법원은 원심판결을 파기하고, 사건을 의정부지방법원에 환송한다.

대법원은, ① 피고인이 쟁점 공소사실을 일관되게 부인하면서 경찰에서 작성된 피의자신문조서의 내용을 부인하는 등 위 압수조서에 기재된 자백의 내용을 인정하지 않았다고 보아야 하므로 이를 유죄의 증거로 사용할 수 없다.

② 경찰에서 작성된 피고인에 대한 피의자신문조서의 증거능력을 인정할 수 없는 이상 변호인의견서 중 피고인이 피의자였을 때 경찰에서 같은 취지로 진술한 부분 역시 유죄의 증거로 사용할 수 없다. 대법원은 이와 달리 본 원심을 파기·환송하였다.

낭독 형사소송법 판결문 21

대법원 2024. 5. 30. 선고 2020도16796 판결 [성폭력범죄의처벌등에관한특례법위반(성적목적다중이용장소침입)·성폭력범죄의처벌등에관한특례법위반(카메라등이용촬영)]

〈피고인이 피의자였을 때 한 자백의 증거능력이 문제된 사건〉

판시 사항

[1] 수사기관이 작성한 압수조서에 기재된 피의자였던 피고인의 자백 진술 부분에 대해 피고인 또는 변호인이 그 내용을 부인하는 경우, 구 형사소송법 제312조 제3항에 의한 증거능력 유무(소극) / 위 규정에서 정한 '그 내용을 인정할 때'의 의미 / 피고인이 공소사실을 부인하는 경우, 수사기관이 작성한 피의자신문조서 중 공소사실을 인정하는 취지의 진술 부분은 그 내용을 인정하지 않았다고 보아야 하는지 여부(적극)

[2] 수사기관에 제출된 변호인의견서에 피의자가 당해사건 수사기관에 한 진술이 인용되어 있는 경우, 그 진술이 수사기관의 수사과정에서 작성된 '피의자의 진술이 기재된 신문조서나 진술서 등'으로부터 독립하여 증거능력을 가지는지 여부(소극) / 피고인이 피의자였을 때 수사기관에 한 진술이 기재된 조서나 수사과정에서 작성된 진술서 등의 증거능력을 인정할 수 없는 경우, 수사기관에 제출된 변호인의견서에 기재된 같은 취지의 피의자 진술 부분을 유죄의 증거로 사용할 수 있는지 여부(소극)

판결 요지

[1] 구 형사소송법(2020. 2. 4. 법률 제16924호로 개정되기 전의 것) 제312조 제3항에 의하면,

검사 이외의 수사기관이 작성한 피의자신문조서는

그 피의자였던 피고인 또는 변호인이

그 내용을 인정할 때에 한하여 증거로 할 수 있다. · 형사소송법 제312조 제3항 내용 인정 증거 사용

피의자의 진술을 기재한 서류 내지 문서가
수사기관의 수사과정에서 작성된 것이라면
그 서류나 문서의 형식과 관계없이
피의자신문조서와 달리 볼 이유가 없으므로,^{없다.}

• 수사과정작성 서류/문서

수사기관이 작성한 압수조서에 기재된 피의자였던
피고인의 자백 진술 부분은
피고인 또는 변호인이 내용을 부인하는 이상
증거능력이 없다(대법원 1983. 7. 26. 선고 82도385 판결, 대법원 2006. 1.
13. 선고 2003도6548 판결 등 참조). • 수사기관이 작성한 압수조서 내용 부인(=형사
소송법 제312조 제3항 증거능력 부정)

한편, 위 규정에서 '그 내용을 인정할 때'라 함은
피의자신문조서의 기재 내용이
진술 내용대로 기재되어 있다는 의미가 아니고
그와 같이 진술한 내용이
실제 사실과 부합한다는 것을 의미하므로,^{의미한다.}

피고인이 공소사실을 부인하는 경우
수사기관이 작성한 피의자신문조서 중
공소사실을 인정하는 취지의 진술 부분은
그 내용을 인정하지 않았다고 보아야 한다(대법원 2010. 6. 24. 선고
2010도5040 판결, 대법원 2023. 4. 27. 선고 2023도2102 판결 등 참조). • 내용
인정(=사실부합설)/내용 부인(증거능력 부정)

[2] 수사기관에 제출된 변호인의견서
즉, 변호인이 피의사건의 실체나 절차에 관하여
자신의 의견 등을 기재한 서면에

피의자가 당해사건 수사기관에 한 진술이
인용되어 있는 경우가 있다.

변호인의견서에 기재된 이러한 내용의 진술은
수사기관의 수사과정에서 작성된
'피의자의 진술이 기재된 신문조서나 진술서 등'으로부터
독립하여 증거능력을 가질 수 없는 성격의 것이고, ^{것이다.}

'피의자의 진술이 기재된 신문조서나 진술서 등'의
증거능력을 인정하지 않는 경우에
변호인의견서에 기재된 동일한 내용의 피의자 진술 부분을
유죄의 증거로 사용할 수 있다면
피의자였던 피고인에게 불의의 타격이 될 뿐만 아니라
피의자 등의 보호를 목적으로 하는
변호인의 지위나 변호인 제도의 취지에도 반하게 된다.

따라서 피고인이 피의자였을 때
수사기관에 한 진술이 기재된 조서나
수사과정에서 작성된 진술서 등의
증거능력을 인정할 수 없다면
수사기관에 제출된 변호인의견서에 기재된
같은 취지의 피의자 진술 부분도
유죄의 증거로 사용할 수 없다.

• 수사기관 작성 내용 불인정(=증거능력 부정)

판결 해설

  대상판결 쟁점은 전문증거 증거능력이다. 형사소송법 제312조 제3항 '그 내용을 인정할 때' 의미이다. 피고인이 피의자였을 때 한 자백의 증거능력이 문제된 사건이다.

대법원은, 수사기관이 작성한 압수조서에 기재된 피의자였던 피고인의 자백 진술 부분은 피고인 또는 변호인이 내용을 부인하는 이상 증거능력이 없다.

형사소송법 제312조 제3항에서 '그 내용을 인정할 때'란 피의자신문조서의 기재 내용이 진술 내용대로 기재되어 있다는 의미가 아니고 그와 같이 진술한 내용이 실제 사실과 부합한다는 것을 의미한다.

피고인이 공소사실을 부인하는 경우 수사기관이 작성한 피의자신문조서 중 공소사실을 인정하는 취지의 진술 부분은 그 내용을 인정하지 않았다고 보아야 한다.

피고인이 피의자였을 때 수사기관에 한 진술이 기재된 조서나 수사과정에서 작성된 진술서 등의 증거능력을 인정할 수 없다면 수사기관에 제출된 변호인의견서에 기재된 같은 취지의 피의자 진술 부분도 유죄의 증거로 사용할 수 없다고 판단하였다.

이 사안에서 피고인이 쟁점 공소사실을 일관되게 부인하면서 경찰에서 작성된 피의자신문조서의 내용을 부인하는 등 위 압수조서에 기재된 자백의 내용을 인정하지 않았다고 보아야 하므로 이를 유죄의 증거로 사용할 수 없다.

경찰에서 작성된 피고인에 대한 피의자신문조서의 증거능력을 인정할 수 없는 이상 변호인의견서 중 피고인이 피의자였을 때 경찰에서 같은 취지로 진술한 부분 역시 유죄의 증거로 사용할 수 없다고 판단하였다.

대상판결은 전문증거 증거능력·형사소송법 제312조 제3항 '그 내용을 인정할 때' 의미·피고인이 피의자였을 때 한 자백의 증거능력 법리를 명확히 설명한다. 대법원 판결은 타당하다. 국가고시·변호사시험 선택형·사례형으로 출제 가능성이 있다. 형사소송법 제312조 제3항 전문증거 증거능력이다.

전문증거 증거능력
형사조정조서 '피의자의 주장'란에 기재된 진술의 증거능력

> ### 형사조정조서의 증거능력이 문제된 사건
>
> 대법원 2024. 11. 14. 선고 2024도11314 판결
> [성폭력범죄의처벌등에관한특례법위반(강간등치상)]

[공소사실 요지]

피고인이 「성폭력범죄의 처벌 등에 관한 특례법」 위반(강간등치상)으로 기소된 사안으로, 형사조정조서의 '피의자의 주장'란에 기재된 진술의 증거능력이 문제된 사안이다. ·요약

(1) 검찰주사보 공소외 1은 2023. 8. 30. 피고인 및 피해자가 양형참작을 위하여 형사조정절차 회부를 신청하였음을 확인한다는 내용의 '형사조정 신청확인서'를 작성하고, 이에 따라 검사는 그 무렵 이 사건을 형사조정절차에 회부하였다.

(2) 대전지방검찰청 논산지청에서 형사조정위원으로 위촉된 공소외 2, 공소외 3은 2023. 10. 18. 공소외 2가 조정장, 공소외 3이 조정위원으로서 대전지방검찰청 논산지청 3층 소재 형사조정실에서 피고인만이 출석한 상태에서 피해자와는 전화통화를 하는 방식으로 이 사건 형사조정절차를 진행하였다.

(3) 공소외 2, 공소외 3은 이 사건 형사조정절차에서 조정이 이루어지지 아니하자 법 시행규칙 제15조에서 규정한 서식에 준하여 기일, 장소, 피의자 및 피해자 성명과 각 출석 여부, 피의자 및 피해자의 각 주장, 조정위원회의 권고안, 조정결과가 기재되어 있는 이 사건 형사조정조서를 작성하여 그 무렵 이를 검사에게 보내었다.

(4) 이 사건 형사조정조서 중 '피의자의 주장'란에는 '피해자에게 성추행 및 간음 미수 피해를 입혔음'이라고 기재되어 있고, 말미에는 형사조정절차에 참여한 조정장과 조정위원 및 출석한 피고인의 각 성명과 서명이 기재되어 있다. 한편 간사인 검찰수사관 공소외 4도 이 사건 형사조정조서의 말미에 성명을 기재하고 서명을 하였다.

(5) 검사는 2023. 11. 20. 피고인에 대한 피의자신문 과정에서 이 사건 형사조정조서에 기재된 내용을 바탕으로 피고인의 범죄 혐의를 추궁하였다.

[법리 쟁점]

[1] 형사소송법 제313조 제1항에서 규정한 '전 2조의 규정 이외에 피고인 또는 피고인이 아닌 자가 작성한 진술서나 그 진술을 기재한 서류'의 의미(=수사과정 외에서 작성된 서류)

[2] 피고인의 진술을 기재한 서류가 비록 수사기관이 아닌 자에 의하여 작성되었더라도, 수사가 시작된 이후 수사기관의 관여나 영향 아래 작성된 경우로서 실질적으로 고찰할 때 그 서류가 수사과정 외에서 작성된 것이라고 보기 어려운 경우, 형사소송법 제313조 제1항의 '전 2조의 규정 이외에 피고인이 아닌 자의 진술을 기재한 서류'에 해당하는지 여부(소극)

[참조조문]

헌법 제12조 제1항, 제27조, 형사소송법 제310조의2, 제311조, 제312조, 제313조 제1항

[참조판례]

대법원 2019. 8. 29. 선고 2018도13792 전원합의체 판결(공2019하, 1891); 대법원 2022. 6. 16. 선고 2022도364 판결(공2022하, 1403); 대법원 2024. 3. 28. 선고 2023도15133, 2023전도163, 164 판결(공2024상, 739)

[원심 판단]

제1심법원은 피고인에게 유죄를 선고하였다.

원심법원은 피고인에게 유죄를 선고하였다.

원심은, 피고인의 진술이 기재된 형사조정조서에 대하여 형사소송법 제313조에서 규정하는 진술기재서에 해당된다고 보아 증거능력을 인정하고 공소사실에 대한 유죄의 증거로 삼았다.

피고인이 상고하였다.

[대법원 판단]

대법원은 상고를 기각한다.

대법원은, 형사조정위원들의 소속 및 지위, 이 사건 형사조정조서를 작성한 경위와 목적, 형사조정위원들이 형사조정절차의 진행과 관련하여 수사기관으로부터 확보한 자료의 내용과 성격, 형사조정의 방식 및 내용과 그 진행 장소, 간사로 검찰수사관이 관여한 상황, 형사조정의 불성립 이후 이 사건 형사조정조서를 받은 검사가 이를 토대로 피고인에 대한 피의자신문을 실시한 수사의 진행 경과 등에 비추어 이 사건 형사조정조서 중 '피의자의 주장'란에 피고인의 진술을 기재한 부분은 비록 수사기관이 아닌 자에 의하여 작성되었다고 하더라도 수사가 시작된 이후 수사기관의 관여나 영향 아래 작성된 경우로서 실질적으로 고찰할 때 수사과정 외에서 작성된 것이라고 볼 수 없으므로 형사소송법 제313조 제1항에 따라 증거능력을 인정할 수 없고, 이는 수사기관이 작성한 '피의자신문조서'나 '피고인이 아닌 자의 진술을 기재한 조서'가 아니고, '피고인 또는 피고인이 아닌 자가 작성한 진술서'라 보기도 어려우므로 형사소송법 제312조에 의하여 증거능력을 인정할 수도 없다고 보아, 그 증거능력을 인정한 원심의 판단에 형사소송법 제313조 등의 법리를 오해한 잘못이 있다고 판단하면서도, 증거능력이 인정되는 나머지 적법하게 채택된 증거들에 의하더라도 이 사건 공소사실을 유죄로 인정하기에 충분하므로, 위와 같은 원심의 잘못이 판결 결과에 영향이 없다고 보아, 상고를 기각하였다.

낭독 형사소송법 판결문 22

대법원 2024. 11. 14. 선고 2024도11314 판결 [성폭력범죄의처벌등에관한특례법위반(강간등치상)]

⟨형사조정조서의 증거능력이 문제된 사건⟩

- -

판시 사항

형사소송법 제313조 제1항에 의하여 증거능력이 인정되는 '전 2조의 규정 이외에 피고인 또는 피고인이 아닌 자가 작성한 진술서나 그 진술을 기재한 서류'의 의미(=수사과정 외에서 작성된 서류) / 피고인의 진술을 기재한 서류가 수사기관이 아닌 자에 의하여 작성되었으나, 수사가 시작된 이후 수사기관의 관여나 영향 아래 작성된 것으로서 실질적으로 고찰할 때 그 서류가 수사과정 외에서 작성된 것이라고 보기 어려운 경우, 형사소송법 제313조 제1항의 '전 2조의 규정 이외에 피고인의 진술을 기재한 서류'에 해당하는지 여부(소극) / 수사기관이 아닌 자가 수사과정에서 작성한 피고인의 진술을 기재한 서류의 증거능력을 인정할 때 엄격한 제한 필요성

판결 요지

[1] 헌법 제12조 제1항이 규정한 적법절차의 원칙과
헌법 제27조에 의하여 보장된 공정한 재판을 받을 권리를
구현하기 위하여 형사소송법은 공판중심주의와 구두변론주의 및
직접심리주의를 기본원칙으로 하고 있다. •공판중심주의

따라서 형사소송법이 수사기관에서 작성된 조서 등
서면증거에 대하여 일정한 요건을 충족하는 경우에
증거능력을 인정하는 것은
실체적 진실발견의 이념과 소송경제의 요청을 고려하여
예외적으로 허용하는 것일 뿐이므로
증거능력 인정 요건에 관한 규정은
엄격하게 해석·적용하여야 한다(대법원 2022. 6. 16. 선고 2022도364 판결 참조). •서면증거 엄격해석

[2] 형사소송법은 제310조의2에서 원칙적으로
전문증거의 증거능력을 인정하지 않고,
제311조부터 제316조까지 정한 요건을 충족하는 경우에만
예외적으로 증거능력을 인정한다(대법원 2019. 8. 29. 선고 2018도13792 전원합의체 판결 참조). •전문증거(=형사소송법 제311조부터 제316조까지 정한 요건 충족한 경우 인정)

형사소송법 제311조는
법원 또는 법관의 조서의 증거능력에 관하여 규정하고,
제312조 제1항 내지 제3항은
검사 또는 검사 이외의 수사기관이 작성한
피의자신문조서의 증거능력에 관하여 규정한다. · 피의자신문조서

형사소송법 제312조 제4항은
검사 또는 사법경찰관이 피고인이 아닌 자의 진술을
기재한 조서에 대하여
적법한 절차와 방식에 따라 작성된 것으로서
실질적 진정성립이 증명되고 반대신문이 보장되며
진술이 특히 신빙할 수 있는 상태 하에서 행하여졌음이
증명된 때에 한하여 증거능력을 인정한다. · 참고인진술조서

형사소송법 제312조 제5항은
피고인 또는 피고인이 아닌 자의 진술서가
수사과정에서 작성된 경우
같은 조 제1항 내지 제4항을 준용한다. · 진술서

형사소송법 제313조 제1항은
'전 2조의 규정 이외에 피고인 또는
피고인이 아닌 자가 작성한 진술서나
그 진술을 기재한 서류'로서
그 작성자 또는 진술자의 자필이거나
그 서명 또는 날인이 있는 것에 대하여
그 진정성립이 증명되면 증거능력을 인정한다.

· 형사소송법 제313조 제1항(=제311조와 제312조 이외 진술서와 진술기재서류) 진정성립
이 증명 증거능력 인정

수사과정에서 작성된 서류의 증거능력에 관하여
형사소송법 제313조 제1항보다 더욱 엄격한 요건을 규정한
형사소송법 제312조의 취지에 비추어 보면,
형사소송법 제313조 제1항이 규정하는 서류는
수사과정 외에서 작성된 서류를 의미한다. ·수사과정 이외 작성 서류

[3] 이러한 헌법과 형사소송법의 규정 및
전문증거의 증거능력 인정에 관한 해석 원칙에 비추어 보면,

피고인의 진술을 기재한 서류가
비록 수사기관이 아닌 자에 의하여 작성되었다고 하더라도,
수사가 시작된 이후
수사기관의 관여나 영향 아래 작성된 경우로서
서류를 작성한 자의 신분이나 지위, 서류를 작성한 경위와 목적,
작성 시기와 장소 및 진술을 받는 방식 등에 비추어
실질적으로 고찰할 때
그 서류가 수사과정 외에서 작성된 것이라고 보기 어렵다면,

이를 형사소송법 제313조 제1항의
'전 2조의 규정 이외에 피고인의 진술을 기재한 서류'에
해당한다고 할 수 없다(대법원 2024. 3. 28. 선고 2023도15133, 2023전도
163, 164 판결 참조). ·수사과정 외에서 작성된 피고인인 진술 서류(=수사기관 관여
영향 아래 작성)

나아가 전문증거의 증거능력은
이를 인정하는 법적 근거가 있는 때에만
예외적으로 인정된다는 원칙 및
피고인 또는 피고인이 아닌 자의 진술서가

수사과정에서 작성된 경우 그 증거능력에 관하여
형사소송법 제313조 제1항보다 더욱 엄격한 요건을 규정한
형사소송법 제312조의 취지 등에 비추어 보면,

수사기관이 아닌 자가 수사과정에서 작성한
피고인의 진술을 기재한 서류의 증거능력도
엄격하게 제한할 필요가 있다. · 수사과정 작성 서류 판단(=엄격 제한)

판결 해설

대상판결 쟁점은 전문증거 증거능력이다. 형사조정조서 '피의자의 주
장'란에 기재된 진술의 증거능력이다. 형사조정조서의 증거능력이 문제
된 사건이다.

대법원은, 피고인의 진술을 기재한 서류가 비록 수사기관이 아닌 자
에 의하여 작성되었다고 하더라도, 수사가 시작된 이후 수사기관의 관
여나 영향 아래 작성된 경우로서 서류를 작성한 자의 신분이나 지위,
서류를 작성한 경위와 목적, 작성 시기와 장소 및 진술을 받는 방식 등
에 비추어 실질적으로 고찰할 때 그 서류가 수사과정 외에서 작성된 것
이라고 보기 어렵다면, 이를 형사소송법 제313조 제1항의 '전 2조의 규
정 이외에 피고인의 진술을 기재한 서류'에 해당한다고 할 수 없다고
판단하였다.

이 사안에서 이 사건 형사조정조서 중 '피의자의 주장'란에 피고인의
진술을 기재한 부분은 비록 수사기관이 아닌 자에 의하여 작성되었다고
하더라도 수사가 시작된 이후 수사기관의 관여나 영향 아래 작성된 경
우로서 실질적으로 고찰할 때 수사과정 외에서 작성된 것이라고 볼 수
없으므로 형사소송법 제313조 제1항에 따라 증거능력을 인정할 수 없
다. 이는 수사기관이 작성한 '피의자신문조서'나 '피고인이 아닌 자의 진
술을 기재한 조서'가 아니고, '피고인 또는 피고인이 아닌 자가 작성한
진술서'라 보기도 어려우므로 형사소송법 제312조에 의하여 증거능력을
인정할 수도 없다고 판단하였다.

대상판결은 전문증거 증거능력·형사조정조서 '피의자의 주장'란에 기재된 진술의 증거능력 법리를 명확히 설명한다. 대법원 판결은 타당하다. 국가고시·변호사시험 선택형·사례형으로 출제 가능성이 있다. 형사소송법 제312조 수사기관에서 작성한 서류와 제313조 수사기관 외에서 작성 서류의 전문증거 증거능력이다.

✎ **입법개정안** ☞ 법문장을 읽기 쉽게 다듬었다.

> 형사소송법 제313조(검찰수사과정·사법경찰관수사과정 외에서 작성된 피의자 진술서·제3자 진술서·피의자 진술기재서류·피고인 제3자 진술기재서류)
> ① 법원은 제311조·제312조를 제외하고 다음 각 호 요건을 모두 충족한 경우 피고인·피고인이 아닌 사람이 작성한 진술서·진술기재서류를 증거로 사용할 수 있다.
> 1. 작성자·진술자가 자필로 작성하였거나 또는 **서명·도장**이 있는 경우(진술내용이 포함된 문자·사진·영상 등의 정보로서 컴퓨터용디스크, 그 밖에 이와 비슷한 정보저장매체에 저장된 경우 포함)
> 2. 작성자·진술자가 공판준비·공판기일에서 진술로 **성립진정**을 증명한 경우
> ② 다만 피고인이 된 **피의자 진술을 기재한 서류**는 공판준비·공판기일 진술에도 불구하고 다음 각 호 요건을 모두 충족할 경우 증거로 사용할 수 있다.
> 1. 작성자가 공판준비·공판기일에서 진술로 **성립진정**을 증명한 경우
> 2. 작성자 진술이 **특별히 신빙**할 수 있는 상태에서 이루어진 경우
> 〈개정 2016.5.29.〉
> ③ 제1항·제2항 본문에도 불구하고 **진술서 작성자**가 공판준비·공판기일에서 **성립진정을 부인하는 경우** 다음 각 호 요건 중 어느 하나 충족한 경우 증거로 할 수 있다.
> 1. 과학적 분석결과에 기초한 **디지털포렌식 자료로 객관적 방법으로 성립진정이 증명**된 경우
> 2. **감정** 등 객관적 방법으로 성립진정을 증명한 경우
> 3. 다만 피고인 아닌 사람이 작성한 진술서 경우 피고인·변호인이 공판준비 또는 공판기일에 기재 내용에 관하여 **작성자를 신문**을 할 수 있어야 한다.
> 〈개정 2016.5.29〉
> ④ 감정경과와 감정결과를 적은 서류는 제1항·제2항·제3항을 준용한다.
> **【출처】** 형사소송법 일부개정 2024.10.16 [법률 제20460호, 시행 2025.1.17.] 법무부

전문증거 증거능력
형사소송법 제314조의 '특히 신빙할 수 있는 상태' 의미와 증명정도

> 유서의 증거능력과 관련하여 형사소송법 제314조의 '특히 신빙할 수 있는 상태' 존재 여부가 문제된 사건
>
> 대법원 2024. 4. 12. 선고 2023도13406 판결
> [성폭력범죄의처벌및피해자보호등에관한법률위반(특수준강간)]

[공소사실 요지]

피고인들이 망인과 합동하여 2006. 11.경 피해자(여, 당시 14세)의 심신상실 또는 항거불능 상태를 이용하여 간음하였다는 「성폭력범죄의 처벌 및 피해자보호 등에 관한 법률」 위반(특수준강간)으로 기소된 사안이다. ·**요약**

피고인들과 망 공소외 1(이하 '망인'이라고 한다)이 2006. 11. 19. 심야경부터 다음 날 새벽 4시경 사이에 술에 만취하여 항거불능 상태에 있는 피해자 공소외 2(여, 당시 14세)를 ○○○○○ 인근 초등학교 벤치로 옮긴 후, 피고인 3은 피해자에게 유사성행위를 하고, 계속하여 망인, 피고인 1, 피고인 2가 순차적으로 피해자를 간음하여, 피고인들이 망인과 합동하여 피해자의 심신상실 또는 항거불능 상태를 이용하여 피해자를 간음하였다.

[법리 쟁점]

형사소송법 제314조 '특히 신빙할 수 있는 상태'의 의미 및 그에 관한 증명의 정도

[참조조문]

[1] 형사소송법 제308조, 제312조, 제313조, 제314조 [2] 구 성폭력범죄의 처벌 및 피해자보호 등에 관한 법률(2010. 4. 15. 법률 제10258호 성폭력

범죄의 처벌 등에 관한 특례법 부칙 제5조 제10항에 따라 성폭력범죄의
피해자보호 등에 관한 법률로 개정되기 전의 것) 제6조 제3항(현행 성폭력
범죄의 처벌 등에 관한 특례법 제4조 제3항 참조), 성폭력범죄의 처벌 등
에 관한 특례법 부칙(2010. 4. 15.) 제4조, 형사소송법 제308조, 제314조

[참조판례]
[1] 대법원 2006. 9. 28. 선고 2006도3922 판결; 대법원 2011. 11. 10. 선
고 2010도12 판결; 대법원 2014. 2. 21. 선고 2013도12652 판결(공2014
상, 785); 대법원 2022. 3. 17. 선고 2016도17054 판결(공2022상, 732)

[원심 판단]
제1심법원은 피고인들에게 유죄를 선고하였다.
원심법원은 피고인들에게 유죄를 선고하였다.
원심은, 망인이 2021. 3. 31.경 자살하기 직전 작성한 유서가 '특히 신빙
할 수 있는 상태'에서 작성되었다고 보아 형사소송법 제314조에 따라 증
거능력을 인정하고 이를 유죄의 증거로 삼아 이 사건 공소사실을 유죄로
판단하였다.
피고인들이 상고하였다.

[대법원 판단]
대법원은 원심판결을 파기하고, 사건을 서울고등법원에 환송한다.
대법원은, ① 망인이 사건 이후 14년 이상 경과하도록 피고인들이나 피해
자에게는 물론, 가족이나 친구 등 가까운 사람에게 이 사건을 언급하거나
죄책감 등을 호소한 적이 없어 자신의 범행을 참회할 의도로 이 사건 유
서를 작성하였다고 단정하기 어렵고, 따라서 허위 개입의 여지가 거의 없
다고 단정할 수 있을 정도로 작성 동기나 경위가 뚜렷하다고 평가할 수
없다.
② 망인은 수사기관에서조차 이 사건 유서의 작성 경위, 구체적 의미 등
에 관하여 진술한 바가 없다.
③ 이 사건 유서가 사건 발생일 즈음이 아니라 사건 발생일로부터 무려
14년 이상 경과된 이후 작성되었다.
④ 망인이 자살 직전 A4 용지 1장 분량으로 작성한 이 사건 유서는 그
표현이나 구체성에 한계가 있을 수밖에 없고, 실제 이 사건 유서에는 피
고인들의 구체적인 행위내용에 관한 세세한 묘사 없이 '유사성행위', '성관

계'라고 추상적으로 기재되어 있을 뿐, 구체적 정황이나 실행행위 분담 내용, 시간적·장소적 협동관계에 관한 구체적·세부적 기재가 없으며, 그 기재 내용이 객관적 증거, 진술증거로 뒷받침된다고 보기도 어렵다.

⑤ 이 사건 유서의 내용 중 피해자의 진술 등과 명백히 배치되는 부분도 존재하는 점 등에 비추어 보면, 망인에 대한 반대신문이 가능하였다면 그 과정에서 구체적, 세부적 진술이 현출됨으로써 기억의 오류, 과장, 왜곡, 거짓 진술 등이 드러났을 가능성을 배제하기 어려워, 이 사건 유서의 내용이 법정에서의 반대신문 등을 통한 검증을 굳이 거치지 않아도 될 정도로 신빙성이 충분히 담보된다고 평가할 수 없고, 따라서 이 사건 유서의 증거능력을 인정한 원심의 판단은 수긍하기 어렵다.

대법원은 이 사건 유서를 유죄의 주요 증거로 삼아 이 사건 공소사실을 유죄로 판단한 원심을 파기·환송하였다.

낭독 형사소송법 판결문 23

대법원 2024. 4. 12. 선고 2023도13406 판결 [성폭력범죄의처벌및피해자보호등에관한법률위반(특수준강간)]

〈유서의 증거능력과 관련하여 형사소송법 제314조의 '특히 신빙할 수 있는 상태' 존재 여부가 문제된 사건〉

판시 사항

[1] 형사소송법 제314조에서 정한 '그 진술 또는 작성이 특히 신빙할 수 있는 상태하에서 행하여졌음'의 의미 및 '특히 신빙할 수 있는 상태하에서 행하여졌음에 대한 증명'의 정도(=합리적 의심의 여지를 배제할 정도)

[2] 피고인들이 망인 갑과 합동하여 피해자 을(여, 당시 14세)의 심신상실 또는 항거불능 상태를 이용하여 을을 간음하였다는 성폭력범죄의 처벌 및 피해자보호 등에 관한 법률 위반(특수준강간)의 공소사실과 관련하여, 갑이 사건 발생 14년여 후 자살하기 직전 작성한 유서가 발견되어 증거로 제출되었고, 유서에 갑이 자신의 범행을 참회하는 듯한 내용

이 포함되어 있어 그 증거능력이 다투어진 사안이다. 제반 사정을 종합할 때, 유서가 신빙할 수 있는 상태에서 작성되었을 개연성이 있다고 평가할 여지는 있으나, 유서의 내용이 법정에서의 반대신문 등을 통한 검증을 군이 거치지 않아도 될 정도로 신빙성이 충분히 담보된다고 평가할 수 없어 유서의 증거능력을 인정할 수 없다고 한 사례.

판결 요지

[1] 형사소송법 제314조에서 '그 진술 또는 작성이
특히 신빙할 수 있는 상태하에서 행하여졌음'이란
그 진술 내용이나 조서 또는
서류의 작성에 허위가 개입할 여지가 거의 없고,
그 진술 내지 작성 내용의 신빙성이나 임의성을
담보할 구체적이고 외부적인 정황이 있는 경우를 가리킨다(대법원 2006. 9. 28. 선고 2006도3922 판결 등 참조). ·특신상태(=特信狀態. ① 진술 내용·조서·서류 작성에 허위 개입 거의 없음. ② 그 진술·내용에 대해 신빙성·임의성을 담보할 구체적·외부적인 정황이 존재함)

형사소송법은 수사기관에서 작성된 조서 등 서면증거에 대하여
일정한 요건 아래 증거능력을 인정하는데, ^{인정한다.} ·전문증거 증거능력
이는 실체적 진실발견의 이념과 소송경제의 요청을 고려하여
예외적으로 허용하는 것이므로, ^{것이다.} ·전문증거 증거능력(=예외적 허용)
그 증거능력 인정 요건에 관한 규정은
엄격하게 해석·적용하여야 한다. ·엄격해석(=실체진실발견·소송경제 요청)

형사소송법 제312조, 제313조는 진술조서 등에 대하여
피고인 또는 변호인의 반대신문권이 보장되는 등
엄격한 요건이 충족될 경우에 한하여
증거능력을 인정할 수 있도록 함으로써
직접심리주의 등 기본원칙에 대한 예외를 정하고 있는데, ^{있다.}

• 진술조서 증거능력(=반대신문권 보장·엄격요건 충족·직접심리주의 예외 인정)

형사소송법 제314조는 원진술자 또는 작성자가
사망·질병·외국거주·소재불명 등의 사유로
공판준비 또는 공판기일에 출석하여 진술할 수 없는 경우에
그 진술이 특히 신빙할 수 있는 상태하에서 행하여졌다는 점이
증명되면 원진술자 등에 대한 반대신문의 기회조차도 없이
증거능력을 부여할 수 있도록 함으로써
보다 중대한 예외를 인정한 것이므로, 것이다.
그 요건을 더욱 엄격하게 해석·적용하여야 한다. • 예외(엄격해석)

따라서 형사소송법 제314조에서
'특히 신빙할 수 있는 상태하에서 행하여졌음에 대한 증명'은
단지 그러할 개연성이 있다는 정도로는 부족하고,
합리적 의심의 여지를 배제할 정도, • 합리적 의심 배제 정도로 증명
즉 법정에서의 반대신문 등을 통한 검증을
굳이 거치지 않더라도
진술의 신빙성을 충분히 담보할 수 있어
실질적 직접심리주의와 전문법칙에 대한 예외로
평가할 수 있는 정도에 이르러야 한다(대법원 2011. 11. 10. 선고 2010
도12 판결, 대법원 2014. 2. 21. 선고 2013도12652 판결, 대법원 2022. 3. 17.
선고 2016도17054 판결 등 참조). • 진술 신빙성 충분한 담보(=법정 반대신문 검증
없어도 될 정도)

[2] 피고인들이 망인 갑과 합동하여
피해자 을(여, 당시 14세)의 심신상실 또는 항거불능 상태를
이용하여 을을 간음하였다는
성폭력범죄의 처벌 및 피해자보호 등에 관한 법률 위반(특수준강간)

의 공소사실과 관련하여,

갑이 사건 발생 14년여 후

자살하기 직전 작성한 유서가 발견되어 증거로 제출되었고,^{제출되었다.}

유서에 갑이 자신의 범행을 참회하는 듯한 내용이

포함되어 있어 그 증거능력이 다투어진 사안이다.

유서에서 갑이 피고인들을 무고할 만한

뚜렷한 동기나 이유가 발견되지 않았고,

피고인들 스스로도

당시 갑 및 을과 함께 술을 마셨던 사실은 인정하고 있는 점,

을은 수사기관에서 당시 만취 상태에서 귀가하였는데

속옷에 피가 묻어 있었고

사타구니 부근이 아팠으며

산부인과에서 진료를 받고

사후피임약 등을 처방받았다고 진술한 점 등에 비추어

유서가 신빙할 수 있는 상태에서

작성되었을 개연성이 있다고 평가할 여지는 있으나,^{있다. 그러나}

유서는 작성 동기가 명확하지 아니하고,

수사기관에서 작성 경위, 구체적 의미 등이

상세하게 밝혀진 바가 없으며,^{없다.}

사건 발생일로부터 무려 14년 이상 경과된 후 작성된 점,

유서의 주요 내용이 구체적이거나 세부적이지 않고,

다른 증거에 의하여 충분히 뒷받침되지도 아니하며,

오히려 일부 내용은 을의 진술 등과 명백히 배치되기도 하는 점,

갑에 대한 반대신문이 가능하였다면

그 과정에서 구체적, 세부적 진술이 현출됨으로써

기억의 오류, 과장, 왜곡, 거짓 진술 등이
드러났을 가능성을 배제하기 어려운 점 등 제반 사정을 종합하면,

유서의 내용이 법정에서의 반대신문 등을 통한 검증을
굳이 거치지 않아도 될 정도로
신빙성이 충분히 담보된다고 평가할 수 없어
유서의 증거능력을 인정할 수 없다는 이유로,

이와 달리 보아 유서의 증거능력을 인정하고
이를 주요 증거로 삼아 피고인들에게 유죄를 선고한
원심판결에 형사소송법 제314조의 '특히 신빙할 수 있는 상태'에
관한 법리오해의 잘못이 있다고 한 사례.

• 진술 신빙성 충분한 담보 결여(=법정 반대신문 검증이 필요할 정도의 사례)

[판결 해설]

　　대상판결 쟁점은 전문증거 증거능력이다. 형사소송법 제314조의 '특히 신빙할 수 있는 상태'의미와 증명 정도이다. 유서의 증거능력과 관련하여 형사소송법 제314조의 '특히 신빙할 수 있는 상태' 존재 여부가 문제된 사건이다.

　　대법원은, 형사소송법 제314조에서 '그 진술 또는 작성이 특히 신빙할 수 있는 상태하에서 행하여졌음'이란 그 진술 내용이나 조서 또는 서류의 작성에 허위가 개입할 여지가 거의 없고, 그 진술 내지 작성 내용의 신빙성이나 임의성을 담보할 구체적이고 외부적인 정황이 있는 경우를 가리킨다고 판단하였다.

　　형사소송법 제314조에서 '특히 신빙할 수 있는 상태하에서 행하여졌음에 대한 증명'은 단지 그러할 개연성이 있다는 정도로는 부족하고, 합리적 의심의 여지를 배제할 정도, 즉 법정에서의 반대신문 등을 통한 검증을 굳이 거치지 않더라도 진술의 신빙성을 충분히 담보할 수 있어 실질적 직접심리주의와 전문법칙에 대한 예외로 평가할 수 있는 정도에

이르러야 한다고 판단하였다.

　이 사안에서 유서가 신빙할 수 있는 상태에서 작성되었을 개연성이 있다고 평가할 여지는 있으나, 유서의 내용이 법정에서의 반대신문 등을 통한 검증을 굳이 거치지 않아도 될 정도로 신빙성이 충분히 담보된다고 평가할 수 없어 유서의 증거능력을 인정할 수 없다고 판단하였다.

　대상판결은 전문증거 증거능력·형사소송법 제314조의 '특히 신빙할 수 있는 상태' 의미와 증명 정도·유서의 증거능력과 관련하여 형사소송법 제314조의 '특히 신빙할 수 있는 상태' 존재 법리를 명확히 설명한다. 대법원 판결은 타당하다. 국가고시·변호사시험 선택형·사례형으로 출제 가능성이 있다. 형사소송법 제314조 전문증거 증거능력이다.

✎참조 조문

형사소송법 제314조(증거능력에 대한 예외)
제312조 또는 제313조의 경우에 공판준비 또는 공판기일에 진술을 요하는 자가 사망·질병·외국거주·소재불명 그 밖에 이에 준하는 사유로 인하여 진술할 수 없는 때에는 그 조서 및 그 밖의 서류(피고인 또는 피고인 아닌 자가 작성하였거나 진술한 내용이 포함된 문자·사진·영상 등의 정보로서 컴퓨터용 디스크, 그 밖에 이와 비슷한 정보저장매체에 저장된 것을 포함한다)를 증거로 할 수 있다. 다만, 그 진술 또는 작성이 특히 신빙할 수 있는 상태하에서 행하여졌음이 증명된 때에 한한다. 〈개정 2016.5.29.〉 [전문개정 2007.6.1.]

✎입법개정안 ☞ 법문장을 읽기 쉽게 다듬었다.

형사소송법 제314조(증거능력 예외)
법원은 제312조·제313조 경우 **공판준비·공판기일에 진술을 해야 하는 사람**이 다음 각 호 사유를 모두 충족한 경우 조서와 그 밖에 서류(피고인·피고인 아닌 사람이 작성하였거나 또는 진술한 내용이 포함된 문자·사진·영상 등 정보로서 컴퓨터용디스크·그 밖에 이와 비슷한 정보저장매체에 저장된 것을 포함한다)를 증거로 사용할 수 있다.
1. **사망·질병·외국거주·소재불명**·이에 준하는 **그 밖에 사유**로 공판준비·공판기일에서 진술이 불가능한 경우
2. 작성·진술이 **특별히 신빙**할 수 있는 상태에서 이루어진 것이 증명된 경우
〈개정 2016.5.29.〉 [전문개정 2007.6.1]

　　【출처】 형사소송법 일부개정 2024.10.16 [법률 제20460호, 시행 2025.1.17.] 법무부

공범인 공동피고인과 증인적격
소송절차 분리 상태 후 법정 증언과 위증죄

공범인 공동피고인에 대한 위증죄가 성립하는지 여부가 문제된 사건

대법원 2024. 2. 29. 선고 2023도7528 판결
[위증]

[공소사실 요지]

공범인 공동피고인의 지위에 있는 피고인들이 소송절차가 분리된 상태에서 증언거부권을 고지 받았다. 그럼에도 증인으로서 선서한 뒤 자기의 범죄사실에 관한 검사의 질문에 대하여 증언거부권을 행사하지 않고 진술을 한 사안이다. · **요약**

(1) 피고인들이 공모하여 특정경제범죄 가중처벌 등에 관한 법률 위반(횡령) 등을 범하였다는 공소사실로 기소된 사건의 제1심(서울중앙지방법원 2010고합1732) 공판기일에서 검사가 피고인 1을 피고인 2에 대한 증인으로, 피고인 2를 피고인 1에 대한 증인으로 각 신청하자 재판부는 이를 채택하였다.

(2) 위 법원은 2012. 11. 14. 제37회 공판기일에서는 피고인들에 대하여, 2012. 11. 20. 제38회 공판기일에서는 피고인 1에 대하여, 각각의 피고사건을 다른 공동피고인에 대한 피고사건으로부터 분리한다는 결정을 고지한 뒤에 피고인들을 증인으로 신문하였다.

(3) 위 법원의 재판장은 2012. 11. 14. 및 같은 달 20. 피고인들에 대하여 증언거부권이 있음을 고지하였음에도 피고인들은 증인으로서 선서한 뒤 자기의 범죄사실에 관한 검사의 질문에 대하여 증언거부권을 행사하지 아니하고 진술하였다.

[법리 쟁점]

공범인 공동피고인이 소송절차가 분리된 상태에서 자신에 대한 범죄사실에 대하여 증언거부권을 행사하지 아니한 채 증언하였다면 위증죄가 성립할 수 있는지 여부(적극)

[참조조문]

[1] 헌법 제12조 제2항, 형법 제152조 제1항, 형사소송법 제146조, 제283조의2 제1항, 제300조 [2] 형법 제152조 제1항, 형사소송법 제146조, 제148조, 제160조, 제283조의2 제1항, 제300조

[참조판례]

[1][2] 대법원 2012. 10. 11. 선고 2012도6848, 2012전도143 판결 [1] 대법원 2008. 6. 26. 선고 2008도3300 판결(공2008하, 1487); 대법원 2012. 12. 13. 선고 2010도10028 판결

[원심 판단]

제1심법원은 피고인들에게 무죄를 선고하였다.

원심법원은 피고인들에게 무죄를 선고하였다.

원심은, 소송절차가 분리된 공범인 공동피고인은 다른 공범인 공동피고인에 대한 공소사실에 관하여 증인이 될 수 있으나, 증인이 되더라도 자신의 범죄사실에 관련한 질문에 대하여는 피고인의 지위는 여전히 계속되고 그러한 지위는 증인의 지위보다 우선적이므로 피고인이 자신의 방어권 범위 내에서 허위 진술을 하였더라도 위증죄로 처벌할 수 없다고 판단하였다.

검사가 상고하였다.

[대법원 판단]

대법원은 원심판결을 파기하고, 사건을 서울중앙지방법원에 환송한다.

대법원은, 피고인들이 증언거부권을 고지 받았음에도 증언거부권을 행사하지 아니한 채 허위의 진술을 하였다면, 자신의 범죄사실에 대하여 증인으로서 신문을 받았더라도 피고인으로서의 진술거부권 내지 자기부죄거부특권 등이 침해되었다고 할 수 없어 위증죄가 성립한다고 보아, 피고인들의 증언이 허위의 진술에 해당하는지 여부에 대하여 아무런 판단을 하지 않은 원심을 파기·환송하였다.

낭독 형사소송법 판결문 24

대법원 2024. 2. 29. 선고 2023도7528 판결 [위증]
〈공범인 공동피고인에 대한 위증죄가 성립하는지 여부가 문제된 사건〉

판시 사항

[1] 공범인 공동피고인이 소송절차의 분리로 피고인의 지위에서 벗어난 경우, 다른 공동피고인에 대한 공소사실에 관하여 증인이 될 수 있는지 여부(적극)

[2] 소송절차가 분리된 공범인 공동피고인이 증언거부권을 고지받았음에도 자기의 범죄사실에 대하여 증언거부권을 행사하지 아니한 채 허위로 진술한 경우, 위증죄가 성립하는지 여부(적극)

판결 요지

헌법 제12조 제2항은
'모든 국민은 형사상 자기에게 불리한 진술을
강요당하지 아니한다'고 규정하고 있고,
형사소송법 제283조의2 제1항도
"피고인은 진술하지 아니하거나
개개의 질문에 대하여 진술을 거부할 수 있다."라고
규정하고 있으므로, 있다. ∘ 헌법 제12조 제2항·형사소송법 제283조2 진술거부권

공범인 공동피고인은
당해 소송절차에서는 피고인의 지위에 있어
다른 공동피고인에 대한 공소사실에 관하여 증인이 될 수 없으나,
소송절차가 분리되어 피고인의 지위에서 벗어나게 되면
다른 공동피고인에 대한 공소사실에 관하여 증인이 될 수 있다(대법
원 2008. 6. 26. 선고 2008도3300 판결 등 참조). ∘ 소송절차 분리

한편 형사소송법 제148조는

피고인의 자기부죄거부특권을 보장하기 위하여
자기가 유죄판결을 받을 사실이 발로될 염려 있는 증언을
거부할 수 있는 권리를 인정하고 있고,^{있다.} • 형사소송법 제148조 증언거부권

그와 같은 증언거부권 보장을 위하여
형사소송법 제160조는
재판장이 신문 전에 증언거부권을
고지하여야 한다고 규정하고 있으므로,^{있다.}
• 형사소송법 제160조 증언거부권 고지 의무

소송절차가 분리된 공범인 공동피고인에 대하여
증인적격을 인정하고
그 자신의 범죄사실에 대하여 신문한다 하더라도
피고인으로서의 진술거부권 내지 자기부죄거부특권을
침해한다고 할 수 없다. • 피고인에서 증인으로 지위 이동(=증인적격)

따라서 증인신문절차에서 형사소송법 제160조에 정해진 증언거부
권이 고지되었음에도 불구하고
위와 같이 증인적격이 인정되는 피고인이
자기의 범죄사실에 대하여 증언거부권을 행사하지 아니한 채
허위로 진술하였다면 위증죄가 성립된다고 할 것이다(대법원 2012.
10. 11. 선고 2012도6848, 2012전도143 판결 참조).
• 증인적격자 위증(=위증죄 성립)

[판결 해설]

　대상판결 쟁점은 공범인 공동피고인과 증인적격이다. 소송절차 분리
상태 후 법정 증언과 위증죄이다. 공범인 공동피고인에 대한 위증죄가
성립하는지 여부가 문제된 사건이다.
　대법원은, 공범인 공동피고인은 당해 소송절차에서는 피고인의 지위

에 있어 다른 공동피고인에 대한 공소사실에 관하여 증인이 될 수 없다. 그러나 소송절차가 분리되어 피고인의 지위에서 벗어나게 되면 다른 공동피고인에 대한 공소사실에 관하여 증인이 될 수 있다고 판단하였다.

이 사안에서 피고인들에 대한 각각의 피고사건은 다른 공동피고인의 소송절차와 분리되었으므로, 공범인 공동피고인의 지위에 있는 피고인은 다른 공동피고인에 대하여 증인적격이 있다.

위와 같이 소송절차가 분리된 상태에서 피고인들이 증언거부권을 고지받았음에도 불구하고 증언거부권을 행사하지 아니한 채 허위의 진술을 하였다면, 자신의 범죄사실에 대하여 증인으로서 신문을 받았더라도 피고인으로서의 진술거부권 내지 자기부죄거부특권 등이 침해되었다고 할 수 없고, 위증죄가 성립한다고 판단하였다.

원심은, 소송절차가 분리된 공범인 공동피고인은 다른 공범인 공동피고인에 대한 공소사실에 관하여 증인이 될 수 있으나, 증인이 되더라도 자신의 범죄사실에 관련한 질문에 대하여는 피고인의 지위는 여전히 계속되고 그러한 지위는 증인의 지위보다 우선적이므로 피고인이 자신의 방어권 범위 내에서 허위 진술을 하였더라도 위증죄로 처벌할 수 없다고 판단하였다. 대법원은 원심판결을 파기·환송하였다.

대상판결은 공범인 공동피고인과 증인적격 문제·소송절차 분리 상태 후 법정 증언과 위증죄·공범인 공동피고인에 대한 위증죄 성립 법리를 명확히 설명한다. 대법원 판결은 타당하다. 국가고시·변호사시험 선택형·사례형으로 출제 가능성이 있다.

증거사용
공판과정에서 피해자가 제출한 탄원서를 유죄 증거로 사용 불가

> 공판과정에서 피해자가 제출한 탄원서를 유죄의 증거로 사용할 수 있는지 여부가 문제된 사건
>
> 대법원 2024. 3. 12. 선고 2023도11371 판결
> [상해(인정된 죄명: 강간상해)]

[공소사실 요지]

피고인이 피해자를 강간하려다가 피해자에게 약 2주간의 치료가 필요한 상해를 가하였다. 검사는 피고인을 형법 제297조, 제300조, 제301조 강간상해죄로 기소하였다.

피해자는 제1심 및 원심에서의 재판 절차 진행 중 수회에 걸쳐 탄원서 등 피해자의 의견을 기재한 서류를 제출하였다.

[법리 쟁점]

공판과정에서 피해자가 제출한 탄원서를 피고인에 대한 유죄의 증거로 사용할 수 있는지 여부(소극)

[참조조문]

[1] 형사소송법 제294조의2 제1항, 제2항, 형사소송규칙 제134조의10 제1항, 제134조의11 제1항, 제134조의12 [2] 형법 제297조, 제300조, 제301조, 형사소송법 제294조의2 제1항, 제2항, 형사소송규칙 제134조의10 제1항, 제134조의11 제1항, 제134조의12

[원심 판단]

제1심법원은 피고인에게 유죄를 선고하였다.

원심법원은 피고인에게 유죄를 선고하였다.

원심은, 피고인의 사실오인 내지 법리오해 주장에 관하여 판단하면서, 피해자 진술의 신빙성이 인정되는 사정의 하나로서 피해자가 공판과정에서 제출한 탄원서의 일부 기재 내용을 적시하여 이 사건 공소사실을 유죄로 판단하였다.

피고인이 상고하였다.

[대법원 판단]

대법원은 상고를 기각한다.

대법원은, 원심은 피해자가 공판과정에서 제출한 탄원서를 유죄의 증거로 사용한 것에는 잘못이 있으나, 증거능력이 인정되는 나머지 적법하게 채택된 증거들에 의하더라도 이 사건 공소사실을 유죄로 인정하기에 충분하므로, 위와 같은 원심의 잘못은 판결에 영향이 없다고 보아 피고인의 상고를 기각하였다.

낭독 형사소송법 판결문 25

대법원 2024. 3. 12. 선고 2023도11371 판결 [상해(인정된 죄명: 강간상해)]

〈공판과정에서 피해자가 제출한 탄원서를 유죄의 증거로 사용할 수 있는지 여부가 문제된 사건〉

판시 사항

[1] 법원이 피해자 등을 공판기일에 출석하게 하여 형사소송법 제294조의2 제2항에 정한 사항으로서 범죄사실의 인정에 해당하지 않는 사항에 관하여 증인신문에 의하지 아니하고 의견을 진술하거나 의견진술에 갈음하여 의견을 기재한 서면을 제출하게 한 경우, 위 진술과 서면을 유죄의 증거로 할 수 있는지 여부(소극)

[2] 피고인이 피해자를 강간하려다가 피해자에게 상해를 가하였다는 강간상해의 공소사실이 제1심 및 원심에서 유죄로 인정되었고, 피해자는 제1심 및 원심에서의 재판 절차 진행 중 수회에 걸쳐 탄원서 등 피해자의 의견을 기재한 서류를 제출하였는데, 원심이 피고인의 사실오인 내

지 법리오해 주장에 관하여 판단하면서, 피해자가 한 진술의 신빙성이 인정되는 사정의 하나로 피해자가 제출한 탄원서의 일부 기재 내용을 적시하여 공소사실을 유죄로 판단한 사안에서, 위 탄원서 등은 피해자가 형사소송규칙 제134조의10 제1항에 규정된 의견진술에 갈음하여 제출한 서면에 해당하여 유죄의 증거로 할 수 없다고 한 사례.

판결요지

[1] 법원은 피해자 등의 신청이 있는 때에
그 피해자 등을 증인으로 신문하여야 하고(형사소송법 제294조의2 제1항), 피해자 등을 신문하는 경우
피해의 정도 및 결과, 피고인의 처벌에 관한 의견,
그밖에 당해 사건에 관한 의견을 진술할 기회를 주어야 한다(형사소송법 제294조의2 제2항). ·법원 공판정에서 피해자를 증인으로 신문함

나아가 법원은 필요하다고 인정하는 경우
직권으로 또는 피해자 등의 신청에 따라
피해자 등을 공판기일에 출석하게 하여
형사소송법 제294조의2 제2항에 정한 사항으로서
범죄사실의 인정에 해당하지 않는 사항에 관하여
증인신문에 의하지 아니하고 의견을 진술하거나
의견진술에 갈음하여 의견을 기재한 서면을 제출하게 할 수 있다(형사소송규칙 제134조의10 제1항 및 제134조의11 제1항).

다만 위 각 조항에 따른 진술과 서면은
범죄사실의 인정을 위한 증거로 할 수 없다(형사소송규칙 제134조의12). ·증인신문 없는 의견진술·서면(=증거사용 금지)

[2] 피고인이 피해자를 강간하려다가
피해자에게 약 2주간의 치료가 필요한 상해를 가하였다는

강간상해의 공소사실이 제1심 및 원심에서 유죄로 인정되었고,

피해자는 제1심 및 원심에서의 재판 절차 진행 중 수회에 걸쳐
탄원서 등 피해자의 의견을 기재한 서류를 제출하였는데, 제출하였다.

원심이 피고인의 사실오인 내지 법리오해 주장에 관하여 판단하면서,
피해자가 한 진술의 신빙성이 인정되는 사정의 하나로
피해자가 제출한 탄원서의 일부 기재 내용을 적시하여
공소사실을 유죄로 판단한 사안에서, 사안이다.

위 탄원서 등은 결국 피해자가
형사소송규칙 제134조의10 제1항에 규정된 의견진술에 갈음하여
제출한 서면에 해당하여
범죄사실의 인정을 위한 증거로 할 수 없으므로, 없다. · 증거사용금지

원심판단에는 피해자의 의견을 기재한
서면의 증거능력에 관한 법리를 오해하여
범죄사실의 인정을 위한 증거로 할 수 없는 탄원서를
유죄의 증거로 사용한 잘못이 있으나,
위와 같은 원심의 잘못은 판결 결과에 영향이 없다고 한 사례.

[3] 증거능력이 인정되는 나머지 적법하게 채택된
증거들에 의하더라도 이 사건 공소사실을
유죄로 인정하기에 충분하므로,
위와 같은 원심의 잘못은 판결 결과에 영향이 없다.
나아가 원심의 판단에
상고이유 주장과 같이 논리와 경험의 법칙을 위반하여
자유심증주의의 한계를 벗어나거나
진술의 신빙성 판단에 관한 법리를 오해한 잘못이 없다.

판결 해설

　대상판결 쟁점은 증거사용이다. 공판과정에서 피해자가 제출한 탄원서를 유죄 증거로 사용 불가이다. 공판과정에서 피해자가 제출한 탄원서를 유죄의 증거로 사용할 수 있는지 여부가 문제된 사건이다.

　대법원은, 법원은 필요하다고 인정하는 경우 직권으로 또는 피해자 등의 신청에 따라 피해자 등을 공판기일에 출석하게 하여 형사소송법 제294조의2 제2항에 정한 사항으로서 범죄사실의 인정에 해당하지 않는 사항에 관하여 증인신문에 의하지 아니하고 의견을 진술하거나 의견진술에 갈음하여 의견을 기재한 서면을 제출하게 할 수 있다(형사소송규칙 제134조의10 제1항 및 제134조의11 제1항).

　다만 위 각 조항에 따른 진술과 서면은 범죄사실의 인정을 위한 증거로 할 수 없다(형사소송규칙 제134조의12)고 판단하였다.

　이 사안에서 탄원서 등은 결국 피해자가 형사소송규칙 제134조의10 제1항에 규정된 의견진술에 갈음하여 제출한 서면에 해당하여 범죄사실의 인정을 위한 증거로 할 수 없다.

　그러나 증거능력이 인정되는 나머지 적법하게 채택된 증거들에 의하더라도 이 사건 공소사실을 유죄로 인정하기에 충분하므로, 위와 같은 원심의 잘못은 판결 결과에 영향이 없다고 판단하였다.

　대상판결은 증거사용·공판과정에서 피해자가 제출한 탄원서를 유죄 증거로 사용 불가 법리를 명확히 설명한다. 대법원 판결은 타당하다. 국가고시·변호사시험 선택형으로 출제 가능성이 있다.

증거방법과 증거조사
선서 없이 인터넷 화상장치로 진술을 청취한 진술 녹음파일과 녹취서의 증거능력

법원이 해외에 체류 중인 사람에 대하여 선서 없이 인터넷 화상장치로 진술을 청취한 경우 그 진술 녹음파일과 녹취서의 증거능력이 문제된 사건

대법원 2024. 9. 12. 선고 2020도14843 판결 [사기]

[공소사실 요지]

대학교수인 피고인이 A 등 명의를 빌려 허위의 조교인사제청서를 대학에 제출하는 방법으로 조교 장학금을 편취하였다. · **요약**

검사는 피고인을 형법 제347조 제1항 사기죄로 기소하였다.

피고인은 1991. 3. 무렵 피해자 ○○대학교(이하 '피해자 학교'라 한다) 사범대학 △△교육과 교수로 임용되었고, 2013년부터 위 대학교 교수 겸 위 대학교 교육대학원 교과교육학과 □□교육전공 주임교수로 재직 중인 사람이다.

피고인은 2016. 2. 무렵 공소외 1에게 '네 명의로 조교 등록을 하고 계좌로 조교 장학금이 입금되면 그 돈을 현금으로 뽑아서 달라.'고 하여 공소외 1로 하여금 행정조교인 공소외 2에게 조교인사제청 관련 서류 등을 제출하게 하고, 그 무렵 공소외 2에게 '공소외 1을 교육조교로 임용할 테니 공소외 1로부터 관련 서류를 제출받아 사범대 교학팀에 제출하라.'고 지시하여, 공소외 2로 하여금 피해자 학교에 공소외 1을 교육조교로 제청하겠다는 취지의 △△교육과 학과장 명의 조교인사제청서를 제출하게 하였다. 그러나 피고인은 공소외 1에게 지급된 장학금을 자신이 개인적으로 사용

할 생각이었을 뿐 공소외 1을 교육조교로 근무시키고 장학금을 받게 해줄 생각이 전혀 없었다.

피고인은 이와 같이 피해자 학교를 기망하여 이에 속은 피해자 학교로부터 2016. 3. 10. 장학금 명목으로 2,475,500원을 교부받아 편취하였다.

[법리 쟁점]

[1] 증인에 대하여 형사소송법이 정한 절차와 방식에 따른 증인신문을 거치지 아니하고 청취한 진술과 그 형식적 변형에 불과한 증거의 증거능력 유무(소극)

[2] 피고인이나 변호인이 그러한 절차 진행에 동의하였거나 사후에 그와 같은 증거조사 결과에 대하여 이의를 제기하지 아니하고 그 녹음파일 등을 증거로 함에 동의한 경우 증거능력 유무(소극)

[참조조문]

헌법 제12조 제1항, 제27조, 형사소송법 제150조의2, 제151조, 제156조, 제157조, 제158조, 제160조, 제161조의2, 제165조, 제165조의2, 제275조, 제307조, 제318조

[참조판례]

대법원 2011. 11. 10. 선고 2011도11115 판결; 대법원 2019. 11. 28. 선고 2013도6825 판결(공2020상, 210)

[원심 판단]

제1심법원은 피고인에게 유죄를 선고하였다.

원심법원은 피고인에게 유죄를 선고하였다.

원심은, A가 해외 체류 중이어서 법정 출석에 따른 증인신문이 어렵다는 이유로 선서 등 절차 없이 인터넷 화상장치를 통해 A의 진술을 청취하는 방법으로 증거조사를 한 다음 같은 기일에 검사로부터 A의 진술이 담긴 녹음파일, 녹취서 등본(이하 '이 사건 각 증거')을 제출받는 우회적인 방식을 취하였다. 이 사건 각 증거를 사실인정의 자료로 삼아 A 명의로 신청된 장학금 편취 관련 일부 공소사실을 유죄로 판단하였다.

피고인이 상고하였다.

[대법원 판단]

대법원은 원심판결을 파기하고, 사건을 서울서부지방법원에 환송한다.

원심의 조치는 형사소송법이 정한 증거방법(증인)에 대한 적법한 증거조사라고 볼 수 없다. 그러므로 그러한 진술청취 결과물인 이 사건 각 증거는 증거능력이 없어 사실인정의 자료로 삼을 수 없다. 이는 피고인과 변호인이 그와 같은 절차 진행에 동의하였거나 사후에 그와 같은 증거조사 결과에 이의를 제기하지 아니하고 이 사건 각 증거를 증거로 함에 동의하였다 하더라도 마찬가지이다. 대법원은 이와 달리 판단한 원심을 파기·환송하였다.

낭독 형사소송법 판결문 26

대법원 2024. 9. 12. 선고 2020도14843 판결 [사기]

〈법원이 해외에 체류 중인 사람에 대하여 선서 없이 인터넷 화상장치로 진술을 청취한 경우 그 진술 녹음파일과 녹취서의 증거능력이 문제된 사건〉

판시 사항

형사소송법이 증인 등 인증(認證), 증거서류와 증거물 및 그 밖의 증거를 구분한 다음 각각의 증거방법에 대한 증거조사 방식을 개별적·구체적으로 규정하고, 특히 증인에 대한 증거조사를 '신문'의 방식으로 하면서 엄격한 절차 규정을 둔 취지 / 형사소송법에서 정한 절차와 방식에 따른 증인신문절차를 거치지 아니한 채 증인에 대하여 선서 없이 법관이 임의의 방법으로 청취한 진술과 그 진술의 형식적 변형에 불과한 증거(녹음파일 등)의 증거능력 유무(소극) 및 이는 피고인이나 변호인이 그러한 절차 진행에 동의하였거나 사후에 그와 같은 증거조사 결과에 대하여 이의를 제기하지 아니하고 그 녹음파일 등을 증거로 함에 동의하였더라도 마찬가지인지 여부(적극)

판결 요지

헌법은 제12조 제1항 후문에서 적법절차원칙을 천명하고,

제27조에서 '법률에 의한 재판받을 권리'를 보장하고 있다.

형사소송법은
이를 실질적으로 구현하기 위하여,
피고사건에 대한 실체 심리는
공개된 법정에서
검사와 피고인 양 당사자의 공격·방어활동에 의하여
행해져야 한다는 당사자주의와 공판중심주의 원칙 및
공소사실의 인정은 법관의 면전에서
직접 조사한 증거만을 재판의 기초로 해야 한다는
직접심리주의와 증거재판주의 원칙을
기본원칙으로 채택하고 있다(대법원 2019. 11. 28. 선고 2013도6825 판결
등 참조). ·형사절차법정주의·당사자주의·공판중심주의·직접심리주의·증거재판주의

형사소송법은 증인 등 인증(人證), 증거서류와 증거물 및
그 밖의 증거를 구분한 다음
각각의 증거방법에 대한 증거조사 방식을
개별적·구체적으로 규정하여
위와 같은 헌법적 형사소송의 이념을 구체화하고 있다.
·헌법적 형사소송이념·각각 증거방법에 대한 증거조사 방식/개별적·구체적으로 규정

특히 형사소송법 제1편 제12장 및 형사소송규칙 제1편 제12장에서
증인에 대한 증거조사를 '신문'의 방식으로 하면서
소환방법과 법정에 불출석할 경우의 제재와 조치,
출석한 증인에 대한 선서와 위증의 벌의 경고,
증언거부권 고지 및 신문의 구체적인 방식 등에 대하여
엄격한 절차 규정을 두는 한편,

법정 외 신문(제165조),

비디오 등 중계장치 등에 의한 증인신문(제165조의2) 규정에서
정한 사유 등이 있는 때에만
예외적으로 증인이 직접 법정에 출석하지 않고
증언할 수 있도록 정하였다. •비디오 중계장치 증인신문 예외적 인정

이는 사건의 실체를 규명하는 데
가장 직접적이고 핵심적인 증인으로 하여금
원칙적으로 공개된 법정에 출석하여
법관 앞에서 선서한 후
정해진 절차에 따른 신문의 방식으로 증언하도록 하여
재판의 공정성과 증언의 확실성·진실성을 담보하고,
법관은 그러한 증인의 진술을 토대로 형성된
유·무죄의 심증에 따라
사건의 실체를 규명하도록 하기 위함이다.

그러므로 범죄사실의 인정을 위한 증거조사는
특별한 사정이 없는 한 공개된 법정에서
법률이 그 증거방법에 따라 정한 방식으로 하여야 하고,
이를 토대로 형성된 심증에 따라
공소가 제기된 범죄사실이 합리적인 의심이 없는 정도로
증명되었는지 여부를 판단하여야 한다(대법원 2011. 11. 10. 선고 2011
도11115 판결 등 참조). •증거조사

형사소송법에서 정한 절차와 방식에 따른
증인신문절차를 거치지 아니한 채
증인에 대하여 선서 없이
법관이 임의의 방법으로 청취한 진술과
그 진술의 형식적 변형에 불과한 증거(녹음파일 등)는

적법한 증거조사 절차를 거치지 않은 증거로서 증거능력이 없다.
· 증인 선서 없는 법관의 임의 청취와 진술 녹음파일(=증거능력 부정)

따라서 사실인정의 자료로 삼을 수도 없고,
피고인이나 변호인이 그러한 절차 진행에 동의하였다거나
사후에 그와 같은 증거조사 결과에 대하여
이의를 제기하지 아니하고
그 녹음파일 등을 증거로 함에 동의하였더라도
그 위법성이 치유되지 않는다. · 위법수집증거(=증거 동의 있어도 위법성 부정)

판결 해설

대상판결 쟁점은 증거방법과 증거조사이다. 선서 없이 인터넷 화상장치로 진술을 청취한 진술 녹음파일과 녹취서의 증거능력이다. 법원이 해외에 체류 중인 사람에 대하여 선서 없이 인터넷 화상장치로 진술을 청취한 경우 그 진술 녹음파일과 녹취서의 증거능력이 문제된 사건이다.

대법원은, 형사소송법에서 정한 절차와 방식에 따른 증인신문절차를 거치지 아니한 채 증인에 대하여 선서 없이 법관이 임의의 방법으로 청취한 진술과 그 진술의 형식적 변형에 불과한 증거(녹음파일 등)는 적법한 증거조사 절차를 거치지 않은 증거로서 증거능력이 없다. 따라서 사실인정의 자료로 삼을 수도 없고, 피고인이나 변호인이 그러한 절차 진행에 동의하였다거나 사후에 그와 같은 증거조사 결과에 대하여 이의를 제기하지 아니하고 그 녹음파일 등을 증거로 함에 동의하였더라도 그 위법성이 치유되지 않는다고 판단하였다.

이 사안에서 A가 해외 체류 중이어서 법정 출석에 따른 증인신문이 어렵다는 이유로 선서 등 절차 없이 인터넷 화상장치를 통해 A의 진술을 청취하는 방법으로 증거조사를 한 다음 같은 기일에 검사로부터 A의 진술이 담긴 녹음파일, 녹취서 등본(이하 '이 사건 각 증거')을 제출받는 우회적인 방식을 취하였다. 형사소송법이 정한 증거방법(증인)에 대한 적법한 증거조사라고 볼 수 없다. 그러므로 그러한 진술청취 결과물인 이 사건 각 증거는 증거능력이 없어 사실인정의 자료로 삼을 수 없다. 이는 피고인과 변호인이 그와 같은 절차 진행에 동의하였거나 사후에 그와 같은 증거조사 결과에 이의를 제기하지 아니하고 이 사건 각 증거를 증거로 함에 동의하였다 하더라도 마찬가지이다고 판단하였다.

대상판결은 증거방법과 증거조사·선서 없이 인터넷 화상장치로 진술을 청취한 진술 녹음파일과 녹취서의 증거능력·법원이 해외에 체류 중인 사람에 대하여 선서 없이 인터넷 화상장치로 진술을 청취한 경우 그 진술 녹음파일과 녹취서의 증거능력 법리를 명확히 설명한다. 대법원 판결은 타당하다. 국가고시·변호사시험 선택형으로 출제 가능성이 있다.

공판중심주의와 직접심리주의

공판중심주의는 형사사건에서 유죄·무죄의 심증 형성은 법정 심리로 한다는 말이다. 법관의 심증은 공판기일에 공판정에서 진행하는 심리를 통해 형성해야 한다. "서류로 예단을 가시 마라. 법관 면전에서 직접 조사한 증거만 재판 기초로 삼고, 증명 대상을 원본 증거에서 판단하라. 원본 증거 대체물을 사용하지 마라. 실질적 직접심리주의를 유지하라. 공판중심주의는 공개주의·구두변론주의·직접주의·집중심리주의로 보장된다. 공판중심주의는 실질적 직접심리주의를 말한다."(이주원, 형사소송법, 제6판, 박영사, 2024, 347면)

대법원 2006. 12. 8. 선고 2005도9730 판결 [윤락행위등방지법위반]

[판시사항] 원진술자의 법정 출석과 피고인에 의한 반대신문이 이루어지지 못한 경우, 수사기관이 원진술자의 진술을 기재한 조서의 증거가치

[판결요지] 우리 형사소송법이 채택하고 있는 공판중심주의는 형사사건의 실체에 대한 유죄·무죄의 심증 형성은 법정에서의 심리에 의하여야 한다는 원칙으로, 법관 면전에서 직접 조사한 증거만을 재판 기초로 삼을 수 있다. 증명 대상이 되는 사실과 가장 가까운 원본 증거를 재판 기초로 삼는다. 원본 증거의 대체물 사용은 원칙적으로 허용되어서는 안 된다.

재 판

27~34

국민참여재판
배심원 전원일치 무죄평결과 항소심 증거조사 범위

국민참여재판으로 진행된 제1심에서 배심원 전원일치 무죄평결이 채택되어 무죄가 선고된 후 항소심에서의 증거조사범위가 문제된 사건

대법원 2024. 7. 25. 선고 2020도7802 판결
[특정경제범죄가중처벌등에관한법률위반(사기)]

[공소사실 요지]

피고인이 피해자로부터 투자금을 편취하였다는 「특정경제범죄 가중처벌 등에 관한 법률」 위반(사기)로 기소되었다. 국민참여재판으로 진행된 제1심에서 배심원 전원일치 무죄평결이 채택되어 무죄가 선고되었다. ·요약

피고인은 2011. 12. 14.경 피해자 공소외 1로부터 받은 돈으로 화물트럭을 구입하거나 구입하지 못하면 이를 다시 피해자에게 돌려줄 의사나 능력이 없었음에도 피해자에게 "수익성이 아주 좋은 유망한 물류사업이 있다. 화물트럭 20대가량을 구매하여 ○○○ 등 큰 회사에 지입차량 계약을 체결하면, 1대당 월 400만 원의 수익을 낼 수 있다. 차량을 구입할 자금을 빌려주면 원금과 수익금 일부를 지급하겠다."라고 거짓말을 하여 피해자로부터 2011. 12. 14.부터 2013. 1. 25.경까지 총 55회에 걸쳐 합계 2,421,000,000원을 송금받아 편취하였다.

[법리 쟁점]

국민참여재판으로 진행된 제1심에서 배심원 전원일치 무죄평결이 채택되어 무죄가 선고된 경우 항소심에서의 추가적이거나 새로운 증거조사의 범위

[참조조문]

형사소송법 제266조의5, 제266조의6, 제266조의7, 제266조의8, 제266조의9, 제266조의13 제1항, 제275조 제1항, 제307조, 제308조, 제364조 제3항, 형사소송규칙 제132조, 제156조의5, 국민의 형사재판 참여에 관한 법률 제36조 제1항, 제46조 제2항, 제5항

[참조판례]

대법원 2005. 3. 11. 선고 2004도8313 판결; 대법원 2010. 3. 25. 선고 2009도14065 판결(공2010상, 844); 대법원 2019. 7. 24. 선고 2018도17748 판결(공2019하, 1692)

[원심 판단]

제1심법원은 피고인에게 무죄를 선고하였다.

(1) 제1심법원은 피고인이 국민참여재판을 희망하는 의사 확인서를 제출함에 따라 공판준비기일을 지정하였고, 검사가 2018. 9. 18. 제2회 공판준비기일에 피해자 및 피고인으로부터 유사한 사기피해를 입었다고 주장하는 공소외 2, 공소외 3에 대한 증인신청을 하자 이를 채택하였다. 증인으로 채택된 공소외 3은 2018. 11. 2. '가족과 함께하는 생업인 가게 운영을 위해 출석을 할 수 없다.'는 취지의 불출석사유서를 제출하였다.

(2) 2018. 11. 12. 국민참여재판으로 진행된 제1심 법정에서 피해자, 공소외 2에 대한 증인신문, 피고인신문 및 입출금거래내역서, 장부 등 검사 제출 증거서류에 대한 증거조사가 이루어졌고, 공소외 3이 불출석함에 따라 검사가 공소외 3에 대한 증인신청을 철회하여 그 증인채택이 취소되었다. 피고인은 공소사실 기재와 같은 기망행위를 한 사실이 없고 편취의사 역시 존재하지 않는다고 주장하였고, 이에 따라 공소사실에 대한 직접증거인 피해자 진술의 신빙성이 공판의 쟁점이 되었다. 배심원 평의 결과 배심원 7명의 만장일치로 무죄평결이 내려졌고, 제1심법원은 위 평결 결과를 받아들여 피해자 진술의 신빙성을 배척하고 피고인에 대한 공소사실을 무죄로 판단하였다.

원심법원은 피고인에게 유죄를 선고하였다.

원심은, 제1심판결에 대하여 추가적인 증거조사를 거쳐 피해자 진술의 신빙성이 인정된다는 이유로 제1심법원의 판단을 뒤집고 유죄로 판단하였다.

(1) 검사는 사실오인을 이유로 항소를 제기하면서 피해자의 배우자인 공소외 4, 피고인이 근무한 직장의 대표인 공소외 5, 제1심 법정에 불출석하였던 공소외 3 등에 대한 증인신청서를 제출하였고, 원심은 2019. 4. 11. 제1회 공판기일에 공소외 4에 대한 증인신청만을 채택하고 나머지 신청은 기각하였다. 원심은 2019. 6. 13. 공소외 4에 대한 증인신문절차를 진행하고 변론을 종결하였는데, 공소외 4는 피고인에게 금원을 직접 송금하고 관련 장부를 작성한 당사자로서 피해자의 진술에 부합하는 진술을 하였다.

(2) 원심은 2019. 7. 3. 변론을 재개하였고, 검사는 피해자와 원심에서 기존에 신청하였던 증인인 공소외 5 및 제1심법원에서 신청하였다가 철회한 후 원심에서 재차 신청하였던 공소외 3을 다시 증인으로 신청하였는데, 공소외 3에 대한 증인신청과 관련하여 '피고인이 주변인들을 상대로 동일한 사기 범행을 저지르고 있었다는 점을 입증하기 위함'이라는 입증취지가 기재된 증인신청서만이 제출되었다. 원심은 위 각 증인신청을 채택하여 증인신문절차를 진행하고, 2020. 5. 14. 직권으로 재차 공소외 4에 대한 증인신문절차를 거친 다음 변론을 종결한 후 2020. 6. 11. 피해자 진술의 신빙성이 인정된다는 이유로 검사의 항소이유 주장을 받아들여 제1심판결을 파기하고 이 사건 공소사실을 유죄로 판단하였다.

피고인이 상고하였다.

[대법원 판단]

대법원은 원심판결을 파기하고, 사건을 서울고등법원에 환송한다.

국민참여재판으로 진행된 제1심 법원에서 배심원이 만장일치의 의견으로 내린 무죄의 평결이 재판부의 심증에 부합하여 무죄판결이 선고된 이상, 그 항소심인 원심으로서는 추가적이거나 새로운 증거조사가 필요한 경우에 해당하는지를 더욱 신중하게 판단할 필요가 있다. 그럼에도 원심이 이에 관한 충분한 고려 없이 증거조사를 실시하였다. 이를 통하여 제1심 법원의 증거가치 판단 및 사실인정에 관한 판단에 명백히 반대되는 충분하고도 납득할만한 현저한 사정이 나타났다고 보기도 어렵다. 대법원은 이와 달리 판단한 원심을 파기·환송하였다.

낭독 형사소송법 판결문 27

대법원 2024. 7. 25. 선고 2020도7802 판결 [특정경제범죄가중처벌등에관한법률위반(사기)]

〈국민참여재판으로 진행된 제1심에서 배심원 전원일치 무죄평결이 채택되어 무죄가 선고된 후 항소심에서의 증거조사범위가 문제된 사건〉

판시 사항

배심원이 참여하는 형사재판, 즉 국민참여재판을 거쳐 제1심법원이 배심원의 만장일치 무죄평결을 받아들여 피고인에 대하여 무죄판결을 선고한 경우, '증거의 취사 및 사실의 인정'에 관한 제1심법원의 판단은 한층 더 존중될 필요가 있는지 여부(적극) 및 이때 제1심법원의 무죄판결에 대한 항소심에서의 추가적이거나 새로운 증거조사의 범위

판결 요지

배심원이 참여하는 형사재판 즉 국민참여재판을 거쳐
제1심 법원이 배심원의 만장일치 무죄평결을 받아들여
피고인에 대하여 무죄판결을 선고한 경우,
국민참여재판을 도입한 입법 취지,
실질적 직접심리주의의 의미와 정신 등에 비추어
'증거의 취사 및 사실의 인정'에 관한 제1심 법원의 판단은
한층 더 존중될 필요가 있고
그런 면에서 제1심 법원의 무죄판결에 대한 항소심에서의
추가적이거나 새로운 증거조사는
형사소송법과 형사소송규칙 등에서 정한 바에 따라
신중하게 이루어져야 한다. · 국민참여재판 배심원 만장일치 무죄평결
구체적 이유는 다음과 같다.

(1) 사법의 민주적 정당성과 신뢰를 높이기 위해 도입된
국민참여재판의 형식으로 진행된 형사공판절차에서

엄격한 선정절차를 거쳐 양식 있는 시민으로 구성된 배심원이
사실의 인정에 관하여 재판부에 제시하는 집단적 의견은
실질적 직접심리주의 및 공판중심주의 아래에서
증거의 취사와 사실의 인정에 관한 전권을 가지는
사실심 법관의 판단을 돕기 위한
권고적 효력을 가지는 것인바, 문장이 너무 길다! · 권고적 효력

배심원이
증인신문 등 사실심리의 전 과정에 함께 참여한 후
증인이 한 진술의 신빙성 등
증거의 취사와 사실의 인정에 관하여
만장일치의 의견으로 내린 무죄의 평결이
재판부의 심증에 부합하여 그대로 채택된 경우라면,
이러한 절차를 거쳐 이루어진 증거의 취사 및
사실의 인정에 관한 제1심의 판단은
우리 형사소송법이 채택하고 있는 실질적 직접심리주의 및
공판중심주의의 취지와 정신에 비추어
항소심에서의 새로운 증거조사를 통해
그에 명백히 반대되는 충분하고도
납득할 만한 현저한 사정이 나타나지 않는 한
함부로 뒤집어서는 안 될 것이고
한층 더 존중될 필요가 있다(대법원 2010. 3. 25. 선고 2009도14065 판결). · 국민참여재판 배심원 만장일치 무죄평결 존중(=실질적 직접심리주의·공판중심주의)

제1심 법정에서
집중적으로 이루어진 '당사자의 주장과 증거조사'를
직접 보고 들으면서 심증을 갖게 된 배심원들이
서로의 관점과 의견을 나누며 숙의한 결과

'피고인은 무죄'라는 일치된 평결에 이르렀다면,
이는 피고인에 대한 유죄 선고를 주저하게 하는
합리적 의심이 일반적으로 존재한다는 점이
분명하게 확인된 경우로 볼 수 있기 때문이다.

따라서 이러한 대법원 법리의 취지와 정신은,
배심원의 만장일치 무죄평결을 채택한 제1심 법원의 판결에 대하여
검사가 항소하여 진행되는 항소심에서
제2심 법원이 추가적이거나 새로운 증거조사를 실시할지 여부 등을
판단함에 있어서도 충분하게 고려되어야 한다.

(2) 형사소송법이 채택하고 있는
실질적 직접심리주의의 취지,
형사재판 항소심 심급구조의 특성,
증거조사절차에 관한 형사소송법령의 내용 등을 종합하여 보면,
항소심에서의 증거신청 및 증거조사는 제1심에서보다 제한된다.

(가) 형사소송법은,
① 공판준비절차제도를 도입하여,
증거조사와 관련해서는,
입증취지와 내용을 명확히 한 증거신청을 하게하고,
증거신청에 관한 상대방의 의견을 듣고
증거 채택 여부를 결정한 다음
증거조사의 순서 및 방법을
공판준비절차에서 미리 정할 수 있게 하였고^{하였다.}(제266조의5 내지
제266조의9),

② 공판준비기일 종결의 효과로서
공판준비기일에서 신청하지 못한 증거는

'중대한 과실 없이 공판준비기일에 제출하지 못하는 등
부득이한 사유를 소명한 때' 등에 한하여
공판기일에 신청할 수 있다고 규정하였다(제266조의13 제1항).

한편 형사소송규칙도
③ 검사·피고인 또는 변호인은 특별한 사정이 없는 한
필요한 증거를 일괄하여 신청하여야 한다고 정하고 있다(제132조).

위와 같은 규정들을 통하여 형사소송법령은,
형사소송절차를 주재하는 법원으로 하여금
형사소송절차의 진행과 심리 과정에서 법정을 중심으로,
특히 당사자의 주장과 증거조사가
집중적으로 이루어지는 원칙적인 절차인 제1심의 법정에서
실질적 직접심리주의의 정신을 충분하고도 완벽하게
구현할 것을 상정하고 있다(대법원 2019. 7. 24. 선고 2018도17748 판결
참조). ·직접심리주의

이와 관련하여 「국민의 형사재판 참여에 관한 법률」 제36조 제1항은
국민참여재판의 경우
공판준비절차를 반드시 거치도록 규정하고 있는데,
이는 배심원이 참여하는 재판의 특성상
실질적 직접심리주의의 정신을 보다 완벽하게 구현하기 위해서는
제1심 법원의 심리가 집중되어야 할 필요성이나 당위성이
매우 큰 점을 고려한 입법으로 볼 수 있다.

(나) 제1심 법원에서 증거로 할 수 있었던 증거는
항소법원에서도 증거로 할 수 있다(형사소송법 제364조 제3항).
즉 제1심 법원에서 증거능력이 있었던 증거는
항소심에서도 증거능력이 그대로 유지되어

재판의 기초가 될 수 있고
다시 증거조사를 할 필요가 없으며^{없다.}
(대법원 2005. 3. 11. 선고 2004도8313 판결 참조),
항소심 재판장이 증거조사절차에 들어가기에 앞서
제1심의 증거관계와 증거조사결과의 요지를 고지하면 된다
(형사소송규칙 제156조의5 제1항). · 항소심에서 증거능력 유지

한편 형사소송규칙 제156조의5 제2항에 의하면
항소심의 증거조사 중 증인신문의 경우,
항소심 법원은 '제1심에서 조사되지 아니한 데에 대하여
고의나 중대한 과실이 없고,
그 신청으로 인하여
소송을 현저하게 지연시키지 아니하는 경우(제1호)',
'제1심에서 증인으로 신문하였으나
새로운 중요한 증거의 발견 등으로
항소심에서 다시 신문하는 것이
부득이하다고 인정되는 경우(제2호)',
'그 밖에 항소의 당부에 관한 판단을 위하여
반드시 필요하다고 인정되는 경우(제3호)'에 한하여
증인을 신문할 수 있다. · 항소심 증거조사 중 증인신문 부득이 한 경우만 인정

위 규정은 형사재판의 사실인정에 있어서
제1심 법원과 항소심 법원의 역할 및 관계 등에 관한
입법 취지 등에 비추어
항소심에서의 증거조사는
필요 최소한에 그쳐야 한다는 점을 반영한 것이다. · 필요 최소한 원칙

이를 고려하면, 형사소송규칙 제156조의5 제2항 제3호는

비록 포괄적 사유이기는 하지만
항소심 법원에 증인신문에 관한 폭넓은 재량을
부여한 것으로 볼 것이 아니라
제1, 2호가 규정한 사유에 준하는
'예외적 사유'로 보아야 한다. ·항소심 증인신문 '예외 사유'임

따라서 실체적 진실발견이라는 형사소송의 이념에 비추어
항소심에서의 추가적인 증거조사가
필요한 경우가 있음을 긍정하더라도,
피해자가 범죄의 성격과 다양한 사정에서 비롯된
심리적 부담 등으로 인하여
제1심 법원에 증인으로 출석하지 못하거나
제대로 증언할 수 없었던 경우 등과 같은
특별한 사정이 없는 이상,
항소심 법원으로서는
형사소송규칙 제156조의5 제2항의 규정 취지와 내용에
유념하여야 한다. ·특별한 사정(=증인 불출석·제대로 증언 할 수 없었던 경우)

(3) 요컨대 국민참여재판제도를 도입한 배경과 취지,
실질적 직접심리주의의 의미와 정신,
형사재판 항소심 심급구조의 특성,
증거조사절차에 관한 형사소송법령의 내용 등에 비추어 볼 때,

공판준비기일을 필수적으로 거친 다음
국민참여재판으로 진행한 제1심 법원에서
배심원이 만장일치의 의견으로 내린 무죄의 평결이
재판부의 심증에 부합하여 그대로 채택된 경우라면,

그 무죄판결에 대한 항소심에서의 추가적이거나

새로운 증거조사는

형사소송법과 형사소송규칙 등에서 정한 바에 따라

증거조사의 필요성이 분명하게 인정되는

예외적인 경우에 한정하여 실시하는 것이 바람직하다. · 예외적 허용

그럼에도 항소심이 위에서 언급한 점들에 관한

충분한 고려 없이 증거신청을 채택하여

증거조사를 실시한 다음

가령 제1심 법원에서 이미 고려하였던 사정,

같거나 유사한 취지로 반복된 진술,

유·무죄 판단에 관건적이라고 보기 어려운

부수적·지엽적 사정들에 주목하여 의미를 크게 둔 나머지

제1심 법원의 판단을 쉽게 뒤집는다면,

그로써 증거의 취사 및 사실의 인정에 관한

배심원의 만장일치 의견의 무게를 존중하지 않은 채

앞서 제시한 법리에 반하는 결과가 될 수 있으므로

이를 경계할 필요가 있다. · 항소심은 제1심 법원 판단 존중(=파기 신중설)

판결 해설

대상판결 쟁점은 국민참여재판이다. 배심원 전원일치 무죄평결과 항소심 증거조사 범위이다. 국민참여재판으로 진행된 제1심에서 배심원 전원일치 무죄평결이 채택되어 무죄가 선고된 후 항소심에서의 증거조사범위가 문제된 사건이다.

대법원은, 배심원이 증인신문 등 사실심리의 전 과정에 함께 참여한 후 증인이 한 진술의 신빙성 등 증거의 취사와 사실의 인정에 관하여 만장일치의 의견으로 내린 무죄의 평결이 재판부의 심증에 부합하여 그대로 채택된 경우라면, 이러한 절차를 거쳐 이루어진 증거의 취사 및 사실의 인정에 관한 제1심의 판단은 우리 형사소송법이 채택하고 있는

실질적 직접심리주의 및 공판중심주의의 취지와 정신에 비추어 항소심에서의 새로운 증거조사를 통해 그에 명백히 반대되는 충분하고도 납득할 만한 현저한 사정이 나타나지 않는 한 함부로 뒤집어서는 안 될 것이고 한층 더 존중될 필요가 있다고 판단하였다.

이 사안에서 제1심법원에서 증거로 할 수 있었던 증거는 항소법원에서도 증거로 할 수 있다(형사소송법 제364조 제3항). 즉, 제1심법원에서 증거능력이 있었던 증거는 항소심에서도 증거능력이 그대로 유지되어 재판의 기초가 될 수 있고 다시 증거조사를 할 필요가 없으며(대법원 2005. 3. 11. 선고 2004도8313 판결 참조), 항소심 재판장이 증거조사절차에 들어가기에 앞서 제1심의 증거관계와 증거조사결과의 요지를 고지하면 된다(형사소송규칙 제156조의5 제1항).

국민참여재판으로 진행된 제1심 법원에서 배심원이 만장일치의 의견으로 내린 무죄의 평결이 재판부의 심증에 부합하여 무죄판결이 선고된 이상, 그 항소심인 원심으로서는 추가적이거나 새로운 증거조사가 필요한 경우에 해당하는지를 더욱 신중하게 판단할 필요가 있다.

무죄판결에 대한 항소심에서의 추가적이거나 새로운 증거조사는 형사소송법과 형사소송규칙 등에서 정한 바에 따라 증거조사의 필요성이 분명하게 인정되는 예외적인 경우에 한정하여 실시하는 것이 바람직하다고 판단하였다.

대상판결은 국민참여재판·배심원 전원일치 무죄평결과 항소심 증거조사 범위·국민참여재판으로 진행된 제1심에서 배심원 전원일치 무죄평결이 채택되어 무죄가 선고된 후 항소심에서의 증거조사범위 법리를 명확히 설명한다. 대법원 판결은 타당하다. 국가고시·변호사시험 선택형·사례형으로 출제 가능성이 있다.

공소제기 요건과 절차의 적법성
도로교통법 위반 약식명령과 정식재판

> 진로변경방법 위반으로 인한 도로교통법 위반에 관한
> 공소제기절차가 법률에 위반되는지 여부가 문제된 사건
>
> 대법원 2024. 10. 31. 선고 2024도8903 판결
> [도로교통법위반]

[공소사실 요지]

피고인은 2022. 4. 25. 16:35경 서울 서초구 (주소 생략) (빌딩명 생략) 앞 도로를 편도 5차로 중 2차로로 진행하다가 3차로로 진로를 변경하면서 진로변경방법을 위반하였다. ·요약

피고인 차량과 피해자 차량 사이에 발생한 교통사고를 조사한 경찰은 ① 피고인의 진로변경방법 위반(도로교통법 제19조 제3항)을 이유로 범칙금 3만원 통고처분을 하였고, ② 위 법규위반 및 인적피해 발생을 이유로 면허벌점 20점 부과하였으며, ③ 피해자에게 상해를 입힌 점에 관하여는 피고인 차량이 종합보험에 가입되어 있어 공소권이 없다는 이유로 불입건 결정을 하였다.

피고인은 범칙금을 납부하였다가 이후 면허벌점 20점을 받는 것이 부당하다고 생각한다면서 납부한 범칙금을 회수하였다. 경찰은 피고인의 범칙금 미납을 이유로 즉결심판을 청구하였다. 그러나 법원이 즉결심판청구를 기각하였다. 이후 사건을 송치 받은 검사는 피고인에 대하여 도로교통법 위반으로 이 사건 약식명령을 청구하였다. 피고인이 정식재판을 청구하였다.

(1) 2022. 4. 25. 16:35경 피고인 차량과 피해자 차량 사이에 발생한 교통사고를 조사한 경찰은 2022. 5. 9. 피고인에 대하여 진로변경방법 위반(도로교통법 제19조 제3항)을 이유로 범칙금 3만 원의 통고처분을 하였고, 이와 함께 위 법규 위반 및 인적피해 발생을 이유로 면허벌점 20점을 부

과하였다.

(2) 한편 경찰은 2022. 5. 23. 피고인의 과실로 교통사고를 일으켜 피해자에게 상해를 입혔으나 피고인 차량이 종합보험에 가입되어 있어 공소권이 없다는 이유로 피고인에 대한 「교통사고처리 특례법」 위반(치상) 혐의에 관하여 불입건 결정을 하였다.

(3) 피고인은 2022. 5. 16. 위 범칙금을 납부하였다가 같은 해 6. 17. 돌려받았는데, 수사기관에서 그 이유에 관하여 변허빌짐 20점을 받는 것이 부당하다고 생각하였기 때문이라고 진술하였다.

(4) 이후 경찰은 피고인의 범칙금 미납을 이유로 즉결심판을 청구하였으나 법원은 청구기각 결정을 하였고, 이에 경찰은 피고인의 위 법규위반 사실에 관하여 범죄인지를 한 다음 검찰에 사건을 송치하였으며, 그 결과 피고인에 대한 이 사건 약식기소가 이루어졌다.

[법리 쟁점]

교통사고를 일으킨 차가 종합보험 등에 가입되어 있어 「교통사고처리 특례법」에 따른 형사책임을 물을 수 없는 경우, 해당 교통사고의 '과실'에 해당하는 진로변경방법 위반 등을 이유로 도로교통법 위반으로 기소할 수 있는지 여부(적극)

[참조조문]

[1] 도로교통법 시행규칙 제38조 제2항, 제91조 제1항 [별표 28] [2] 도로교통법 제19조 제3항, 제156조 제1호, 제162조 제1항, 제2항 제2호, 제163조 제1항, 제164조 제1항, 제3항, 제165조 제1항, 도로교통법 시행규칙 제38조 제2항, 제91조 제1항 [별표 28], 교통사고처리 특례법 제3조, 제4조, 즉결심판에 관한 절차법 제5조

[참조판례]

[1] 대법원 1994. 8. 12. 선고 94누2190 판결(공1994하, 2309)

[원심 판단]

제1심법원은 피고인에게 공소기각판결을 선고하였다.

원심법원은 피고인에게 공소기각판결을 선고하였다.

검사가 피고인의 위와 같은 진로변경방법 위반으로 교통사고를 일으켰는데도 피고인 차량이 종합보험에 가입되어 있어 교통사고와 관련하여서는

아무런 기소를 하지 아니하고, 위 교통사고의 원인이 된 진로변경방법 위반으로 인한 도로교통법 위반에 대하여만 기소한 것은, 가벼운 과실로 인한 교통사고의 경우에는 일정한 조건 하에 형사책임을 묻지 않겠다는 「교통사고처리 특례법」의 취지에 반하여 그에 흡수되는 '과실'에 해당하는 행위만 따로 분리하여 기소하는 것이어서 공소제기 절차가 법률에 위반되어 무효인 경우에 해당한다. 형사소송법 제327조 제2호에 따라 이 사건 공소를 기각하였다.

검사가 상고하였다.

[대법원 판단]

대법원은 원심판결을 파기하고, 사건을 서울중앙지방법원에 환송한다.

피고인은 진로변경방법 위반의 범칙행위로 교통사고를 일으켰으나 종합보험 가입으로 벌을 받지 아니하게 되었다. 그러므로 도로교통법 제162조 제2항 제2호 단서에 따라 통고처분의 대상인 '범칙자'에 해당한다. 통고처분에 따라 범칙금을 납부하면 범칙행위에 대하여 다시 처벌받지 않게 된다(도로교통법 제164조 제3항). 피고인이 면허벌점 부과가 부당하다는 이유로 이미 납부한 범칙금을 회수한 후 범칙금을 납부하지 아니한 결과 도로교통법과 「즉결심판에 관한 절차법」에 따라 후속절차가 진행되어 이 사건 공소제기에 이르렀다. 그러므로 이 사건 공소제기 절차는 관련 법령이 정한 요건과 절차에 따라 이루어진 것이다. 거기에 「교통사고처리 특례법」의 취지에 반하는 위법이 있다고 보기 어렵다. 대법원은 이와 달리 판단한 원심을 파기·환송하였다.

낭독 형사소송법 판결문 28

대법원 2024. 10. 31. 선고 2024도8903 판결 [도로교통법위반]
〈진로변경방법 위반으로 인한 도로교통법 위반에 관한 공소제기절차가 법률에 위반되는지 여부가 문제된 사건〉

판시 사항

[1] 자동차운전면허대장상 벌점의 배점만으로 그 무효확인 또는 취소를 구하는 소송의 대상이 되는 행정처분인지 여부(소극) 및 도로교통법 시

행규칙 [별표 28]에 정한 사유가 있는 경우, 당해 사고 또는 위반으로 인한 벌점이 삭제될 수 있는지 여부(적극)

[2] 피고인이 승용차를 운전하며 진로를 변경하다 갑이 운전하는 승용차와 충돌하여 갑에게 상해를 입히자 이를 조사한 경찰은 피고인에게 진로변경방법 위반을 이유로 범칙금 통고처분과 함께 면허벌점을 부과하였고, 피고인의 차량이 종합보험에 가입되어 있어 교통사고처리 특례법 위반(치상) 혐의에 관하여 불입건 결정을 하였는데, 피고인이 범칙금을 납부하였다가 면허벌점을 받는 것이 부당하다는 이유로 돌려받자, 경찰은 피고인의 범칙금 미납을 이유로 즉결심판을 청구하였으나 법원이 기각하였고, 이후 사건을 송치받은 검사가 도로교통법 위반으로 약식기소를 한 사안에서, 위 공소제기 절차는 관련 법령이 정한 요건과 절차에 따라 이루어진 것으로 교통사고처리 특례법의 취지에 반하는 위법이 있다고 보기 어렵다는 이유로, 이와 달리 본 원심판단에 법리오해의 잘못이 있다고 한 사례.

판결 요지

[1] 도로교통법 제162조 제2항에서
범칙금 통고처분의 대상자인 '범칙자'를
같은 조 제1항이 정한 '범칙행위'를 한 사람으로
정의하면서 각 호에서 예외를 정하고 있는데,
범칙행위로 교통사고를 일으킨 사람은
범칙자에서 제외되나(제2호 본문),
다만 「교통사고처리 특례법」 제3조 제2항 및 제4조에 따라
업무상과실치상죄·중과실치상죄 또는
도로교통법 제151조의 죄에 대한 벌을 받지 아니하게 된 사람은
범칙자에 해당하는 것으로 정하고 있다(제2호 단서). · 범칙자

한편 범칙금 통고처분을 불이행한 사람에 대해서는
경찰서장 등은 지체 없이

즉결심판을 청구하여야 하고(동법 제165조 제1항),
즉결심판에서 판사가 결정으로 즉결심판의 청구를 기각한 경우
경찰서장은 지체 없이 관할 지방검찰청 또는 지청의 장에게
송치하여야 한다(「즉결심판에 관한 절차법」 제5조 제2항).

자동차운전면허대장상 벌점의 배점은
도로교통법규 위반행위를 단속하는 기관이
도로교통법 시행규칙 별표 28에서 정하는 바에 의하여
도로교통법규 위반의 경중, 피해의 정도 등에 따라
배정하는 점수를 말하는 것으로
자동차운전면허의 취소, 정지처분의 기초자료로
제공하기 위한 것이고^{것이다.}

• 자동차운전면허대장상 벌점(=자동차운전면허 취소·정지처분 기초자료)

그 배점 자체만으로는 아직 국민에 대하여
구체적으로 어떤 권리를 제한하거나 의무를 명하는 등
법률적 규제를 하는 효과를 발생하는 요건을 갖춘 것이 아니어서
그 무효확인 또는 취소를 구하는 소송의 대상이 되는
행정처분이라고 할 수 없지만^{없다.} (대법원 1994. 8. 12. 선고 94누2190 판
결 참조),

교통사고나 법규위반에 대하여
법원의 판결로 무죄확정된 경우 등
위 시행규칙 별표 28에 정한 사유가 있으면
당해 사고 또는 위반으로 인한 벌점이 삭제될 수 있다.

• 자동차운전면허대장상 벌점 삭제(=법원 판결로 무죄 확정된 경우)

[2] 피고인이 승용차를 운전하며 진로를 변경하다
갑이 운전하는 승용차와 충돌하여

갑에게 상해를 입히자

이를 조사한 경찰은 피고인에게

진로변경방법 위반을 이유로

범칙금 통고처분과 함께 면허벌점을 부과하였고,

피고인의 차량이 종합보험에 가입되어 있어

교통사고처리 특례법 위반(치상) 혐의에 관하여

불입건 결정을 하였는데,^{하였다.} • 범칙금 통고처분과 함께 면허벌점을 부과

피고인이 범칙금을 납부하였다가

면허벌점을 받는 것이 부당하다는 이유로 돌려받자,

경찰은 피고인의 범칙금 미납을 이유로

즉결심판을 청구하였으나 법원이 기각하였고,

이후 사건을 송치받은 검사가

도로교통법 위반으로 약식기소를 한 사안에서,^{사안이다.}

피고인은 진로변경방법 위반의 범칙행위로

교통사고를 일으켰으나

종합보험 가입으로 벌을 받지 아니하게 되었으므로

도로교통법 제162조 제2항 제2호 단서에 따라

통고처분의 대상인 '범칙자'에 해당하고,^{해당한다.} • 범칙자

통고처분에 따라 범칙금을 납부하면

범칙행위에 대하여 다시 처벌받지 않게 되는데,^{않는다.} • 범칙금 납부

피고인이 면허벌점 부과가 부당하다는 이유로

이미 납부한 범칙금을 회수한 후

범칙금을 납부하지 않아

도로교통법과 즉결심판에 관한 절차법에 따라

후속절차가 진행되어 공소제기에 이르렀으므로,^{이르렀다.} • 범칙금 미납부

위 공소제기 절차는 관련 법령이 정한
요건과 절차에 따라 이루어진 것으로서,^{것이다.} · 공소제기 절차의 적법성

거기에 교통사고처리 특례법의 취지에 반하는
위법이 있다고 보기 어렵다는 이유로, · 교통사고처리 특례법 취지

이와 달리 본 원심판단에
도로교통법과 교통사고처리 특례법에 따른
교통사고 및 도로교통법규 위반행위 처리 절차,
범칙금 통고처분의 요건,
공소제기 절차의 적법성 등에 관한
법리오해의 잘못이 있다고 한 사례.

판결 해설

대상판결 쟁점은 도로교통법 위반 약식명령과 정식재판이다. 공소제기 절차의 적법성이다. 진로변경방법 위반으로 인한 도로교통법 위반에 관한 공소제기절차가 법률에 위반되는지 여부가 문제된 사건이다.

대법원은, 범칙금 통고처분을 불이행한 사람에 대해서는 경찰서장 등은 지체 없이 즉결심판을 청구하여야 하고(동법 제165조 제1항), 즉결심판에서 판사가 결정으로 즉결심판의 청구를 기각한 경우 경찰서장은 지체 없이 관할 지방검찰청 또는 지청의 장에게 송치하여야 한다(「즉결심판에 관한 절차법」 제5조 제2항)고 판단하였다.

이 사안에서 피고인은 진로변경방법 위반의 범칙행위로 교통사고를 일으켰으나 종합보험 가입으로 벌을 받지 아니하게 되었다. 그러므로 도로교통법 제162조 제2항 제2호 단서에 따라 통고처분의 대상인 '범칙자'에 해당한다. 통고처분에 따라 범칙금을 납부하면 범칙행위에 대하여 다시 처벌받지 않게 된다(도로교통법 제164조 제3항). 피고인이 면허벌점 부과가 부당하다는 이유로 이미 납부한 범칙금을 회수한 후 범칙금을 납부하지 아니한 결과 도로교통법과 「즉결심판에 관한 절차법」에 따라

후속절차가 진행되어 이 사건 공소제기에 이르렀다. 그러므로 이 사건 공소제기 절차는 관련 법령이 정한 요건과 절차에 따라 이루어진 것이라고 판단하였다.

대상판결은 도로교통법 위반 약식명령과 정식재판·공소제기 요건과 절차의 적법성·진로변경방법 위반으로 인한 도로교통법 위반에 관한 공소제기절차가 법률에 위반 법리를 명확히 설명한다. 대법원 판결은 타당하다. 국가고시·변호사시험 선택형으로 출제 가능성이 있다.

대법원 1994. 8. 12. 선고 94누2190 판결 [자동차운전면허정지처분취소]

[판시사항] 운전면허 행정처분처리대장상 벌점의 배점이 행정처분인지 여부

[판결요지] 운전면허 행정처분처리대장상 벌점의 배점은 도로교통법규 위반행위를 단속하는 기관이 도로교통법시행규칙 별표 16의 정하는 바에 의하여 도로교통법규 위반의 경중, 피해의 정도 등에 따라 배정하는 점수를 말하는 것으로 자동차운전면허의 취소, 정지처분의 기초자료로 제공하기 위한 것이고 그 배점 자체만으로는 아직 국민에 대하여 구체적으로 어떤 권리를 제한하거나 의무를 명하는 등 법률적 규제를 하는 효과를 발생하는 요건을 갖춘 것이 아니어서 그 무효확인 또는 취소를 구하는 소송의 대상이 되는 행정처분이라고 할 수 없다.

원심은 벌점배점의 무효확인 또는 취소를 구하는 원고의 이 사건 주위적 및 예비적 청구의 소를 부적법하다고 하여 각하하였다. 원심의 위와 같은 사실인정과 판단은 기록에 비추어 보면 정당하고 거기에 소론이 지적하는 심리미진 및 채증법칙의 위반이나 헌법, 민사소송법의 위반 또는 이유모순, 이유불비 및 판단유탈의 위법이 있다고 할 수 없다. 원고의 주장은 적법한 상고이유가 될 수 없는 것이다.

[참조조문] 행정소송법 제2조, 제19조, 도로교통법시행규칙 별표 16

형사소송법 제329조 공소취소 후 재기소 제한 해석 원칙
'공소취소 후 발견한 다른 중요한 증거'의 의미

공소취소 후 재기소 제한규정인 형사소송법 제329조의 적용 범위 및 그 조항에서 정한 '공소취소 후 발견한 다른 중요한 증거'의 의미가 문제된 사건

대법원 2024. 8. 29. 선고 2020도16827 판결
[특정경제범죄가중처벌등에관한법률위반(사기) · 사기]

[공소사실 요지]

피고인은 선행사건에서 이 사건 공소사실과 동일한 공소사실로 기소되었다가 공소장일본주의 위반 여부가 문제되어 검사가 공소를 취소함으로써 피고인에 대한 공소기각결정이 확정되었는데, 이후 검사가 추가 증거를 수집하여 다시 동일한 내용의 이 사건 공소를 제기한 사안이다.

[법리 쟁점]

형사소송법 제329조에서 정한 '공소취소 후 발견한 다른 중요한 증거'에 '공소취소 전에 수집 또는 조사하여 제출할 수 있었던 증거'가 포함되는지 여부(소극)

[참조조문]

헌법 제13조 제1항, 형사소송법 제329조

[참조판례]

대법원 1977. 12. 27. 선고 77도1308 판결(공1978, 10538); 대법원 2004. 12. 24. 선고 2004도4957 판결

[원심 판단]

제1심법원은 피고인에게 공소기각판결을 선고하였다.

원심법원은 피고인에게 공소기각판결을 선고하였다.

원심은, 선행사건에서 검사가 공소취소를 한 이유가 무엇인지에 관한 사실관계가 명확하게 인정된다고 보기 어려우므로 형사소송법 제329조 법문에 충실하게 공소취소 후 재기소의 요건이 충족되는지 여부에 관하여만 판단할 수밖에 없는데, 검사가 선행사건에서 공소를 취소한 후 새로 조사하여 제출한 증거들이 공소취소 전에 조사하였거나 조사할 수 있었으리라고 보이는 증거 이외의 증거로서, 독자적으로 또는 공소취소 전 증거와 함께 살펴볼 때 공소취소 전의 증거만으로는 증거불충분으로 무죄가 선고될 가능성이 있으나 새로 발견된 증거를 추가하면 충분히 유죄의 확신을 가지게 될 정도의 증거에 해당한다고 보기 어렵다는 이유로 이 사건 공소를 기각한 제1심판결을 그대로 유지하였다.

검사가 상고하였다.

[대법원 판단]

대법원은 상고를 기각한다.

낭독 형사소송법 판결문 29

대법원 2024. 8. 29. 선고 2020도16827 판결 [특정경제범죄가중처벌등에관한법률위반(사기)·사기]

〈공소취소 후 재기소 제한규정인 형사소송법 제329조의 적용 범위 및 그 조항에서 정한 '공소취소 후 발견한 다른 중요한 증거'의 의미가 문제된 사건〉

판시 사항

'공소취소 후 재기소'의 제한 규정인 형사소송법 제329조의 해석 원칙 / 공소취소 후 재기소의 요건으로서 '다른 중요한 증거를 발견한 경우'의 의미 및 공소취소 전에 충분히 수집 또는 조사하여 제출할 수 있었던 증거들이 이에 해당하는지 여부(소극)

형사소송법 제329조는
"공소취소에 의한 공소기각의 결정이 확정된 때에는
공소취소 후 그 범죄사실에 대한 다른 중요한 증거를
발견한 경우에 한하여 다시 공소를 제기할 수 있다."
라고 규정하고 있다. ·형사소송법 제329조 공소취소와 재기소 해석 원칙

공소취소 후 재기소는
헌법 제13조 제1항 후문 '거듭처벌금지의 원칙'의 정신에 따라
불안정한 지위에 놓이게 될 수 있는
피고인의 인권과 법적 안정성을 보장한다는 관점에서
엄격하게 해석해야 한다. ·엄격해석(=피고인 인권과 법적 안정성 보장)

따라서 '다른 중요한 증거를 발견한 경우'란
공소취소 전에 가지고 있던 증거 이외의 증거로서
공소취소 전의 증거만으로서는
증거불충분으로 무죄가 선고될 가능성이 있으나
새로 발견된 증거를 추가하면
충분히 유죄의 확신을 가지게 될 정도의
증거가 있는 경우를 말하고(대법원 1977. 12. 27. 선고 77도1308 판결, 대
법원 2004. 12. 24. 선고 2004도4957 판결 등 참조),

공소취소 전에
충분히 수집 또는 조사하여 제출할 수 있었던 증거들은
새로 발견된 증거에 해당한다고 보기 어렵다. ·새로 발견된 증거

대상판결 쟁점은 형사소송법 제329조 공소취소 후 재기소 제한 해석

원칙이다. '공소취소 후 발견한 다른 중요한 증거'의 의미이다. 공소취소 후 재기소 제한규정인 형사소송법 제329조의 적용 범위 및 그 조항에서 정한 '공소취소 후 발견한 다른 중요한 증거'의 의미가 문제된 사건이다.

대법원은, 형사소송법 제329조는 "공소취소에 의한 공소기각의 결정이 확정된 때에는 공소취소 후 그 범죄사실에 대한 다른 중요한 증거를 발견한 경우에 한하여 다시 공소를 제기할 수 있다."라고 규정하고 있다.

공소취소 후 재기소는 헌법 제13조 제1항 후문 '거듭처벌금지의 원칙'의 정신에 따라 불안정한 지위에 놓이게 될 수 있는 피고인의 인권과 법적 안정성을 보장한다는 관점에서 엄격하게 해석해야 한다.

따라서 '다른 중요한 증거를 발견한 경우'란 공소취소 전에 가지고 있던 증거 이외의 증거로서 공소취소 전의 증거만으로서는 증거불충분으로 무죄가 선고될 가능성이 있으나 새로 발견된 증거를 추가하면 충분히 유죄의 확신을 가지게 될 정도의 증거가 있는 경우를 말하고(대법원 1977. 12. 27. 선고 77도1308 판결, 대법원 2004. 12. 24. 선고 2004도4957 판결 등 참조), 공소취소 전에 충분히 수집 또는 조사하여 제출할 수 있었던 증거들은 새로 발견된 증거에 해당한다고 보기 어렵다고 판단하였다.

이 사안에서 검사가 선행사건에서 공소를 취소한 후 새로 조사하여 제출한 증거들이 공소취소 전에 조사하였거나 조사할 수 있었으리라고 보이는 증거 이외의 증거로서, 독자적으로 또는 공소취소 전 증거와 함께 살펴볼 때 공소취소 전의 증거만으로는 증거불충분으로 무죄가 선고될 가능성이 있으나 새로 발견된 증거를 추가하면 충분히 유죄의 확신을 가지게 될 정도의 증거에 해당한다고 보기 어렵다. 결국 이 사건 공소제기는 '공소취소 후 그 범죄사실에 대한 다른 중요한 증거를 발견한 경우'에 해당하지 않는다고 판단하였다.

대상판결은 형사소송법 제329조 공소취소 후 재기소 제한 해석 원칙·'공소취소 후 발견한 다른 중요한 증거'의 의미·공소취소 후 재기소 제한규정인 형사소송법 제329조의 적용 범위 및 그 조항에서 정한 '공소취소 후 발견한 다른 중요한 증거'의 의미에 대한 법리를 명확히 설

명한다. 대법원 판결은 타당하다. 국가고시·변호사시험 선택형으로 출제
가능성이 있다.

✎참조 조문

형사소송법 제329조(공소취소와 재기소)
공소취소에 의한 공소기각의 결정이 확정된 때에는 공소취소 후 그 범죄사실에
대한 다른 중요한 증거를 발견한 경우에 한하여 다시 공소를 제기할 수 있다.

【출처】 형사소송법 일부개정 2024.10.16 [법률 제20460호, 시행 2025.1.17.] 법무부

✎입법개정안 ☞ 법문장을 읽기 쉽게 다듬었다.

형사소송법 제329조(공소취소와 재기소)
검사는 공소취소로 공소기각결정이 확정된 경우 공소취소 후 범죄사실에 다른
중요한 증거를 발견된 때 다시 공소를 제기할 수 있다.

[개정방향]
※ 일본식 조사 '의(の)' 삭제
※ 명확성·간결성·가독성
※ 간결성
※ 가독성
※ 행위 주체 명시: 검사는
※ 공소취소에 의한 ⇒ 검사는 공소취소로
※ 공소기각의 결정이 확정된 때에는 ⇒ 공소기각결정이 확정된 경우
※ 공소취소 후 그 범죄사실에 대한 다른 중요한 증거를 발견한 경우에 한하
여 ⇒ 공소취소 후 범죄사실에 다른 중요한 증거를 발견된 때

준항고
수사기관 압수물 환부에 관한 형사소송법 제417조 준항고 제기기간과 요건

수사기관이 피고인으로부터 압수한 물건을 피해자에게 가환부하자 피고인이 준항고를 제기한 사건

대법원 2024. 3. 12.자 2022모2352 결정
[수사기관의압수물(가)환부에관한처분취소·변경기각결정에대한재항고]

[공소사실 요지]

수사기관은 피고인으로부터 물건을 압수하여 피해자에게 가환부하였다. 피고인은 압수물에 대한 몰수의 선고가 포함되지 않은 유죄판결이 선고된 후 압수물 가환부처분에 대하여 이 사건 준항고를 제기하였고, 이후 유죄판결이 확정되었다.

[법리 쟁점]

수사기관의 압수물의 환부에 관한 형사소송법 제417조 준항고의 제기기간과 요건

[참조조문]

[1] 형사소송법 제332조, 제417조 [2] 형사소송법 제409조, 제417조, 제419조

[참조판례]

[1] 대법원 1974. 5. 30.자 74모28 결정; 대법원 1984. 2. 6.자 84모3 결정 (공1984, 469)

[원심 판단]

제1심법원은 피고인에게 유죄를 선고하였다.

원심법원은 피고인에게 유죄를 선고하였다. 준항고를 기각하였다.

원심은, 가환부된 압수물에 대하여 몰수의 선고가 포함되지 않은 판결이 선고되어 확정되었으므로 환부의 선고가 있는 것으로 간주되는데 그로부터 7일이 지나서야 청구된 준항고는 청구기간을 도과하였고, 형사소송법 제332조에 따라 압수가 해제된 압수물에 대하여 검사가 가환부 내지 환부 신청을 불허하였다고 하더라도 더 이상 준항고의 방법으로 불복할 수 없다는 이유로 준항고를 기각하였다.

피고인이 재항고하였다.

[대법원 판단]

대법원은 재항고를 기각한다.

대법원은, 형사소송법 제417조의 준항고 제기기간에 관한 원심결정의 이유 설시에 일부 직질하시 아니한 부분이 있으나, 압수물에 대한 몰수의 선고가 포함되지 않은 판결이 선고된 이후에 준항고가 제기되었고 위 판결이 확정된 점에 비추어 준항고를 기각한 원심을 수긍할 수 있다고 보아 재항고를 기각하였다.

낭독 형사소송법 판결문 30

대법원 2024. 3. 12.자 2022모2352 결정 [수사기관의압수물(가)환부에관한처분취소·변경기각결정에대한재항고]

〈수사기관이 피고인으로부터 압수한 물건을 피해자에게 가환부하자 피고인이 준항고를 제기한 사건〉

―――――――――――――――――――――――――――――――――

판시 사항

[1] 수사기관의 압수물 환부에 관한 형사소송법 제417조 준항고의 요건 및 공소제기 이후의 단계에서 검사의 압수물에 대한 처분에 관하여 준항고로 다툴 수 있는지 여부(소극) / 압수물에 대한 몰수의 선고가 포함되지 않은 판결이 확정되어 압수가 해제된 것으로 간주된 경우, 검사에

게 압수물 환부에 대한 처분을 할 권한이 있는지 여부(소극)
[2] 형사소송법 제417조 준항고의 제기기간

판결 요지

[1] 수사기관의 압수물의 환부에 관한
형사소송법 제417조의 준항고는
검사 또는 사법경찰관이 수사 단계에서
압수물의 환부에 관하여 처분을 할 권한을 가지고 있을 경우에
그 처분에 관하여 제기할 수 있는 불복절차이다(대법원 1974. 5. 30.자
74모28 결정, 대법원 1984. 2. 6.자 84모3 결정 참조). · 수사기관의 압수물 환부에
관한 형사소송법 제417조 준항고

공소제기 이전의 수사 단계에서는
압수물 환부·가환부에 관한 처분권한이 수사기관에 있으나
공소제기 이후의 단계에서는 위 권한이 수소법원에 있으므로
검사의 압수물에 대한 처분에 관하여
형사소송법 제417조의 준항고로 다툴 수 없다.
· 압수물 환부·가환부 처분권한 이원화 ①공소제기 전 수사기관, ②공소제기 후 수소법원

또한 형사소송법 제332조에 따라
압수물에 대한 몰수의 선고가 포함되지 않은 판결이 확정된 때에는
압수가 해제된 것으로 간주되므로
이 경우 검사에게는 압수물 환부에 대한 처분을 할 권한이 없다.
· 압수물 몰수 선고 불포함된 판결 확정(=압수 해제로 봄. 검사에게 처분권한 없음)

[2] 형사소송법 제417조의 준항고에 관하여 같은 법 제419조는
같은 법 제409조의 보통항고의 효력에 관한 규정을 준용하고 있다.
따라서 형사소송법 제417조의 준항고는 항고의 실익이 있는 한 제
기기간에 아무런 제한이 없다. · 준항고 제기기간

판결 해설

대상판결 쟁점은 준항고이다. 수사기관 압수물 환부에 관한 형사소송법 제417조 준항고 제기기간과 요건이다. 수사기관이 피고인으로부터 압수한 물건을 피해자에게 가환부하자 피고인이 준항고를 제기한 사건이다.

대법원은, 수사기관의 압수물의 환부에 관한 형사소송법 제417조의 준항고는 검사 또는 사법경찰관이 수사 단계에서 압수물의 환부에 관하여 처분을 할 권한을 가지고 있을 경우에 그 처분에 관하여 제기할 수 있는 불복절차이다.

공소제기 이전의 수사 단계에서는 압수물 환부·가환부에 관한 처분 권한이 수사기관에 있으나 공소제기 이후의 단계에서는 위 권한이 수소법원에 있으므로 검사의 압수물에 대한 처분에 관하여 형사소송법 제417조의 순항고로 다툴 수 없다.

또한 형사소송법 제332조에 따라 압수물에 대한 몰수의 선고가 포함되지 않은 판결이 확정된 때에는 압수가 해제된 것으로 간주되므로 이 경우 검사에게는 압수물 환부에 대한 처분을 할 권한이 없다.

형사소송법 제417조의 준항고에 관하여 같은 법 제419조는 같은 법 제409조의 보통항고의 효력에 관한 규정을 준용하고 있다. 따라서 형사소송법 제417조의 준항고는 항고의 실익이 있는 한 제기기간에 아무런 제한이 없다고 규정하고 있다.

이 사안에서 압수물에 대한 몰수의 선고가 포함되지 않은 판결이 선고된 이후에 준항고가 제기되었고 위 판결이 확정된 점에 비추어 준항고를 기각한 원심을 수긍할 수 있다고 보아 재항고를 기각하였다.

대상판결은 준항고와 수사기관 압수물 환부에 관한 형사소송법 제417조 준항고 제기기간과 요건 법리를 명확히 설명한다. 대법원 판결은 타당하다. 국가고시·변호사시험 선택형으로 출제 가능성이 있다.

준항고

1. 준항고 개념

준항고는 수소법원의 재판장 또는 수명법관의 재판 또는 검사·사법경찰관 처분에 취소 또는 변경을 구하는 불복 방법이다. 준항고는 항고의 성질이 있다.

2. 준항고 대상

대상 재판은 재판장 또는 수명법관 재판·수사기관 처분이다. 기피신청을 기각한 재판·구금·보석·압수·압수물 환부에 관한 재판·감정유치를 명한 재판·과태료 또는 비용 배상을 명한 재판이다. 검사 또는 사법경찰관 구금·압수·압수물 환부 처분과 변호인 참여 처분이다. 접견교통권 제한과 참여권 제한도 해당한다.

3. 준항고 절차

준항고는 법관이 소속한 합의부에서 관할한다. 관할법원 또는 검사 소속검찰청에 대응한 법원에서 관할한다. **준항고 청구는 서면이다. 7일 이내에 해야 한다**(〈개정 2019.12.31.〉).

수사기관에 대한 준항고는 기간 제한이 없다. 항고법원 결정에 관한 규정이 준용된다. 항고 기각 또는 재판·처분 취소 또는 변경한다. 대법원에 재항고를 할 수 있다(이주원, 형사소송법, 제6판, 박영사, 2024, 762-765면).

✎**입법개정안** ☞ 법문장을 읽기 쉽게 다듬었다.

형사소송법 제417조(준항고) 피고인·변호인은 검사·사법경찰관이 다음 각 호 어느 하나에 해당하는 처분을 고지한 경우 불복이 있으면, 해당 직무집행지 관할법원·검사소속검찰청에 대응하는 법원에 처분취소·처분변경을 청구할 수 있다.

1. 구금
2. 압수
3. 압수물 환부처분
4. 제243조2에 근거한 변호인 참여 등에 관한 처분
[개정 2007.6.1, 2007.12.21] [[시행일 2008.1.1.]]

【출처】형사소송법 일부개정 2024.10.16 [법률 제20460호, 시행 2025.1.17.] 법무부

재항고
증인 불출석 과태료 부과결정에 대한 취소

수사기관에 의하여 감정을 위촉받은 사람이 증인으로
소환되었으나 불출석하여 과태료를 부과 받은 뒤 과태료
부과결정에 대한 취소를 구하는 사건

대법원 2024. 10. 31.자 2023모358 결정
[과태료일부인용결정에대한재항고]

[공소사실 요지]

법의학자인 재항고인은 피고인에 대한 「아동학대범죄의 처벌 등에 관한 특례법」 위반(아동학대치사) 사건의 수사과정에서 경찰로부터 피해자에게 발생한 골절 경위 등에 관한 감정을 위촉받고 전문가로서의 판단을 기재한 감정서를 회보하였다. 제1심은 위 피고사건에서 재항고인에게 증인으로 출석하라는 고지를 하였다. 그러나 재항고인이 불출석하자 재항고인에게 과태료 500만 원을 부과하였다. · 요약

(1) 피고인 ○○○는 '2021. 12. 초순경부터 자녀인 피해자 △△△의 머리 등에 심각한 타격을 주는 아동학대행위를 하여 생후 2개월 정도에 불과한 피해자로 하여금 2022. 1. 27. 외상성 뇌손상으로 인한 뇌부종으로 사망하게 하였다.'는 범죄사실로 기소되었다.

(2) 피해자의 사망 후 부검은 국립과학수사연구원 소속 부검의 □□□가 담당하였고, 그가 작성한 부검감정서가 증거로 제출되었다.

(3) ◇◇대학교 의과대학 소속 법의학자인 재항고인은 수사과정에서 경기남부경찰청으로부터 피해자에게 발생한 골절의 경위 등에 관한 감정을 위촉받고, 함께 제공받은 의료기록, 영상자료, 사진 등을 분석한 다음 피해자의 손상소견, 사망상황 분석, 아동학대의 가능성 등에 관한 전문가로서의 판단을 기재한 감정서를 회보하였다.

[법리 쟁점]
경험한 과거의 사실을 진술할 지위에 있지 않은 감정인에 대하여 증인 또
는 감정증인으로 소환한 경우, 소환장을 송달받고 불출석한 감정인에 대
하여 불출석에 대한 제재로 과태료를 부과할 수 있는지 여부(소극)

[참조조문]
형사소송법 제151조 제1항, 제152조, 제169조, 제170조, 제171조, 제172
조, 제172조의2, 제173조, 제174조, 제175조, 제176조, 제177조, 제179조,
제221조 제2항

[참조판례]
대법원 1983. 12. 13. 선고 83도2266 판결(공1984, 224); 대법원 2010. 1.
21. 선고 2008도942 전원합의체 판결(공2010상, 465); 대법원 2020. 12.
10. 선고 2020도2623 판결(공2021상, 245)

[원심 판단]
제1심법원은 피고인에게 과태료 500만 원을 부과하였다.
제1심은 2022. 12. 1. '재항고인이 증인으로 출석하라는 고지를 받고도
2022. 10. 17. 증인신문기일에 정당한 사유 없이 출석하지 않았다.'는 이
유로 형사소송법 제151조 제1항에 따라 재항고인에게 과태료 500만 원을
부과하였다. 피고인은 제1심결정에 대하여 즉시항고를 제기하였다.

원심법원은 피고인에게 과태료 500만 원을 부과하였다.
원심은, 일반증인으로 채택하여 소환하는 것에 응하기 어렵다는 취지의
재항고인의 항고에 대하여, 2023. 2. 1. 제1심의 과태료 부과결정이 정당
하나 500만 원의 과태료가 다소 무겁다고 판단하여, 제1심결정을 취소하
고 재항고인에 대하여 과태료 100만 원을 부과하는 결정을 하였다.
피고인이 재항고하였다.

[대법원 판단]
대법원은 원심결정을 파기하고, 사건을 수원고등법원에 환송한다.
재항고인이 감정증인의 지위에 있다고 보기 어려운데, 제1심으로서는 검
사가 재항고인을 증인으로 신청하여 법정에서 들으려는 진술의 내용과 취
지가 무엇인지를 석명을 통해 분명히 한 다음, 그것이 재항고인이 작성한

감정서에 기재된 재항고인의 법의학적 의견 또는 판단에 관한 것이라면 원칙적으로 재항고인을 감정인으로 채택·소환하여 감정인신문으로 감정결과를 설명하게 하는 등의 조치를 취하였어야 한다.

재항고인이 작성한 감정서가 법원에 증거로 제출되지 않아 법원이 그 내용을 확인하기 어려운 사정이 있었다고 하더라도 소송지휘권을 적절히 행사하여 검사가 신문하고자 하는 내용을 확인한 후 재항고인이 경험한 사실을 진술하여야 하는 지위에 있지 않다면 증거신청을 변경하도록 하는 등의 조치를 취하였어야 한다.

그럼에도 원심이 재항고인을 감정증인으로 소환한 뒤 불출석에 대한 제재로 과태료를 부과한 제1심 판단이 정당하다고 본 판단에는 감정증인신문과 감정신문 대상자의 형사소송법상 지위에 관한 구분 등에 관한 법리를 오해한 잘못이 있다. 대법원은 원심을 파기·환송하였다.

┃ 낭독 형사소송법 판결문 31 ┃

대법원 2024. 10. 31.자 2023모358 결정 [과태료일부인용결정에대한재항고]
〈수사기관에 의하여 감정을 위촉받은 사람이 증인으로 소환되었으나 불출석하여 과태료를 부과 받은 뒤 과태료 부과결정에 대한 취소를 구하는 사건〉

[판시 사항]

형사소송법이 증인의 법정 출석을 강제할 수 있는 권한을 법원에 부여한 취지 / 감정인의 자격 및 경험한 과거의 사실을 진술할 지위에 있지 않음이 명백한 감정인을 법원이 증인 또는 감정증인으로 소환한 경우, 감정인이 소환장을 송달받고 출석하지 않았더라도 불출석에 대한 제재로서 형사소송법 제151조 제1항에 따른 과태료를 부과할 수 있는지 여부(소극) / 이러한 법리는 형사소송법 제221조 제2항에 따라 수사기관에 의하여 감정을 위촉받은 사람이 감정의 결과로 감정서를 제출한 경우, 그에 관한 법정에서의 진술이 그가 경험한 과거의 사실에 관한 것이 아니라 오로지 감정인으로서의 학식과 경험에 의하여 얻은 일정한 원리 또는 판단을 진술하는 것임이 명백한 때에도 마찬가지인지 여부

(적극) 및 이때 그를 증인 또는 감정증인으로 소환하여 신문하는 것이 관련 형사소송법의 취지에 부합하는지 여부(소극)

판결 요지

증인은 법정에 출석하여 선서하고
자신이 경험한 사실을 진술하여야 하는 의무를 부담한다(대법원
2010. 1. 21. 선고 2008도942 전원합의체 판결 참조). ·증인

법원은 소환장을 송달받은 증인이
정당한 사유 없이 출석하지 아니한 경우에
당해 불출석으로 인한 소송비용을 증인이 부담하도록 명하고,
500만 원 이하의 과태료를 부과할 수 있으며(형사소송법 제151조 제
1항 전문),
정당한 사유 없이 소환에 응하지 아니하는 경우에는
구인할 수 있다(형사소송법 제152조). ·과태료(500만원 이하)/구인(소환불응)

형사소송법이 증인의 법정 출석을 강제할 수 있는 권한을
법원에 부여한 취지는,
다른 증거나 증인의 진술에 비추어
굳이 추가 증인신문을 할 필요가 없다는 등
특별한 사정이 없는 한
사건의 실체를 규명하는 데
가장 직접적·핵심적인 증인으로 하여금
공개된 법정에 출석하여
선서 후 증언하도록 하고,
법원은 출석한 증인의 진술을 토대로 형성된
유죄·무죄의 심증에 따라
사건의 실체를 규명하도록 하기 위함이다(대법원 2020. 12. 10. 선고

2020도2623 판결 참조). ·공판중심주의·직접심리주의·실체적 진실발견

한편, 감정인은 특정한 분야에 특별한 학식과 경험을 가진 사람으로,
그 학식과 경험에 의하여 알고 있거나
그 전문적 학식과 경험에 의하여 얻은 일정한 원리
또는 판단을 법원에 진술·보고한다(대법원 1983. 12. 13. 선고 83도2266
판결 참조). ·감정인

감정에 관하여는 형사소송법의 증인에 관한 규정이 준용되나,
감정인이 소환에 응하지 않더라도
구인할 수는 없다(형사소송법 제177조). ·감정인 구인 금지

감정인이라 하더라도
특별한 지식에 의하여 알게 된 과거의 사실에 관하여
진술하여야 하는 경우에는
증인의 지위에 해당하는
감정증인으로서 증인신문절차에 따라 신문하여야 하나
(형사소송법 제179조),
감정인이 감정을 하여
감정서(형사소송법 제171조 제1항)를 제출한 경우에
그 기재된 의견에 관한 설명을
추가로 듣는 절차(형사소송법 제171조 제4항) 등은
감정인이 과거의 사실을 진술하는 지위에 있지 않은 이상
증인신문이 아니라
형사소송법 제1편 제13장의 감정에 관한 규정에 따라
소환하여 진행하는 감정인신문으로 하여야 한다. ·감정인신문

따라서 경험한 과거의 사실을 진술할 지위에 있지 않음이
명백한 감정인을

법원이 증인 또는 감정증인으로 소환한 경우,
감정인이 소환장을 송달받고 출석하지 않았더라도
그 불출석에 대한 제재로서
형사소송법 제151조 제1항에 따른 과태료를 부과할 수는 없다.
· 감정인을 증인 또는 감정증인으로 소환·불출석(=과태료 부과 결정 불가)

이러한 법리는 법원으로부터 감정의 명을 받아
형사소송법 제169조 내지 제177조에서 정한 선서 등 절차를 거쳐
감정을 행한 감정인에게 적용됨은 물론,
형사소송법 제221조 제2항에 따라
수사기관에 의하여 감정을 위촉받은 사람이
감정의 결과로 감정서를 제출한 경우
그에 관한 법정에서의 진술이
그가 경험한 과거의 사실에 관한 것이 아니라
오로지 감정인으로서의 학식과 경험에 의하여 얻은 일정한 원리
또는 판단을 진술하는 것임이 명백한 때에도 마찬가지로,
이때에는 필요한 범위 내에서
형사소송법 제1편 제13장의 관련 절차를 거쳐
감정인신문으로 하여야 할 것이다. · 형사소송법 제1편 제13장 감정인신문

따라서 형사소송법 제221조 제2항에 근거한
검사 또는 사법경찰관의 위촉에 응하여
감정을 수행한 사람이
공판절차에서 전문적 학식과 경험에 의하여 얻은
자신의 의견이나 판단을 진술하게 되는 것으로
명백히 볼 수 있는 경우
그러한 진술은
다른 감정인을 통해서도 이루어질 수 있는 성질의 것인바, 것이다.

그럼에도 이와 다른 전제에서
그를 증인 또는 감정증인으로 소환하여 신문한다면,
사안의 실체 규명을 위해
대체가능성이 없는 증인에게
인정되는 구인 등 조치를 비롯한 법정 출석 의무를
감정인신문을 하여야 할 지위에 있는 자에게
부과하는 부당한 결과가 되어
관련 형사소송법의 취지에 부합하지 않는다.

• 구인(=대체가능성 없는 증인에게 인정하는 제도)·불출석(=과태료 부과)·감정인신문

[4] 공판절차에서 진술을 하여야 하는 사람이
증인 또는 감정인 중 어느 지위에서 진술하는지 여부가
명백하지 않을 수 있고,
법원이 형사소송법 제146조에 따라 그러한 사람을
증인으로 채택하여 신문하는 것이 허용된다 하더라도,
재항고인에 대하여 형사소송법에서 정한 의무 위반에 대한
제재로서 과태료를 부과하거나
그 부과에 대한 불복절차에서
과태료 부과처분이 적법한지 여부를 판단하는 경우에는
재항고인의 형사소송법상의 지위에 관하여
보다 면밀하게 심리할 필요가 있다. • 과태료 부과처분 적법성/소송법상 지위

특히 이 사건 과태료 결정에 대하여
재항고인이 제출한 이의신청서와 즉시항고장에는
'재항고인은 공소사실을 목격하거나
직접 또는 간접적으로 관여되어 있지 않고,
전문가로서 소견만을 밝혔을 뿐이므로,

증인이나 감정증인에 해당하지 않는다.'는 취지가
명확히 기재되어 있고,
검사가 제출한 증거목록에도
재항고인이 작성한 감정서의 증명취지가
"사망경위"로 기재되어 있다는 점에서도 그러하다.

판결 해설

　대상판결 쟁점은 재항고이다. 증인 불출석 과태료 부과결정에 대한 취소이다. 수사기관에 의하여 감정을 위촉받은 사람이 증인으로 소환되었으나 불출석하여 과태료를 부과 받은 뒤 과태료 부과결정에 대한 취소를 구하는 사건이다.

　대법원은, 감정인이 소환에 응하지 않더라도 구인할 수는 없다(형사소송법 제177조). 감정인이라 하더라도 특별한 지식에 의하여 알게 된 과거의 사실에 관하여 진술하여야 하는 경우에는 증인의 지위에 해당하는 감정증인으로서 증인신문절차에 따라 신문하여야 하나(형사소송법 제179조), 감정인이 감정을 하여 감정서(형사소송법 제171조 제1항)를 제출한 경우에 그 기재된 의견에 관한 설명을 추가로 듣는 절차(형사소송법 제171조 제4항) 등은 감정인이 과거의 사실을 진술하는 지위에 있지 않은 이상 증인신문이 아니라 형사소송법 제1편 제13장의 감정에 관한 규정에 따라 소환하여 진행하는 감정인신문으로 하여야 한다. 따라서 경험한 과거의 사실을 진술할 지위에 있지 않음이 명백한 감정인을 법원이 증인 또는 감정증인으로 소환한 경우, 감정인이 소환장을 송달받고 출석하지 않았더라도 그 불출석에 대한 제재로서 형사소송법 제151조 제1항에 따른 과태료를 부과할 수는 없다고 규정하고 있다.

　이 사안에서 형사소송법 제221조 제2항에 근거한 검사 또는 사법경찰관의 위촉에 응하여 감정을 수행한 사람이 공판절차에서 전문적 학식과 경험에 의하여 얻은 자신의 의견이나 판단을 진술하게 되는 것으로 명백히 볼 수 있는 경우 그러한 진술은 다른 감정인을 통해서도 이루어질 수 있는 성질의 것이다.

그럼에도 이와 다른 전제에서 그를 증인 또는 감정증인으로 소환하여 신문한다면, 사안의 실체 규명을 위해 대체가능성이 없는 증인에게 인정되는 구인 등 조치를 비롯한 법정 출석 의무를 감정인신문을 하여야 할 지위에 있는 자에게 부과하는 부당한 결과가 되어 관련 형사소송법의 취지에 부합하지 않는다.

공판절차에서 진술을 하여야 하는 사람이 증인 또는 감정인 중 어느 지위에서 진술하는지 여부가 명백하지 않을 수 있고, 법원이 형사소송법 제146조에 따라 그러한 사람을 증인으로 채택하여 신문하는 것이 허용된다 하더라도, 재항고인에 대하여 형사소송법에서 정한 의무 위반에 대한 제재로서 과태료를 부과하거나 그 부과에 대한 불복절차에서 과태료 부과처분이 적법한지 여부를 판단하는 경우에는 재항고인의 형사소송법상의 지위에 관하여 보다 면밀하게 심리할 필요가 있다.

특히 이 사건 과태료 결정에 대하여 재항고인이 제출한 이의신청서와 즉시항고장에는 '재항고인은 공소사실을 목격하거나 직접 또는 간접적으로 관여되어 있지 않고, 전문가로서 소견만을 밝혔을 뿐이므로, 증인이나 감정증인에 해당하지 않는다.'는 취지가 명확히 기재되어 있고, 검사가 제출한 증거목록에도 재항고인이 작성한 감정서의 증명취지가 "사망경위"로 기재되어 있다는 점에서도 그러하다고 판단하였다.

대상판결은 재항고·증인 불출석 과태료 부과결정에 대한 취소·수사기관에 의하여 감정을 위촉받은 사람이 증인으로 소환되었으나 불출석하여 과태료를 부과 받은 뒤 과태료 부과결정에 대한 취소를 구하는 법리를 명확히 설명한다. 대법원 판결은 타당하다. 국가고시·변호사시험 선택형으로 출제 가능성이 있다.

재항고

1. 재항고 개념

재항고는 법원 결정에 대하여 대법원에 제기하는 즉시항고이다. 이유는 법령위반뿐이다. 항고법원 결정·항소법원 결정·고등법원 결정은 오로지 재항고로 불복할 수 있다. 항고법원 결정은 제2심 결정이다. 그러나 항소법원과 고등법원 결정은 최초의 결정이다. 즉시항고는 모두 대법원이 결정한다.

2. 재항고 이유

재항고는 예외적 허용이다. 재판에 영향을 미친 헌법·법률·명령·규칙 위반이다. 법령 해석 통일성 때문이다.

3. 재항고 절차

재항고는 항고 규정과 상소 제기 규정을 적용한다. 재항고는 즉시항고이다. 그래서 3일 이내로 제한한다. 집행 정지 효력도 있다. 원심법원의 절차는 항고에서 동일하다. 재항고는 법률심이다. 상고심 규정을 준용한다.

상고

1. 상고 개념

상고上告는 제2심판결에 불복하여 대법원에 제기하는 상소이다. 비약상고飛躍上告는 제1심판결에 대해 항소 없이 곧바로 대법원에 제기하는 상고이다.

상고심 주된 기능은 법령 통일이다. 사실오인과 양형부당도 일정한 범위에서 상고이유가 된다. 당사자 권리 구제 기능도 있다. 상고심 구조는 원칙적 법률심·예외적 사실심·원칙적 사후심·예외적 속심 성격을 모두 갖고 있다.

2. 상고이유와 상고심 절차

상고이유는 4가지이다. 엄격하게 제한한다. 법령위반·중대한 사실오인·현저한 양형부당이다.

3. 상고심 절차

상고기간은 판결선고일로부터 7일이다. 상고는 상고장을 원심법원에 제출하여야 한다. 제소자 특칙이 있다. 원심법원은 상고제기가 법률 방식에 위반하거나 또는 상고권 소멸 후인 것이 명백하면 상고기각 결정을 한다. 즉시항고 할 수 있다.

상고기각 결정이 없는 경우, 원심법원은 상고장을 받은 날부터 14일 이내에 소송기록과 증거물을 상고법원에 송부하여야 한다. 상고법원은 소송기록을 송부받으면 즉시 상고인과 상대방에게 그 사유를 통지하여야 한다. 변호인 선임이 있는 경우 변호인에게도 통지해야 한다.

상고인 또는 변호인은 소송기록접수통지를 받은 날부터 20일 이내에 상고이유서를 상고법원에 제출해야 한다. 상고이유서는 상대방에게 부본 도는 등본을 송달하여야 한다. 상대방은 10일 이내에 답변서를 제출할 수 있다. 답변서는 상고인 또는 변호인에게 부본 도는 등본을 송달해야 한다. 상고인 또는 변호인이 그 기간 내에 상고이유서를 제출하지 아니한 때 상고기각 결정을 한다. 상고장에 상고이유가 기재되는 있는 경우 예외이다.

상고심은 상고이유서에 포함된 사유에 관하여 심판하여야 한다.

4. 상고심 재판

상고법원은 상고심 재판을 한다. 공소기각결정·상고기각결정·상고기각판결·원심판결 파기판결이다. 원심판결의 파기판결은 파기환송·파기이송이 원칙이다. 파기자판은 예외이다. 상고법원 재판서에 상고이유에 대한 판단을 기재하여야 한다. 법령해석 통일이라는 관점에서 상고심 기능이다. 상고법원은 판결정정을 할 수 있다. 내용에 명백한 오류가 있는 경우이다. 신청은 판결선고 이후 10일 이내에 한다.

비약상고는 2심을 생략하는 제도이다. 법령해석 통일을 신속하게 진행하고, 피고인 이익을 신속히 회복하려는 목적이다. 비약상고가 제기되면, 항소 제기가 있더라도 효력을 잃는다. 다만 항소 취하·항소 제기가 있는 경우 예외이다.

피고인이 항소를 제기하면, 검사의 비약적 상고는 상고로서 효력뿐 아니라 항소로서 효력도 유지되지 않는다(대법원 1971. 2. 9. 선고 71도28 판결 [업무상횡령]). (이주원, 형사소송법, 제6판, 박영사, 2024, 750−758면). 피고인만 항소한 것이 된다. 불이익변경금지 원칙이 적용된다.

비상구제절차 재심
형사소송법 제420조 제5호 및 제7호 재심사유

형사소송법 제420조 제5호 및 제7호의 재심사유의 존부가 문제된 사건

대법원 2024. 9. 19.자 2024모179 결정
[재심개시결정에대한재항고]

[공소사실 요지]

부녀 사이인 피고인들이 공모하여 청산염이 희석된 막걸리를 피해자들이 마시도록 함으로써 피해자들을 살해하거나 미수에 그쳤다는 살인 등의 공소사실로 기소되어 재심대상사건에서 유죄판결을 받아 그 판결이 확정되었다. 피고인들은 재심대상사건에 대하여 형사소송법 제420조 제5호 및 제7호 등을 재심사유로 주장하면서 재심을 청구하였다.

[법리 쟁점]

검사가 피의자신문 과정에서 수사권을 남용하였는지 여부에 대한 판단 기준

[참조조문]

형법 제123조, 형사소송법 제199조, 검찰청법 제4조 제1항, 제3항

[참조판례]

대법원 2007. 11. 30. 선고 2005다40907 판결(공2007하, 2038); 대법원 2020. 1. 30. 선고 2018도2236 전원합의체 판결(공2020상, 545); 대법원 2022. 9. 16. 선고 2022다236781 판결

[원심 판단]

원심법원은 피고인들에게 재심사유를 인정하였다.

① 형사소송법 제420조 제7호 재심사유에 관하여, 검사가 피고인 1에 대한 3회 피의자신문 과정에서 자신의 의도대로 진술을 이끌어내기 위하여 피고인 1에게 검사의 생각을 주입하며 유도신문을 하는 등 진술의 임의성을 보장하지 못하고 사회통념상 현저히 합리성을 잃은 신문방법을 사용함으로써 위법하게 수사권을 남용하였다고 판단하여 재심사유를 인정하였다.

② 형사소송법 제420조 제5호 재심사유에 관하여, 화물차 CCTV 경찰증거가 피고인들의 무죄를 인정할 새롭고 명백한 증거에 해당한다고 판단하여 재심사유를 인정하였다.

검사가 재항고하였다.

[대법원 판단]

대법원은 재항고를 모두 기각한다.

낭독 형사소송법 판결문 32

대법원 2024. 9. 19.자 2024모179 결정 [재심개시결정에대한재항고] (라) 재항고기각

〈형사소송법 제420조 제5호 및 제7호의 재심사유의 존부가 문제된 사건〉

판시 사항

직권남용권리행사방해죄에서 '직권의 남용'에 해당하는지 판단하는 방법 및 이때 그 판단의 대상이 검사의 수사권 행사인 경우 함께 고려할 사항

판결 요지

직권남용권리행사방해죄는

공무원이 일반적 직무권한에 속하는 사항에 관하여

직권을 행사하는 모습으로

실질적, 구체적으로

위법·부당한 행위를 한 경우에 성립한다.

이 때 '직권의 남용'에 해당하는지 여부는,
구체적인 공무원의 직무행위가
본래 법령에서 그 직권을 부여한 목적에 따라 이루어졌는지,
직무행위가 행해진 상황에서 볼 때
필요성·상당성이 있는 행위인지,
직권행사가 허용되는 법령상의 요건을 충족했는지 등을
종합하여 판단하여야 한다(대법원 2020. 1. 30. 선고 2018도2236 전원합의
체 판결 등).

그 판단의 대상이 검사의 수사권 행사라면,
수사는 수사의 목적을 달성할 필요가 있는 경우에 한하여
상당하다고 인정되는 방법에 의하여 이루어져야 한다는
수사원칙(대법원 2007. 11. 30. 선고 2005다40907 판결 참조)과
공익의 대표자로서 실체적 진실에 입각한
국가 형벌권의 실현을 위하여
공소를 제기하고 그 과정에서
피고인의 정당한 이익을 옹호하여야 한다는
검사의 의무(대법원 2022. 9. 16. 선고 2022다236781 판결 참조)도
함께 고려되어야 한다. · 수사원칙 준수의무·피고인 정당한 이익 옹호의무

판결 해설

대상판결 쟁점은 비상구제절차 재심이다. 형사소송법 제420조 제5호
및 제7호 재심사유이다. 형사소송법 제420조 제5호 및 제7호의 재심사
유의 존부가 문제된 사건이다.

대법원은, '직권의 남용' 판단의 대상이 검사의 수사권 행사라면, 수
사는 수사의 목적을 달성할 필요가 있는 경우에 한하여 상당하다고 인
정되는 방법에 의하여 이루어져야 한다는 수사원칙과 공익의 대표자로

서 실체적 진실에 입각한 국가 형벌권의 실현을 위하여 공소를 제기하고 그 과정에서 피고인의 정당한 이익을 옹호하여야 한다는 검사의 의무도 함께 고려되어야 한다고 판단하였다.

이 사안에서 형사소송법 제420조 제7호 재심사유에 관하여, 검사가 피고인 1에 대한 3회 피의자신문 과정에서 자신의 의도대로 진술을 이끌어내기 위하여 피고인 1에게 검사의 생각을 주입하며 유도신문을 하는 등 진술의 임의성을 보장하지 못하고 사회통념상 현저히 합리성을 잃은 신문방법을 사용함으로써 위법하게 수사권을 남용하였다고 판단하여 재심사유를 인정하였다.

형사소송법 제420조 제5호 재심사유에 관하여, 화물차 CCTV 경찰증거가 피고인들의 무죄를 인정할 새롭고 명백한 증거에 해당한다고 판단하여 재심사유를 인정하였다.

대상판결은 비상구제절차 재심·형사소송법 제420조 제5호 및 제7호 재심사유의 존부 법리를 명확히 설명한다. 대법원 판결은 타당하다. 국가고시·변호사시험 선택형으로 출제 가능성이 있다.

재 심

1. 재심 개념

재심再審은 유죄 확정판결에 중대한 사실인정 오류가 있는 경우 다시 재판한다. 비상구제절차이다. 판결을 받는 사람의 이익을 위하여 시정하는 형사절차이다. 사실오인이다. 이익재심만 허용한다. 제심은 적법절차의 구체적 표현이다. 실질적 정의를 실현하는 절차이다. 헌법적 근거가 있다. 법이론적으로 진실에 기초한 정의실현에 목적이 있다.

2. 재심 대상

재심 대상은 유죄 확정판결·상소 기각 판결이다. 확정된 약식명령·즉결심판·특별사면·일반사면을 받은 유죄 확정판결도 재심 대상이 된다. 항소기각판결과 상소기각판결 자체도 재심 대상이 된다.

반면 무죄판결·면소·공소기각판결·관할위반 판결·환송판결·결정·명령·파기 판결·효력을 잃은 약식명령·효력을 상실한 유죄판결은 재심 대상이 아니다. 유죄판결에 상고가 제기되어 상고심 재판 중 피고인이 사망한 경우 공소기각 결정이 확정된다. 항소심 유죄판결은 당연히 효력을 상실한다. 재심절차의 전제가 되는 '유죄 확정판결'이 존재하지 않는다.

3. 재심 구조

재심 구조는 2단계 구조이다. 재심개시절차와 재심심판절차이다. 재심개시절차가 중심이다. 재심사유가 있는지 여부만 판단한다.

4. 재심 사유

재심사유는 2가지이다. 신규증거(노바·nova)형과 허위증거(팔사·falsa)형이다. 형사소송법 제420조 제5호가 신규증거형이고, 제1호·제2호·제3호·제4호·제6호·제7호가 허위증거형이다. 제5호는 무죄 등을 선고할 명백한 새로운 증거의 발견이다. 사실인정 오류가 있는 경우이다. 무죄·면소를 인정할 증거·형의 면제·경한 죄를 인정할 증거이다. 형의 면제는 필요적 면제를 말한다. 경한 죄는 별개의 경한 죄이다. 양형 자료 변동·감경 사유·형법 제37조 후단 경합범의 임의적 감경·면제·공소기각을 선고할 수 있는 경우는 포함되지 않는다. 새로운 증거 자격에 증거능력은 불문한다. 확정판결 후 법령의 개폐나 대법원 판례변경은 제5호 재심사유가 되지 않는다. 법원에서 위헌·무효라고 선언한 경우 '증거가 새로 발견된 때'에 해당한다. 제출할 수 없었던 증거를 비로소 제출한 경우도 포함된다. 과실로 증거를 제출할 수 없었던 경우는 포함되지 않는다. 심사 대상 증거 범위는 신구 증거 모두 포함된다는 종합평가설이 다수설이다. 그러나 판례는 제한평가설이다. 최종 판단이기에 종합평가설이 타당하다. 공범자 간의 모순된 판결의 경우 명백성이 인정되면 재심사유가 된다.

허위증거형 재심사유는 6개이다. 모두 확정판결에 의해 증명될 것을 요구한다. 증거서류·증거물 위조·변조, 무고로 인한 사실오인, 원판결의 증거된 재판 변경, 침해한 권리의 무효 확정, 관여 법관 등의 직무범죄, 증인의 허위증언이다.

상소기각 확정판결에 대한 재심사유는 유죄 확정판결에 대한 재심사유보다 제한적이다. 증거서류·증거물 위조·변조, 증인의 허위증언, 관여 법관 등의 직무범죄이다. 피고인 이익을 위한 재심도 청구할 수 있다. 하급심 판결에 대한 재심청구사건의 판결이 있은 후 상급심의 상소기각 판결에 대하여 다시 재심을 청구하지 못한다. 재심청구 목적이 이미 달성되었기 때문이다.

5. 재심개시절차

재심청구는 원판결의 법원이 관할한다. 원판결은 재심청구 대상 판결이다. 제1심판결이면 제1심법원이, 상소기각판결이면 상소법원이 관할한다.

청구권자는 검사, 유죄 선고를 받은 사람·그 법정대리인, 사망한 경우 배우자·지계친족·형제자매, 변호인이다. 사망자라도 명예회복 이익이 있다.

방식은 서면주의이다. 재심청구는 형의 집행을 정지하는 효력이 없다. 재심청구는 취하할 수 있다. 다시 재심을 청구하지 못한다.

재심개시절차는 판결절차가 아니다. 결정절차이다. 구두변론을 요하지 않고 심문 절차를 공개할 필요가 없다. 재심청구사건에서 증거보전절차가 허용되지 않는다. 증거보전은 제1회 공판기일 전에 가능한 절차이다. 청구한 사람과 상대방의 의견을 들어야 한다.

결정은 2가지이다. 청구기각 결정·재심개시 결정이다.

경합법 일부에 대한 재심사유와 재심법원의 심판 범위는 일부재심설·전부재심설·절충설이 있다. 판례는 절충설이다. 전부 개시·일부 심판이다.

6. 재심심판절차

재심공판절차는 심급에 따른 심판이다. 피고사건을 처음부터 다시 심판한다. 재심결결 당시 법령이다. 절차법과 실체법이 변경된 경우 변경된 절차법과 실체법에 따라 심판한다. 폐지된 경우 면소 판결을 선고한다. 법원에서 위헌·무효가 선언된 경우 형사소송법 제325조에 근거하여 무죄를 선고한다. 법령 해석도 재심판결 당시를 기준으로 한다.

피고인 출석 없이 심판할 수 있다. 다만 변호인이 출석하지 않으면 개정하지 못한다. 공소 취소는 금지한다. 공소장 변경은 제한적 범위에서 허용된다. 재심피고인이 사망한 경우에도 실체재판을 해야 한다. 무죄 판결은 공시해야 한다. 명예회복을 위한 것이다. 재심판결이 확정되면 원판결은 효력을 잃는다. 그때까지 재심대상판결에 의하여 이루어진 형의 집행은 적법하게 이루어진 것이다. 그러므로 그 효력을 잃지 않는다. 원판결에 의한 자유형 집행은 재심 판결에 의한 자유형 집행에 통산된다.

✎ 참조 조문

형사소송법 제420조(재심이유)

재심은 다음 각 호의 어느 하나에 해당하는 이유가 있는 경우에 유죄의 확정 판결에 대하여 그 선고를 받은 자의 이익을 위하여 청구할 수 있다.

1. 원판결의 증거가 된 서류 또는 증거물이 확정판결에 의하여 위조되거나 변조된 것임이 증명된 때
2. 원판결의 증거가 된 증언, 감정, 통역 또는 번역이 확정판결에 의하여 허위임이 증명된 때
3. 무고(무고)로 인하여 유죄를 선고받은 경우에 그 무고의 죄가 확정판결에 의하여 증명된 때
4. 원판결의 증거가 된 재판이 확정재판에 의하여 변경된 때
5. 유죄를 선고받은 자에 대하여 무죄 또는 면소를, 형의 선고를 받은 자에 대하여 형의 면제 또는 원판결이 인정한 죄보다 가벼운 죄를 인정할 명백한 증거가 새로 발견된 때
6. 저작권, 특허권, 실용신안권, 디자인권 또는 상표권을 침해한 죄로 유죄의 선고를 받은 사건에 관하여 그 권리에 대한 무효의 심결 또는 무효의 판결이 확정된 때
7. 원판결, 전심판결 또는 그 판결의 기초가 된 조사에 관여한 법관, 공소의 제기 또는 그 공소의 기초가 된 수사에 관여한 검사나 사법경찰관이 그 직무에 관한 죄를 지은 것이 확정판결에 의하여 증명된 때. 다만, 원판결의 선고 전에 법관, 검사 또는 사법경찰관에 대하여 공소가 제기되었을 경우에는 원판결의 법원이 그 사유를 알지 못한 때로 한정한다.

[전문개정 2020.12.8]

【출처】 형사소송법 일부개정 2024.10.16 [법률 제20460호, 시행 2025.1.17.] 법무부

비상구제절차 재심
형사소송법 제420조 제7호 '직무에 관한 죄'의 핵심 증거 제출로 재심청구 법원조치

성범죄를 피하기 위하여 타인의 혀를 물어 끊은 사실로
중상해죄로 구속 기소되어 유죄판결을 받고 그 판결이 확정된 후
형사소송법 제420조 제7호 등을 이유로 재심을 청구한 사건

대법원 2024. 12. 18.자 2021모2650 결정
[재심기각결정에대한재항고]

[공소사실 요지]

재항고인(당시 19세)은 1964년 생면부지인 A가 재항고인을 넘어뜨리고 강제로 입을 맞추려고 하면서 혀를 재항고인의 입속으로 넣자 A의 혀를 물어 끊었는데, 이를 이유로 중상해죄로 구속기소되어 유죄판결을 받고 그 무렵 판결이 확정되었다.

재항고인은 수사기관에서의 불법 구금에 의한 형사소송법 제420조 제7호의 재심사유[원판결, 전심판결 또는 그 판결의 기초가 된 조사에 관여한 법관, 공소의 제기 또는 그 공소의 기초가 된 수사에 관여한 검사나 사법경찰관이 그 직무에 관한 죄를 지은 것이 확정판결에 의하여 증명된 때] 등을 주장하면서 재심을 청구하였다. · 요약

원심결정 이유 및 기록에 따르면, 다음과 같은 사실 및 사정을 알 수 있다.
(가) 재항고인(1945. 6.생)은 1964. 5. 6. 오후 8시경 생면부지인 청구외인이 재항고인을 넘어뜨리고 배 위에 올라타 강제로 입을 맞추려고 하면서 혀를 재항고인의 입 속으로 넣자 청구외인의 혀를 1.5cm 물어 끊게 되었다. 즉, 재항고인은 성폭력범죄의 피해자로서 자신을 방어하는 과정에서 성폭력범죄의 가해자인 청구외인에게 이 같은 행위를 한 것이었다.

(나) 그 후 청구외인이 1964. 5. 23.경 10여 명의 친구들과 재항고인의 집에 침입하여 위와 같이 혀에 상처를 입힌 것에 대하여 항의하면서 식칼을 들고 재항고인의 부친을 죽인다고 하는 등 협박하고 나서 재항고인을 중상해로 고소하자, 재항고인도 청구외인을 강간미수와 특수주거침입 및 협박으로 고소하였다.

(다) 두 사건을 조사한 경찰은 재항고인의 정당방위 주장을 받아들여 죄가 없다고 판단하고 청구외인에 대하여는 강간미수와 특수주거침입 및 협박의 혐의를 인정하여 그러한 내용으로 검찰에 송치하였다. 그런데 검찰에서 담당 검사는 경찰 수사 단계에서 구속되어 있던 청구외인을 석방한 다음 강간미수 혐의는 불기소처분하고 특수주거침입 및 협박죄만을 기소하였으며, 오히려 불구속 상태였던 재항고인을 중상해죄의 피의사실로 구속하였다.

(라) 재항고인은 이 사건 재심청구를 하면서 위와 같이 구속된 과정에서 검사의 직무상 범죄가 있었다는 증거로 진술서를 거듭 제출하였다. 그 내용은 재항고인이 1964. 7. 초순경 부친과 함께 처음 부산지방검찰청에 출석하였는데 당일 검찰청 소속 수사관이 아무런 설명도 없이 소년으로 19세에 불과한 재항고인을 독방에 구금하고 수갑을 채운 다음 검사의 신문을 받도록 한 사실, 검사의 신문 과정에서 구속영장을 제시받지 못하였고 구속사유나 변호인 선임권, 진술거부권에 대한 아무런 설명을 듣지 못한 사실, 첫 조사 후 수갑을 차고 작은 방에 있다가 다른 죄수들과 양손에 줄을 메고 버스를 타고 구금시설로 갔고 부친은 혼자 집으로 돌아간 사실, 구금시설에 부친이 사식을 넣어 주었으나 3일을 굶었고 이후 구속되고 처음 2, 3주간은 일주일에 두 번 정도 조사를 자주 받은 사실 등으로 그 내용이 상당히 구체적이고 일관된다. 재항고인은 재심청구 계기에 대하여 60세가 넘어 검정고시를 거쳐 방송통신대학에서 공부를 시작하면서 여성의 삶과 역사, 인권에 대한 수업을 듣게 되었고 학우에게 자신의 경험담을 이야기하고 그와 여성단체의 도움으로 이 사건 재심을 청구하게 되었다고 밝히고 있다. 이러한 재심청구의 동기에 부자연스럽거나 억지스러운 부분이 발견되지 않고 재항고인이 수사 및 재판 과정에서 겪은 일을 허위로 진술하여 재심청구를 할 다른 이유가 있다고 보이지도 않는다.

(마) 재심대상 판결문에는 "검사가 만든 피고인 재항고인에 대한 피의자신문조서(제1, 2, 3, 4회) 가운데 각 중상해 사실 중 상해의 부위 및 정도

를 제외한 나머지 사실과 같은 내용의 말을 한 것이 적혀져 있는 것"을 유죄의 증거로 채택하였다고 기재되어 있으므로, 검찰에서 재항고인에 대한 피의자신문은 적어도 4회 이상 이루어졌음을 알 수 있다. 1964. 10. 22.자 부산일보 기사에는 '담당 검사는 근 두 달 동안의 수사 끝에 경찰 조사를 번복, ○양(재항고인)을 유죄로 단정 중상해 혐의로 구속기소'하였다는 내용이 실려 있다. 1964. 12. 18.자 부산일보 기사에는 '검사에 의해 50여 일간의 조사 끝에 사건이 완전히 전복, 처녀를 유죄로 단정, ○양을 정식 구속기소하였다.'는 내용이 기재되어 있다. 이러한 내용과 앞서 라) 항에서 본 재항고인의 진술을 종합하여 살펴보면 재항고인은 검찰에서 사실상 체포·구금되어 신체적 활동 내지 장소적 선택의 자유가 침해된 상태에서 약 2달간 조사를 받았음을 추단하여 볼 수 있다.

(바) 그런데 재소자인명부, 형사사건부, 집행원부 등 제출된 자료에 의하면 재항고인이 1964. 9. 1.자로 구속되어 1964. 9. 3. 중상해죄로 기소되었다고 기재되어 있어, 1964. 7. 초순경부터 1964. 9. 1.경까지는 재항고인의 진술과 같이 형사소송법이 정한 적법절차를 준수하지 않은 채 영장없는 체포·감금이 이루어졌다고 볼 여지가 충분하다.

(사) 이후 진행된 소송절차에서 재항고인은 정당방위를 주장하였는데 정당방위의 성립 여부와 별다른 관계가 없는 순결성 여부, 즉 성관계 경험유무에 관한 감정을 받아야 했고, 공개된 재판에서 그 결과가 공개되어 언론에 보도되기도 하였다. 아무리 형사피고인이라고 하더라도 형사소송절차에서 공소사실이나 위법성조각사유를 구성하는 사실 등과 관련 있다고 보기 어려운 개인의 성경험이나 성생활 등에 관한 사실의 증명을 위한 강제처분으로서 신체의 감정을 받도록 하고 그 결과를 공개하는 것은, 형사피고인의 인간으로서의 존엄과 가치, 인격권 또는 사생활의 비밀과 자유 및 신체의 자유에 대한 중대한 침해가 된다. 소년으로 19세에 불과하였던 재항고인에 대한 재판 과정에서조차 이와 같이 중대한 기본권의 침해가 있었던 당시의 상황은, 수사 과정 등에서 적법절차를 보장받지 못한 채 구속되어 조사받았다는 재항고인의 일관되고 구체적인 피해 진술이 신빙성이 있음을 방증하는 또 하나의 사정이다.

[법리 쟁점]

[1] 형사소송법 제422조에 따라 확정판결을 대신하는 증명이 있는지를 판

단할 때 유념할 사항

[2] 재심청구인의 범죄의 피해자로서 하는 진술 그 자체가 형사소송법 제
420조 제7호에서 규정한 재심이유인 '직무에 관한 죄'의 존재를 뒷받침하
는 핵심적 증거로 제출된 경우 재심청구를 받은 법원이 취하여야 할 조치

[참조조문]

[1] 형사소송법 제420조 제7호 [2] 형사소송법 제420조 제7호, 제421조,
제422조 [3] 형사소송법 제37조 제3항, 제420조 제7호

[참조판례]

[1] 대법원 2018. 5. 2.자 2015모3243 결정(공2018상, 1111) [3] 대법원
2019. 3. 21.자 2015모2229 전원합의체 결정(공2019상, 889)

[원심 판단]

제1심법원은 피고인에게 재심청구를 기각하였다.

원심법원은 피고인에게 재심청구 항고를 기각하였다.

원심은, 항고인이 수사기관의 불법 구금, 협박, 자백강요 등을 주장한 적
이 없었던 점, 불법 구금 등을 증명할 객관적이고 분명한 자료가 제시되
지 않은 점 등을 들어 항고인의 주장을 배척하면서 형사소송법 제420조
제7호의 재심사유가 증명되지 않았다는 이유로 항고인의 재심청구를 기각
한 제1심결정을 그대로 유지하였다.

피고인이 상고하였다.

[대법원 판단]

대법원은 원심결정을 파기하고, 사건을 부산고등법원에 환송한다.

대법원은, 불법 구금에 관한 재항고인의 일관된 진술 내용은 충분히 신빙
성이 있고, 그 진술에 부합하는 직·간접의 증거들 즉, 재심대상 판결문,
당시의 신문기사, 재소자인명부, 형사사건부, 집행원부 등에 의하여 알 수
있는 일련의 수사 및 재판 과정에서의 사정들이 제시된 반면, 그 진술과
모순되거나 진술내용을 탄핵할 수 있는 다른 객관적인 증거가 없으므로,
재항고인은 검찰에 처음 소환된 1964. 7. 초순경부터 구속영장이 발부되
어 집행된 것으로 보이는 1964. 9. 1.까지의 기간 동안 불법으로 체포·감
금된 상태에서 조사를 받았다고 볼 여지가 충분하고, 이와 같은 검사의
행위는 형법 제124조의 직권남용에 의한 체포·감금죄를 구성하며, 위 죄

에 대하여는 공소시효가 완성되어 유죄판결을 얻을 수 없는 사실상·법률상 장애가 있는 경우로서 형사소송법 제422조의 '확정판결을 얻을 수 없는 때'에 해당하므로, 원심으로서는 재항고인의 진술의 신빙성을 깨뜨릴 충분하고도 납득할 만한 반대되는 증거나 사정이 존재하는지에 관한 사실조사를 하였어야 한다고 보아, 이와 달리 판단한 원심을 파기·환송하였다.

낭독 형사소송법 판결문 33

대법원 2024. 12. 18.자 2021모2650 결정 [재심기각결정에대한재항고]
〈성범죄를 피하기 위하여 타인의 혀를 물어 끊은 사실로 중상해죄로 구속 기소되어 유죄판결을 받고 그 판결이 확정된 후 형사소송법 제420조 제7호 등을 이유로 재심을 청구한 사건〉

판시 사항

[1] 형사소송법 제422조에 따라 확정판결을 대신하는 증명이 있는지를 판단할 때 유념할 사항
[2] 재심청구인의 범죄의 피해자로서 하는 진술 그 자체가 형사소송법 제420조 제7호에서 규정한 재심이유인 '직무에 관한 죄'의 존재를 뒷받침하는 핵심적 증거로 제출된 경우 재심청구를 받은 법원이 취하여야 할 조치

판결 요지

[1] 형사재판에서 재심은
유죄의 확정판결에 중대한 하자가 있는 경우
피고인의 이익을 위하여 잘못을 바로잡고자 마련한
비상구제절차이다(대법원 2018. 5. 2.자 2015모3243 결정 참조).
• 비상구제절차 재심(=유죄 확정판결 중대하자·피고인 이익·실체진실발견)

형사소송법 제420조 제7호는
"원판결, 전심판결 또는 그 판결의 기초된 조사에 관여한 법관,

공소의 제기 또는 그 공소의 기초된 수사에 관여한
검사나 사법경찰관이 그 직무에 관한 죄를 범한 것이
확정판결에 의하여 증명된 때"를 재심사유로 규정하고 있다.
· 형사소송법 제420조 제7호 법관·검사·사법경찰관 직무범죄 확정판결로 증명된 때

이는 그러한 직무범죄가 확정됨으로써
원판결 등에 사실오인의 잘못이 있다는 점이
현저하게 추측된다는 이유에서 이를 재심사유로 하여
제1심 혹은 상소심의 공판절차에 따라
다시 심리하여 재판을 하도록 한 것이다. · 재심사유로 다시 공판심리

[2] 형사소송법 제422조는
"전 2조의 규정에 의하여 확정판결로써 범죄가 증명됨을
재심청구의 이유로 할 경우에
그 확정판결을 얻을 수 없는 때에는
그 사실을 증명하여
재심의 청구를 할 수 있다."라고
규정하고 있다. · 확정판결 증명

여기서 '그 사실을 증명하여'란
확정판결을 얻을 수 없다는 사실과
형사소송법 제420조와 제421조가
재심이유로 규정한 범죄행위 등이 행하여졌다는 사실을
각 증명하여야 한다는 의미이고,
이때의 증명은 '확정판결을 대신하는 증명'이다. · 사실 증명

'확정판결을 대신하는 증명'이 있는지를 판단할 때는,
재심은 확정판결의 중대한 오류를 시정하고
일반적인 형사재판절차에서

형사소송원칙에 따른 권리를 제대로 보장받지 못한
억울한 피고인을 구제하여 인권을 옹호하기 위한 제도라는 점,
확정판결을 얻을 수 없는 이유가 매우 다양한 점 등을
유념하고 구체적인 사건에서
비상구제절차인 재심제도의 목적과 이념,
형사소송법 제420조 제7호의 취지 등을
두루 고려하여 신중하게 판단하여야 한다. ·확정판결을 대신하는 증명

[3] 재심청구인이
형사소송법 제420조 제7호에서 규정한
범죄의 피해자로서 하는 진술 그 자체가
재심이유인 '직무에 관한 죄'의 존재를
뒷받침하는 핵심적 증거로 제출되었음에도

그 범죄의 공소시효가 이미 완성하여
확정판결로 증명할 수 없는 경우가 있다. ·공소시효 완성·증명 불가능

이때 재심청구인의 범죄 피해에 관한 진술 내용이
논리와 경험칙에 비추어 합리적이고,
진술 자체로 모순되거나
객관적으로 확인된 사실이나 사정과 모순되지 않으며,
재심청구인이 허위로 진술할 뚜렷한 동기나 이유를 찾을 수 없는 등
그 진술에 충분한 신빙성이 있을 뿐만 아니라,
그 진술에 부합하는 직접·간접의 증거들이 상당수 제시된 반면,

그 진술과 모순되거나 진술내용을 탄핵할 수 있는
다른 객관적인 증거가 없어
그 진술만으로 법이 정한 재심사유가 있다고 인정하기에
충분하다는 정도에 이를 경우에는

원칙적으로 재심청구가 이유 있다고 인정하여
재심의 심판을 받을 기회를 보장하여야 한다. ·직접·간접 증거 상당수

[4] 재심의 청구를 받은 법원은
재심청구의 이유가 있는지 판단하는 데에 필요한 경우에는
사실을 조사할 수 있고(형사소송법 제37조 제3항),
이때 공판절차에 적용되는 엄격한 증거조사 방식을
따라야만 하는 것은 아니다(대법원 2019. 3. 21.자 2015모2229 전원합의체
결정 참조). ·법원 사실조사 가능(=공판절차에 적용되는 엄격한 증거조사 방식은 아니어
도 됨)

사실조사가 필요한지 여부의 판단은 법원의 재량이지만,
재심청구인의 진술 그 자체가 재심이유의 존재를
뒷받침하는 핵심적 증거로서 신빙성이 있고
그 진술의 내용 자체나 전체적인 취지에 부합하는
직접·간접의 증거들이 상당수 제시된 경우에는,
그 신빙성을 깨뜨릴 충분하고도 납득할 만한 반대되는 증거나
사정이 존재하는지에 관한 별다른 사실조사도 없이
만연히 '재심청구인의 진술' 외에
다른 객관적 증거가 없다는 이유로
재심청구를 기각하는 것은 타당하지 않다. ·반대증거·사실조사 실시함

[5] 사실 및 사정을 본 법리에 비추어 살펴본다.

(가) 이 사건은 재항고인이 노년에 이르러
18세 당시 성폭력범죄의 피해를 겪고
그 과정에서 자신을 방어하기 위하여
가해자에게 행한 행위를 이유로
중상해죄로 처벌받았던 약 60년 전의 재판에 대하여

권리구제의 기회를 얻고자
재심을 청구한 사건이다. · 60년 전 형사재판 권리구제 재심 청구 사건

이를 통해 수사와 재판 과정에서
불법 구금 등 적법절차를 지키지 않은 공권력에
제대로 대항할 수 없었던 억울함을 토로하고
당시 묵살되었던 정당방위 등의 무죄 사유를
다시 주장하여 잘못된 재판을
바로잡아 달라고 요청하고 있다. · 재심 청구(=불법구금·정당방위 무죄)

재항고인은
경찰 수사 단계에서는
성폭력범죄의 피해자로서 정당방위 주장을 인정받았음에도
돌연 검찰 수사 단계에서는
구속되어 수사받은 다음 중상해죄로 기소되었고,
재판 과정에서 정당방위를 주장한다는 이유로
순결성 감정을 받았으며,
재항고인의 성경험 여부가 언론을 통하여 공표되기도 하였다.

이러한 일련의 수사 및 재판 과정에 더하여,
재항고인이 스스로 밝히고 있는 재심청구의 의도나 동기 등에서
부자연스럽고 비합리적이라거나
재심제도를 악용한다고 볼 만한 사정은 전혀 나타나지 않는다.

재항고인의 일관된 진술 내용은
논리와 경험에 비추어 합리적이고,
진술 자체로 모순되거나
객관적으로 확인된 사실이나 사정과 특별히 모순되지 않으며,
재심청구인으로서 허위로 진술할

뚜렷한 동기나 이유도 찾을 수 없으므로,
불법 구금 등에 관한 재항고인의 피해 진술은
충분히 신빙성이 있다고 볼 여지가 크다. · 불법구금 진술 신빙성 존재

재심대상 판결문, 당시의 신문기사,
재소자인명부, 형사사건부, 집행원부 등의 기재에 의하면,
재항고인은 검찰에서 약 50여 일 이상 구속되어 있으면서
4회 이상의 피의자신문 등 수사를 받다가 기소된 사실,
반면 청구외인은 강간미수로
기소되지 않은 사실을 인정할 수 있다.
이러한 증거들은 재항고인 진술의 전체적 취지에 부합한다.

(나) 재항고인의 진술은 범죄피해자의 진술로서
형사소송법 제420조 제7호에서 정한 재심이유의 존재를
뒷받침하는 핵심적 증거가 됨이 엄연함에도 이를 도외시한 채
'재심청구인의 진술 외에는
수사기관의 불법 구금 등에 대한 객관적인 자료를
현재 찾을 수 없거나 그 자료가 남아 있지 않다.'는 이유로
재항고인의 진술의 신빙성을 배척하는 것은,
수십 년 전에 발생한 수사기관의 범죄혐의에 대하여
그로 인한 피해를 입었다고 진술하는 재항고인 개인에게
'수사기관이 수사하여 공소를 제기하고
적극적으로 공소유지를 하여 유죄판결을 받는 경우'와
동일한 수준의 엄격한 증명을 요구함으로써
재심사유를 부정하는 것이나 마찬가지여서
수긍하기 어렵다. · 재심사유(=공소유지/유죄판결 수준 엄격한 증명 요구 부당)

이는 오랜 세월이 지나 재심대상사건의 기록이

이미 폐기되거나 또는 멸실되는 등으로 인해
수사기관의 직무상 범죄에 관한 증거가 산일된 것이
재심청구인의 귀책사유라고 볼 수 없음에도
이를 순전히 재심청구인의 불이익으로 돌리는 결과가 되어
부당하다. · 재심청구인 귀책사유 없음

한편 당시의 권위주의적 통치나 공권력 아래에서
수사, 기소, 재판에 이르기까지
형사사법절차 전반에서
형사소송법이 정한 적법절차의 원칙이
엄격하게 준수되지 못하고 있던 관행이나 분위기,
19세의 미성년자이자 소년임에도
장기간 구속된 상태에서 수사와 재판을 받으면서
상당히 위축될 수밖에 없었던 재항고인의 처지,

여성에 대한 차별적 인식과 가치관이 팽배하였던
가부장적 제도의 시대에서 벌어졌던
이 사건 재항고인의 행위에 대하여
'청년을 불구자로 만들었다.'는 사회의 비난 여론이
비등하였던 당시 상황 등을 고려하여 볼 때,

'당시 재판 과정에서 수사기관의 불법행위를 정면으로
주장하지 않은 재항고인의 태도'에 대하여
현재의 잣대를 들이대어
이례적인 일로 치부하거나 부각하여
재항고인의 불법 구금 등에 관한 피해 진술이
신빙성 없다고 볼 사정으로 삼을 수는 없다. · 권위주의 통치/공권력

(다) 따라서 재항고인은

검찰에 처음 소환된 1964. 7. 초순경부터
구속영장이 발부되어 집행된 것으로 보이는
1964. 9. 1.까지의 기간 동안
불법으로 체포·감금된 상태에서
조사를 받았다고 볼 여지가 충분하다. ·불법 체포·감금된 상태 검찰조사

이와 같은 검사의 행위는
인신구속에 관한 직무를 행하는 자가
그 직권을 남용하여
사람을 체포 또는 감금하는 행위를 한 것으로서
형법 제124조의 직권남용에 의한 체포·감금죄를 구성한다.

형법 제124조의 직권남용에 의한 체포·감금죄는
법정형이 7년 이하의 징역과 10년 이하의 자격정지로서
그 공소시효는 5년이다[구 형사소송법(2007. 12. 21. 법률 제8730호
로 개정되기 전의 것) 제249조 제1항 제4호, 부칙(2007. 12. 21.) 제3조].
위 죄에 대하여는 공소시효가 이미 완성되어
유죄판결을 얻을 수 없는 사실상·법률상의 장애가 있는 경우로서
형사소송법 제422조의 '확정판결을 얻을 수 없는 때'에 해당한다(대
법원 2010. 10. 29.자 2008재도11 전원합의체 결정 등 참조).

· 형법 제124조 직권남용 체포·감금죄 구성·구 형사소송법 제249조 제1항 제4호 공소시효
5년 완성·형사소송법 제422조 확정판결을 얻을 수 없는 때에 모두 해당함

(라) 원심으로서는 앞서 본 바와 같이
재심청구인의 진술 그 자체가
재심이유의 존재를 뒷받침하는 핵심적 증거로서
신빙성이 있다고 볼 여지가 크고
그 진술 자체나 전체적인 취지에 부합하는
직접·간접의 증거들이 상당수 제시된 이상,

만연히 재심청구를 기각하여서는 아니 되고
그에 앞서 재심청구인 진술의 신빙성을 깨뜨릴
충분하고도 납득할 만한 반대되는 증거나 사정이
존재하는지에 관한 사실조사를 하였어야 한다. · 사실조사 필요

이와 달리 원심은,
재항고인이 중상해죄로 기소된 후 사선 변호인을 선임하여
그 조력 아래 재판을 받으면서도 수사기관의
불법 구금, 협박, 자백강요 등을 주장한 적이 없었던 점,
불법 구금 등을 증명할 객관적이고 분명한 자료가
제시되지 않은 점 등을 들어
재항고인의 주장을 배척하면서
형사소송법 제420조 제7호의 재심사유가
증명되지 않았다는 이유로
재항고인의 재심청구를 기각한 제1심결정을 그대로 유지하였다.
이러한 원심결정에는
형사소송법 제420조 제7호, 제422조의 재심사유에 관한
법리를 오해함으로써 필요한 심리를 다하지 아니한 채
재판에 영향을 미친 위법이 있다.
이 점을 지적하는 재항고이유 주장은 이유 있다. · 법리오해·재판영향

판결 해설

대상판결 쟁점은 비상구제절차 재심이다. 형사소송법 제420조 제7호 '직무에 관한 죄'의 핵심 증거 제출로 재심청구 법원조치이다. 성범죄를 피하기 위하여 타인의 혀를 물어 끊은 사실로 중상해죄로 구속 기소되어 유죄판결을 받고 그 판결이 확정된 후 형사소송법 제420조 제7호 등을 이유로 재심을 청구한 사건이다.

대법원은, 재심청구인이 형사소송법 제420조 제7호에서 규정한 범죄

의 피해자로서 하는 진술 그 자체가 재심이유인 '직무에 관한 죄'의 존재를 뒷받침하는 핵심적 증거로 제출되었음에도 그 범죄의 공소시효가 이미 완성하여 확정판결로 증명할 수 없는 경우가 있다.

이때 재심청구인의 범죄 피해에 관한 진술 내용이 논리와 경험칙에 비추어 합리적이고, 진술 자체로 모순되거나 객관적으로 확인된 사실이나 사정과 모순되지 않으며, 재심청구인이 허위로 진술할 뚜렷한 동기나 이유를 찾을 수 없는 등 그 진술에 충분한 신빙성이 있을 뿐만 아니라, 그 진술에 부합하는 직접·간접의 증거들이 상당수 제시된 반면, 그 진술과 모순되거나 진술 내용을 탄핵할 수 있는 다른 객관적인 증거가 없어 그 진술만으로 법이 정한 재심사유가 있다고 인정하기에 충분하다는 정도에 이를 경우에는 원칙적으로 재심청구가 이유 있다고 인정하여 재심의 심판을 받을 기회를 보장하여야 한다.

재심의 청구를 받은 법원은 재심청구의 이유가 있는지 판단하는 데에 필요한 경우에는 사실을 조사할 수 있고(형사소송법 제37조 제3항), 이때 공판절차에 적용되는 엄격한 증거조사 방식을 따라야만 하는 것은 아니다.

사실조사가 필요한지 여부의 판단은 법원의 재량이지만, 재심청구인의 진술 그 자체가 재심이유의 존재를 뒷받침하는 핵심적 증거로서 신빙성이 있고 그 진술의 내용 자체나 전체적인 취지에 부합하는 직접·간접의 증거들이 상당수 제시된 경우에는, 그 신빙성을 깨뜨릴 충분하고도 납득할 만한 반대되는 증거나 사정이 존재하는지에 관한 별다른 사실조사도 없이 만연히 '재심청구인의 진술' 외에 다른 객관적 증거가 없다는 이유로 재심청구를 기각하는 것은 타당하지 않다고 판단하였다.

이 사안에서 불법 구금에 관한 재항고인의 일관된 진술 내용은 충분히 신빙성이 있다. 그 진술에 부합하는 직·간접의 증거들 즉, 재심대상판결문, 당시의 신문기사, 재소자인명부, 형사사건부, 집행원부 등에 의하여 알 수 있는 일련의 수사 및 재판 과정에서의 사정들이 제시된 반면, 그 진술과 모순되거나 진술내용을 탄핵할 수 있는 다른 객관적인 증거가 없다. 그러므로 재항고인은 검찰에 처음 소환된 1964. 7. 초순경부터 구속영장이 발부되어 집행된 것으로 보이는 1964. 9. 1.까지의 기간 동안 불법으로 체포·감금된 상태에서 조사를 받았다고 볼 여지가 충분하다. 이와 같은 검사의 행위는 형법 제124조의 직권남용에 의한 체포·감금죄를 구성한다. 위 죄에 대하여는 공소시효가 완성되어 유죄판결을 얻을 수 없는 사실상·법률상 장애가 있는 경우로서 형사소송법 제422조의 '확정판결을 얻을 수 없는 때'에 해당한다. 그러므로 원심으로서는 재항고인의 진술의 신빙성을 깨뜨릴 충분하고도 납득할 만한 반대되는 증거나 사정이 존재하는지에 관한 사실조사를 하였어야 한다고 판단하였다.

이와 달리 원심은, 재항고인이 중상해죄로 기소된 후 사선 변호인을 선임하여 그 조력 아래 재판을 받으면서도 수사기관의 불법 구금, 협박, 자백강요 등을 주장한 적이 없었던 점, 불법 구금 등을 증명할 객관적이고 분명한 자료가 제시되지 않은 점 등을 들어 재항고인의 주장을 배척하면서 형사소송법 제420조 제7호의 재심사유가 증명되지 않았다는 이유로 재항고인의 재심청구를 기각한 제1심결정을 그대로 유지하였다. 이러한 원심결정에는 형사소송법 제420조 제7호, 제422조 재심사유에 관한 법리를 오해함으로써 필요한 심리를 다하지 아니한 채 재판에 영향을 미친 위법이 있다. 이 점을 지적하는 재항고이유 주장은 이유 있다.

나머지 재항고이유에 대한 판단을 생략한 채 원심결정을 파기하고, 사건을 다시 심리·판단하도록 원심법원에 환송하기로 하여, 관여 대법관의 일치된 의견으로 주문과 같이 결정한다.

대상판결은 비상구제절차 재심·형사소송법 제420조 제7호 '직무에 관한 죄'의 핵심 증거 제출로 재심청구 법원조치·성범죄를 피하기 위하여 타인의 혀를 물어 끊은 사실로 중상해죄로 구속 기소되어 유죄판결을 받고 그 판결이 확정된 후 형사소송법 제420조 제7호 등을 이유로 재심을 청구한 사건에 대한 법리를 명확히 설명한다. 대법원 판결은 타당하다. 국가고시·변호사시험 선택형으로 출제 가능성이 있다.

형사보상청구권
형사소송법 제194조2 제2항 제1호
무죄판결과 비용보상 절차

> 형사소송법 제194조의2 제2항 제1호에서 정한 무죄판결 확정 후 비용보상의 소극적 요건 해당 여부 및 비용보상의 절차규정 준수 여부가 문제된 사건
>
> 대법원 2024. 9. 10.자 2023모1766 결정
> [비용보상청구일부인용결정에대한재항고]

[공소사실 요지]

청구인은 '자신은 2021. 8. 20. 자신의 이전 형사사건 및 고소사건에 관여하여 허위·부실수사를 하고 사건을 은폐한 검사 3명, 경찰관 3명과 위 공무원들의 행위를 인지하고도 묵인한 피해자에 관한 사실을 적시하여 비방하는 글을 인터넷 사이트에 게시하여 그들의 명예를 훼손하는 범죄를 저질렀다'는 취지로 경찰에 자수하였다. 이후 수사과정에서 청구인의 게시글에 언급된 사람들 중 피해자만 청구인에 대한 처벌희망 의사를 표시하였고, 검찰의 약식명령청구에 따라 법원은 '청구인은 2021. 8. 20. 비방할 목적으로 정보통신망에 글을 게시함으로써 공공연하게 거짓의 사실을 드러내어 피해자의 명예를 훼손하였다'는 범죄사실로 벌금 100만 원의 약식명령을 발령하였다. ·**요약**

(가) 청구인은 과거 사기죄로 공소제기되어 2018년에 제1심에서 징역 1년을 선고받고 구속되어 수개월간 구금되었다가, 2019년에 항소심에서 무죄를 선고받아 그 판결이 상고기각으로 확정된 일이 있다(대법원 2019도15303, 이하 '선행사건'이라 한다).

(나) 한편 청구인은 선행사건 계속 중 위 사건에 대한 재수사를 요청하며

수차례에 걸쳐 다른 관련자들을 형사 고소하였으나, 위 고소사건은 모두 불송치결정 또는 불기소결정으로 종결되었다(이하 '고소사건'이라 한다).

(다) 청구인은 2021. 8. 23. 여주경찰서를 방문하여 "자신은 2021. 8. 20. 선행사건 및 고소사건에 관여하여 허위·부실수사를 하고 사건을 은폐한 검사 3명, 경찰관 3명과 위 공무원들의 위와 같은 행위를 인지하고도 묵인한 청구외인(이하 '피해자'라 한다)에 관한 사실을 적시하여 비방하는 글을 인터넷 사이트 '페이스북'에 게시하여 그들의 명예를 훼손하는 범죄를 저질렀다."라는 취지의 자수서를 제출하였다.

(라) 이후 수사과정에서 청구인의 페이스북 게시글에 언급된 사람들 중 피해자만이 청구인에 대한 처벌희망 의사를 표시하자, 수원지방법원 여주지원은 검사의 청구에 따라 2022. 1. 11. '청구인은 2021. 8. 20. 비방할 목적으로 정보통신망인 페이스북에 글을 게시함으로써 공공연하게 거짓의 사실을 드러내어 피해자의 명예를 훼손하였다.'라는 범죄사실로 벌금 100만 원의 약식명령을 발령하였다.

(미) 청구인이 위 약식명령에 대하여 정식재판청구를 하고 국민참여재판을 희망한다는 의사를 표시함에 따라, 위 사건은 국민참여재판절차에 회부되어 수원지방법원 합의부로 이송되었으나, 위 법원은 국민참여재판 배제결정을 하고 통상의 공판절차를 진행하였다. 청구인 및 그 변호인은 제1회 공판기일에서 "청구인이 적시한 내용은 거짓 사실이 아니고, 청구인에게 허위성에 대한 인식도 없었다."라고 주장하였으나, 제2회 공판기일에서 피해자에 대한 증인신문이 실시된 후 법원이 위 검사들과 경찰관들에 대한 증인신청을 받아들이지 않자, 청구인은 "재판이 공정하게 진행되지 않은 부분이 있다고 판단되어 항의 차원에서 공소사실을 그대로 인정하며, 공소사실에 반하는 증거들을 가지고 향후 재심청구를 하겠다."라고 진술하였다.

(바) 청구인은 위 사건에 관하여 2022. 9. 15. 「정보통신망 이용촉진 및 정보보호 등에 관한 법률」 위반(명예훼손)죄로 벌금 100만 원을 선고받고(수원지방법원 2022고합128), 이에 불복하여 항소하였다. 그런데 청구인은 2022. 10. 18.자 항소이유서를 통해 위 페이스북 게시글이 공개되지 않았다고 주장하면서 "검찰은 기소에서 공판까지 공연성을 확인하지도, 증명하지도 못했다. 증거 조작은 검사만 할 수 있는 전유물이 아니다. 검찰의 2018년 증거 조작 사건을 재현해 볼 수 있다고 생각했다."라고 기재

하였다.

(사) 또한 청구인 및 그 변호인은 항소심에서 "청구인이 게시한 글은 비공개로 설정되어 있어 공연성이 인정되지 않고, 그 내용은 청구인의 추상적 의견을 표현한 것에 불과할 뿐 아니라 허위사실이 아니며, 청구인은 위 게시글의 내용이 진실하다고 믿었고 그렇게 믿은 데에 상당한 이유가 있다."라고 주장하면서, 위 페이스북 게시글이 비공개 상태에 있었음을 뒷받침하는 증거를 제출하였다.

(아) 항소심법원은 2023. 5. 18. 청구인이 페이스북에 위 게시글을 적은 행위는 공연성이 인정되지 아니한다는 이유로 원심판결을 파기하고 청구인에 대하여 무죄를 선고하였으며, 위 판결은 2023. 5. 26. 그대로 확정되었다(수원고등법원 2022노915).

[법리 쟁점]

[1] 형사소송법 제194조의2 제2항 제1호에서 정한 무죄판결 확정 후 비용보상의 소극적 요건 중 '수사 또는 심판을 그르칠 목적'에 관한 증명책임의 소재(=형사보상청구권을 제한하고자 하는 측)

[2] 비용보상청구가 있는 경우 법원이 검사와 청구인의 의견을 들은 후 결정하여야 하는지 여부(적극)

[참조조문]

헌법 제28조, 형사소송법 제194조의2 제1항, 제2항 제1호, 제194조의5, 형사보상 및 명예회복에 관한 법률 제14조 제2항

[참조판례]

대법원 2008. 10. 28.자 2008모577 결정(공2008하, 1815); 대법원 2010. 9. 30.자 2010모1021 결정

[원심 판단]

제1심법원은 피고인에게 유죄를 선고하였다.

청구인은 위 약식명령에 대하여 정식재판청구를 하였고, 제1심 공판절차에서 게시글의 허위성 및 자신의 허위성에 대한 인식에 관하여 다투면서 공소사실을 부인하다가 의견을 번복하여 공소사실을 자백하여, 제1심법원에서 벌금형을 선고받았다.

원심법원은 제1심판결을 파기하고 피고인에게 무죄를 선고하였다.

청구인은 항소심에서 다시 공소사실을 부인하면서 '위 게시글은 비공개 상태에 있었다'고 주장하면서 이를 뒷받침하는 자료를 제출하였고, 항소심 법원은 청구인의 행위는 공연성이 인정되지 않는다는 이유로 제1심판결을 파기하고 청구인에 대하여 무죄를 선고하였다.

청구인은 무죄판결 확정 후 비용보상을 청구하였고, 원심은 검사의 의견을 듣는 절차를 거치지 않고 청구인의 비용보상청구를 일부 인용하였다. 검사가 재항고하였다.

[대법원 판단]

대법원은 원심결정을 파기하고, 사건을 수원고등법원에 환송한다.

대법원은, 위 게시글의 공개 여부 및 범위를 설정할 권한이 청구인에게 있는 점, 청구인의 자수로 시작된 위 사건의 전체적인 경과, 청구인의 항소이유서 기재 내용 등을 종합하여 보면, 청구인이 수사 또는 심판을 그르칠 목적으로 거짓 자백을 하거나 다른 유죄의 증거를 만들어 기소된 것으로 인정될 여지가 크므로, 원심으로서는 청구인의 이 사건 비용보상청구 사실을 검사에게 알려주고 그 의견을 듣는 등으로 이 사건 청구가 형사소송법 제194조의2 제2항 제1호에 해당하는지 및 이 사건 청구의 전부 또는 일부를 기각할 것인지를 심리·판단하였어야 한다고 보아, 이와 달리 청구를 일부 인용한 원심을 파기·환송하였다.

낭독 형사소송법 판결문 34

대법원 2024. 9. 10.자 2023모1766 결정 [비용보상청구일부인용결정에대한재항고]

〈형사소송법 제194조의2 제2항 제1호에서 정한 무죄판결 확정 후 비용보상의 소극적 요건 해당 여부 및 비용보상의 절차규정 준수 여부가 문제된 사건〉

판시 사항

피고인이었던 사람에 대하여 무죄판결이 확정되었으나 그 사람이 수사 또는 재판을 그르칠 목적으로 거짓 자백을 하거나 다른 유죄의 증거를 만들어 기소된 것으로 인정된 경우, 그 재판에 소요된 비용의 보상청구에 대하여 법원은 검사와 청구인의 의견을 들은 후 결정하여야 하는지 여부(적극) / 이때 비용보상청구의 전부 또는 일부를 기각하기 위한 요건 중 '수사 또는 재판을 그르칠 목적'을 인정할 때 유의할 점 및 그에 대한 증명책임 소재(=형사보상청구권을 제한하고자 하는 측)

판결 요지

[1] 형사소송법 제194조의2 제2항 제1호는

피고인이었던 사람이

수사 또는 심판을 그르칠 목적으로

거짓 자백을 하거나 다른 유죄의 증거를 만들어

기소된 것으로 인정된 경우에는

그 재판에 소요된 비용의 전부 또는 일부를

보상하지 아니할 수 있다고 규정하고 있고, ^{있다.} ·비용보상 제외 규정

형사소송법 제194조의5에 의하여 준용되는

「형사보상 및 명예회복에 관한 법률」

(이하 '형사보상법'이라 한다) 제14조 제2항은

보상청구에 대하여

법원은 검사와 청구인의 의견을 들은 후

결정을 하여야 한다고 규정하고 있다. ·청문권

그런데 형사소송법 제194조의2 제2항 제1호에 따라

법원이 비용보상청구의 전부 또는 일부를 기각하기 위해서는

피고인이었던 사람이

단순히 거짓 자백을 하거나

다른 유죄의 증거를 만드는 것만으로는 부족하고

그에게 '수사 또는 심판을 그르칠 목적'이 있어야 한다.

·'수사 또는 심판을 그르칠 목적'

여기서 '수사 또는 심판을 그르칠 목적'은

헌법 제28조가 보장하는 형사보상청구권을 제한하는
예외적인 사유임을 감안할 때 신중하게 인정하여야 하고,
형사보상청구권을 제한하고자 하는 측에서 이를 입증하여야 한다
(대법원 2008. 10. 28.자 2008모577 결정, 대법원 2010. 9. 30.자 2010모1021
결정 참조). · '수사 또는 심판을 그르칠 목적'입증 의무(=형사보상청구권을 제한하고자
하는 측에서 입증)

[2] 청구인은 당초 자신이 비방할 목적으로 정보통신망을 통하여
공공연하게 사실을 드러내어
피해자 등의 명예를 훼손하는 범죄를 저질렀다면서
수사기관에 자수하였다가,

피해자에 대한 「정보통신망 이용촉진 및 정보보호 등에 관한 법률」
위반(명예훼손)죄로 약식명령을 발령받자
이에 불복하여 정식재판을 청구하였고,
제1심의 제1회 공판기일에서
공소사실을 부인하기는 하였으나
위 페이스북 게시글에 공연성이 인정되지 않는다는
주장은 하지 않았으며,
제2회 공판기일에서는
공소사실을 인정하는 것으로 의견을 번복하였다.

그러다 청구인은 항소심에 이르러
다시 공소사실을 부인한다고 의견을 번복하면서
비로소 '위 페이스북 게시글에 공연성이 인정되지 않는다.'는
주장을 하고 관련 증거를 제출하였는데,
위 페이스북 게시글의 공개 여부 및 범위를 설정할 권한은
다름 아닌 청구인에게 있다.

이러한 사정에다가 청구인의 자수로 시작된 위 사건의
전체적인 경과, 청구인의 항소이유서 기재 내용 등을 종합하여 보면,
청구인이 수사 또는 재판을 그르칠 목적으로
거짓 자백을 하거나 다른 유죄의 증거를 만들어
기소된 것으로 인정될 여지가 크다. • 수사 또는 재판을 그르칠 목적 있음

[3] 따라서 원심으로서는
청구인의 이 사건 비용보상청구 사실을
검사에게 알려주고 그 의견을 듣는 등으로
이 사건 청구가 형사소송법 제194조의2 제2항 제1호에 해당하는
지 및
이 사건 청구의 전부 또는 일부를 기각할 것인지를
심리·판단하였어야 한다.

그럼에도 원심은 이 사건 청구에 대하여
검사의 의견을 듣는 절차를 거치지 아니한 채
청구를 일부 인용하는 결정을 하였다. • 청문권

이러한 원심결정에는
형사보상법 제14조 제2항의 절차규정을 위반하고
형사소송법 제194조의2 제2항 제1호에 관한 법리를
오해하여 필요한 심리를 다하지 아니함으로써
재판에 영향을 미친 잘못이 있다.
이를 지적하는 재항고이유 주장은 이유 있다.
• 법리오해·심리미진·재판영향

판결 해설

　대상판결 쟁점은 형사보상청구권이다. 형사소송법 제194조2 제2항

제1호 무죄판결과 비용보상 절차이다. 형사소송법 제194조의2 제2항 제
1호에서 정한 무죄판결 확정 후 비용보상의 소극적 요건 해당 여부 및
비용보상의 절차규정 준수 여부가 문제된 사건이다.

　　대법원은, 형사소송법 제194조의2 제2항 제1호에 따라 법원이 비용
보상청구의 전부 또는 일부를 기각하기 위해서는 피고인이었던 사람이
단순히 거짓 자백을 하거나 다른 유죄의 증거를 만드는 것만으로는 부
족하고 그에게 '수사 또는 재판을 그르칠 목적'이 있어야 한다.

　　여기서 '수사 또는 재판을 그르칠 목적'은 헌법 제28조가 보장하는
형사보상청구권을 제한하는 예외적인 사유임을 감안할 때 신중하게 인
정하여야 하고, 형사보상청구권을 제한하고자 하는 측에서 이를 입증하
여야 한다고 판단하였다.

　　이 사안에서 게시글의 공개 여부 및 범위를 설정할 권한이 청구인에
게 있는 점, 청구인의 자수로 시작된 위 사건의 전체적인 경과, 청구인
의 항소이유서 기재 내용 등을 종합하여 보면, 청구인이 수사 또는 심
판을 그르칠 목적으로 거짓 자백을 하거나 다른 유죄의 증거를 만들어
기소된 것으로 인정될 여지가 크므로, 원심으로서는 청구인의 이 사건
비용보상청구 사실을 검사에게 알려주고 그 의견을 듣는 등으로 이 사
건 청구가 형사소송법 제194조의2 제2항 제1호에 해당하는지 및 이 사
건 청구의 전부 또는 일부를 기각할 것인지를 심리·판단하였어야 한다
고 판단하였다.

　　대상판결은 형사보상청구권·형사소송법 제194조2 제2항 제1호 무죄
판결과 비용보상 절차·형사소송법 제194조의2 제2항 제1호에서 정한
무죄판결 확정 후 비용보상의 소극적 요건 해당 여부 및 비용보상의 절
차규정 준수 여부 법리를 명확히 설명한다. 대법원 판결은 타당하다. 국
가고시·변호사시험 선택형으로 출제 가능성이 있다.

형사소송법 법률용어 외국어 표기법

Ⓙ - 일본어   ⒸⒽ - 중국어   Ⓓ - 독일어
Ⓔ - 영어   Ⓕ - 프랑스어   Ⓘ - 이탈리아어
Ⓢ - 스페인어

가. 여기에 중요한 법률용어를 몇 가지 소개하고자 한다. 법률용어 표기에 참고자료가 되었으면 한다. 외국에서 유학생활을 하는 사람은 공부기간 동안 자기만의 「법률용어집」을 만들어야 한다. 학문연구 기본이기 때문이다. 유학 초기부터 시작하여 정리하고 다듬어야 한다. 언어연구자가 되어야 한다. 필자가 제시한 유형을 참고하여 독창적인 「법률용어소사전」을 집필하기 바란다. 여러 나라 유학생들이 공동으로 작업을 한다면, 훌륭한 사전이 될 것이다.

나. 법학 학문을 시작하려면, 정확한 국어가 기본이 되어야 한다. 외국어를 배우는 이유는 정확한 한국어와 함께 전공 내용과 의미를 풍성하게 가꾸기 위한 것이다. 한국어가 안 되면서 시도하는 연구는 무의미한 것이다. 외국어 문체로 된 번역문장은 가독성이 없다. 관계문장을 묶어서 긴 문체로 쓰는 이유를 알 수가 없다. 누구를 위한 글인지 궁금하다.

다. 읽는 사람은 한국인이다. 정확한 이해와 국어 어순으로 번역과 통역을 해야 한다. 단문이 최고 문장이라 생각한다. 번역자와 통역자는 정확한 단문을 기본으로 삼아야 한다. 유학생들이 겪는 어려움이다.

라. 학생들에게 당부하는 말이다. "간결체와 건조체를 사용하라. 정확한 단문이다. 첨단기기를 사용하여 좋은 내용은 수시로 번역하라. 후배들을 위해 학문 사다리를 놓아라. 좋은 번역은 후배들을 위한 진정한 배려다. 학문은 지식을 통한 사회 공헌이다. 더 나은 세상을 위한 노력이다."

마. 이 법률용어집은 형사소송법 기본개념에 중심을 두었다. 향후 개정판에서 상세히 다룰 것이다. 동양 언어와 서양 언어를 함께 배워서 한국어를 더 다듬기를 기원한다. 두 언어의 문장구조를 깊이 연구하기를 기원한다. 여러 참고문헌을 참조하였다. 다음에 더 나은 내용을 약속드린다.

• 형사소송법
Ⓙ刑事訴訟法   Ⓒ刑事訴訟法   ⒹStrafprozessrecht
ⒺCriminal procedure law   ⒻProcédure pénale
ⒾDiritto processuale penale   ⓈDerecho procesal penal

형사소송법은 형사절차를 규정한 국가적 법률체계이다. 형사소송법은 형법을 적용하고, 실현하기 위한 절차법이다. 형사절차는 수사절차 → 공판절차 → 집행절차로 진행된다. 형사소송법은 헌법의 기본원칙을 형사절차에 실현한 법률이다. 형사소송법은 응용된 헌법이다. 형사소송법은 동적이고, 발전적 성격이 있다. 형사소송법은 사법법 · 형사법에 속한다. 형사소송법은 법적 안정성을 원리로 삼는다. 우리 형사소송법은 대륙법 전통을 유지하고 있다. 독일 형사소송법과 일본 형사소송법과 유사점이 많다. 고려시대 당률, 조선시대 명률, 경국지전 · 경제육조 · 경국육전 · 육전회통, 1885년 재판소구성법, 1912년 조선형사령, 1948년 형사소송법 개정. 1954년 2월 법률 제341호 형사소송법 제정되었다. 1954년 9월 23일 현행 형사소송법이 공포 · 시행되었다. 형사소송법은 2025년 3월 18일 법률 제20796호로 제42차 개정되었다. 형사소송법 일부개정 2025.03.18 [법률 제20796호, 시행 2025.9.19.] 법무부

• 형사소송법 목적

Ⓗ刑事訴訟法 目的　Ⓒ刑事訴訟法 目的　ⒹZweck des Strafprozessgesetzes
ⒺPurpose of the Criminal Procedure Act　ⒻObjectif de la loi sur la procédure pénale　ⒾScopo della legge sulla procedura penale
ⓈObjeto de la Ley de Enjuiciamiento Criminal

형사소송법 목적은 평화이다. 적법절차에 따라, 신속하게, 실체적 진실이 발견될 때, 법적 평화는 이루어진다. 평화가 정의이다. 우리나라 형사소송법학자들은 형사소송법 목적을 실체적 진실발견 · 적법절차 · 신속한 재판으로 설명한다.

• 적법절차

Ⓗ適法節次　Ⓒ适法節次　ⒹRechtsstaatsprinzip
Ⓔdue process of law　ⒻPrincipe de l'État de droit　ⒾStato di diritto
ⓈEstado de Derecho

적법절차란 개인 권리 보호를 위한 법적 절차를 말한다. 적법절차에서 적(適)은 적정(due)이다. 절차는 개인 권리의 실질적 내용을 실현하는 수단과 기술을 말한다. 적법은 불문법을 포함한다. 독일은 법치주의(法治主義) · 법치국가원리(法治國家原理)를 사용한다. 법치에서 법은 성문법을 말한다. 현행 헌법 제12조 제1항은 처벌 · 보안처분 · 강제노역과 관련하여 적법절차원리를 규정하고 있다. 또한 헌법 제12조 제3항은 영장주의와 관련하여 적법절차원리를 규정하고 있다. 이것은 적용대상을 예시한 것에 불과하다. 적법절차는 공정한 재판원칙, 비례성원칙, 피의자 · 피고인 보호원칙을 내용으로 한다.

• 신속한 수사와 신속한 재판

Ⓗ迅速搜査·迅速裁判　Ⓒ迅速搜査·迅速裁判　ⒹSchnelle Ermittlungen und zügige Verfahren　ⒺFast investigations and swift proceedings
ⒻEnquêtes et procédures rapides　ⒾIndagini rapide e procedimenti rapidi
ⓈInvestigaciones rápidas y procedimientos ágiles

신속한 수사와 신속한 재판은 수사와 재판을 지연 없이 진행한다는 원칙이다. 법을 통한 평화 · 정의를 조기에 실현하는 길이다. 피의자 이익 · 피고인 이익을 보호한다. 실체적 진실 발견 · 소송경제 · 공공이익에 기여한다. 헌법 제27조 제3항은 신속한 재판을 받을 권리를 규정하고 있다. 형사소송법에 헌법 제27조 제3항을 반영한 규정이 많다. ①수사와 공소제기 절차: 검사를 수사주재자로 두면서 수사권과 수사지휘권을 집중(제195조, 제196조). 검사와 사법경찰관의 구속기간 제한(형사소송법 제202조, 제203조), 기소편의주의(제247조), 기소변경주의(제255조 제1항), 공소시효제도(제249조), 의제공소시효(제249조 제2항). ② 공판절차: 심판범위를 공소장에 기재된 사실로 한정. 궐석재판제도(소송촉진법 제23조), 변론종결기일판

결선고제도(제318조4), 판결선고기간제한(소송촉진법 제22조, 제318조4), 판결선고 후 판결서작성(제318조4 제2항, 형사소송규칙 제46조), 기피신청의 간이기각결정(제20조 제1항), 대표변호인제도(제32조2), 증거동의(제318조), 공판조서 절대적 증명력(제56조), 집중심리주의(제267조2), 공판준비절차(제266조5), 증거개시절차(제266조3). ③상소심재판: 상소기간(제358조, 제374조), 상소시 소송기록부기간 제한(제361조, 제377조), 상소이유서 · 상소답변서 제출기간 제한(제361조3, 제374조), 상소시 일정한 경우 미결구금일수 산입금지(제482조, 소송촉진법 제24조). ④특별절차: 간이공판절차(제286조2), 약식절차(제453조), 즉결심판절차(즉심법 제6조), 공소장 변경시 단독판사가 합의부에 필수적 사건이송(제8조 제2항), 합의부 심판시에도 간이공판절차 허용(제286조2) 등이 있다.

• 피의자

ⓗ被疑者　ⓙ被疑者　ⒹVerdächtiger

Ⓔsuspect　ⒻSuspect　ⒾSospetto　Ⓢsospechoso

피의자란 범죄혐의를 받는 사람이다. 수사기관이 수사대상자로 특정한 사람이다. 아직 공소가 제기되지 않은 사람이다. 피의자에게 공소가 제기되면, 피고인이 된다. 피의자에게 강제처분(체포 · 구속 압수 · 수색 · 검증)에 대한 수인의무(受忍義務)가 있다. 피의자는 수사단계에서 준당사자지위에 있다. 진술거부권(헌법 제12조 제2항, 형사소송법 제200조 제2항), 변호인선임권 · 변호인선임의뢰권(형사소송법 제30조 제1항, 제90조 제1항, 제209조), 변호인 접견권 · 교통권(형사소송법 제34조), 증거보전청구권(형사소송법 제184조)이 법률로 보장된다. 구속영장으로 구속된 피의자는 관할법원에 구속적부심사를 청구할 수 있다. 구속적부심사청구에서 구속된 피의자에게 변호인이 없는 경우, 법원은 직권으로 국선변호인을 선정해야 한다(헌법 제12조 제6항, 형사소송법 제214조2).

• 피고인

ⓗ被告人　ⓙ被告人　ⒹAngeklagte

Ⓔaccused　ⒻAccusé　ⒾImputato　ⒼDemandado

피고인은 공소가 제기된 사람이다. 피고인은 공소제기 이후 개념이다. 피고인 특정은 학설대립이 있다. 공소장에 기재된 사람(표시설) · 실제 행위를 한 사람(행위설) · 검사의 의사로 지목된 사람(의사설)이다. 실질적 표시설이 통설이다. 피고인은 유죄로 확정될 때까지 무죄로 추정된다. 검사가 충분하게 입증하지 못한 경우, 비록 혐의가 있더라도, 무죄가 선고된다. 피고인은 법원에서 무죄를 주장하는 사람이다. 이것을 당사자 지위라 한다. 변호인제도는 중요하다. 피고인은 항상 재판시에 법정에 출석할 권리를 갖는다. 원칙적으로 피고인 출석 없이는 개정할 수 없다. 피고인이 정당한 이유 없이 출석하지 않으면, 구인(拘引)하여 출석시켜야 한다. 피고인이 법정에서 임의로 진술한 것을 증거로 할 수 있다. 피고인이 반드시 진술해야 하는 것은 아니다. 진술을 거부할 수 있다. 피고인 묵비권 · 진술거부권(陳述拒否權)이라 한다.

• 공동피고인

ⓗ共同被告人　ⓙ共同被告人　ⒹMitangeklagter

Ⓔcodefendant　Ⓕco－accusé　Ⓘcodifensore　Ⓢcoacusado

공동피고인은 여러 피고인이 형사사건이 동시에 병합 심리된 경우, 여러 사람이 하나의 소송절차에서 피고인으로 된 사람들이다. 복수의 피고인 형사사건을 함께 병합 심리하는 경우, 여러 사람이 하나의 소송절차에서 피고인이 된 자를 말한다. 소송관계는 공동피고인에게 독립하여 존재한다. 공동피고인은 피고인인 동시에 다른 피고인과 관계에서 제3자일 따름이다. 따라서 그 진술조서는 다른 공동피고인에 대한 관계에서 피고인 이외의 자의 진술에 해당한다. 그러므로 전문법칙(傳聞法則)이 적용된다(형사소송법 제312조·제313조·제314조·제315조). 또한 그 내용이 타인으로부터 전문한 진술이면, 형소법 제316조가 적용된다. 공동피고인 진술은 같은 기준에 따라 다른 공동피고인 자백에 대한 보강증거가 될 수 있다. 그러나 그것만으로 다른 공동피고인을 유죄로 인정할 수 있는지는 논의가 있다. ①피고인으로서 증인이 될 수 있는 자격(right man for witness of criminal defendant). 피고인으로서 증인적격이 인정되면, 증언을 하여야 한다. 피고인 경우 증인 적격을 인정하면, 그의 진술거부권과 충돌한다. 부정설이 통설이다. 판례는 공동피고인 경우, 선서 후 증인적격을 인정한다. 공범인 공동피고인은 공판절차를 분리하고, 선서 후 증인적격을 인정한다. ②공동피고인자백기준설(co-defendants' confession criteria theory). 공범자가 피고인과 공동피고인으로 병합 심리되어 공판정에서 자백을 한 경우에만 보강증거를 요하지 않는다고 보는 견해이다. 공범자 자백이 다른 공판절차에서 자백인 경우, 보강증거가 필요하다고 본다.

• 무죄추정원칙

Ⓗ無罪推定原則　Ⓒ无罪推定塬則　ⒹUnschuldsvermutung
Ⓔpresumption of innocence　ⒻPrésomption d'innocence
ⒾPresunzione di innocenza　ⓈPresunción de inocencia

무죄추정원칙은 피고인이 유죄로 판결이 확정될 때까지 무죄로 수정한다는 원칙이다.

• 변호인

Ⓗ辯護人　Ⓒ辩護人　ⒹVerteidiger
Ⓔcounsel　ⒻDéfenseur　ⒾDifensore　ⓈDefensor

형사소송에서 피고인·피의자 방어력을 보충하는 임무를 맡는 사람이다. 피고인·피의자 보조자이다. 검사와 대등한 지위에서 소송을 수행해야 하기 때문이다. 피고인·피의자에게 변호인을 선임할 권리가 보장된다. 변호인은 피고인·피의자 등 선임권자가 선임하는 사선변호인과 사선변호인이 없는 경우, 법원이 직권으로 선정하는 국선변호인(형사소송법 제33조, 제282조)으로 나뉜다. 전문직업을 변호사라고 한다. '변호인'은 소송상 지위이다. ○○○변호사가 변호인을 맡는 경우 '변호인 변호사 ○○○' 식으로 적는다. 피고인·피의자는 변호인을 선임할 수 있다(형사소송법 제30조 제1항, 군사법원법 제59조 제1항). 피고인·피의자 법정대리인, 배우자, 직계친족과 형제자매도 독립하여 변호인을 선임할 수 있다(형사소송법 제30조 제2항, 군사법원법 제59조 제2항). 변호인은 변호사 중에서 선임하여야 한다(형사소송법 제31조 본문, 군사법원법 제60조 본문). 변호인 선임은 심급마다 변호인과 연명날인하여 서면으로 제출하여야 한다(형사소송법 제32조 제1항, 군사법원법 제61조 제1항). 다만 공소제기 전 변호인 선임은 제1심에도 그 효력이 있다(형사소송법 제32조 제2항, 군사법원법 제61조 제2항). 변호인은 독립하여 소송행위를 할 수 있다. 다만 법률에 다른 규정이 있는 때 예외로 한다(형사소송법 제36조, 군사법원법 제65조). 그 밖에도 변호인은 다음과 같은 권한을 갖는다. •구속된 피고인 보석을 청구할 수 있다(형사소송법 제94조, 군사법원법 제134조). •압수·수색영장 집행, 감정에 참여할 수 있다(형사소송법 제121조, 제176조 제1항, 군사법원법 제162조, 제218조 제1항). •증거보전 청구를 할 수 있다(형사소송법 제184조 제1항, 군사법원법 제226조 제1항). •영장실질심사에서 의견을 진술할 수 있다(형사소송법 제201조2 제4항, 군사법원법 제238조2 제4항). •체포된 피의자 또는 구속된 피의자를 위하여 체포구속적부심사를 청구할 수 있다(형사소송법 제214조2 제1항, 군사법원법 제252조 제1항). • 피의자신문에 참여할 수 있다(형사소송법 제243조의2, 군사법원법 제235조의2). • 전문수사자문위원의 참여를 신청할 수 있다(형사소송법 제245조의2 제1항). • 피고인이 명시한 의사에 반하지 않는 한, 피고인을 위하여 상소할 수 있다(형사소송법 제341조, 군사법원법 제398조)

국선변호인

Ⓗ國選辯護人　Ⓒ國選辯護人　ⒹOffzialverteidigung, Bestellteverteidigung
Ⓔcounsel, Office defense, order defense　ⒻDéfense d'office, défense de mandataire　ⒾDifesa ufficiale, difesa nominata　ⓈDefensa oficial, defensa designada

변호인은 사선(私選)되는 것이 원칙이다. 그러나 피고인이 빈곤 기타 사유로 변호인을 사선할 수 없는 때, 피고인 청구로 법원이 변호인을 선정하여야 한다. 피고인이 미성년자, 70세 이상, 듣거나 말하는데 모두 장애가 있는 사람, 심신장애 의심이 있는 때, 법원이 직권으로 이를 선정하여야 한다(형사소송법 제33조). 또한 피의자와 관련하여 체포 · 구속적부심사를 청구한 피의자가 형사소송법 제33조 국선변호인 선임 사유에 해당하고, 변호인이 없는 때 국선변호인을 선정하여야 한다(형사소송법 제214조2 제10항). 구속영장을 청구 받은 지방법원판사가 피의자를 심문하는 경우, 심문할 피의자에게 변호인이 없는 때, 직권으로 변호인을 선정하여야 한다. 이 경우 변호인 선정은 피의자에 대한 구속영장청구가 기각되어 효력이 소멸한 경우를 제외하고, 제1심까지 효력이 있다(형사소송법 제201조2 제8항). 법원은 변호인 사정, 그 밖의 사유로 변호인 선정 결정이 취소되어 변호인이 없게 된 때, 직권으로 변호인을 다시 선정할 수 있다(형사소송법 제201조2 제9항).

사건동일성

Ⓗ事件同一性　Ⓒ事件同一性　ⒹIdentität des Prozeβgegenstandes
ⒺIdentity of the process object　ⒻIdentité de l'objet du processusβ
ⒾIdentità dell'oggetto del processo　ⓈIdentidad del objeto de proceso

사건동일성은 소송의 발전적인 면에서 착안하여 종단적(縱斷的) · 동적(動的)으로 관찰하는 경우, 사건이 전후동일함을 말한다. 사건동일성은 사건단일성을 전제로 하는 개념이다. 그래서 사건이 수 개인 경우, 개개 사건에 관하여 동일성 여부를 판단하여야 한다. 사건동일은 피고인이 동일하고, 공소사실이 동일함을 요한다. 피고인 동일은 전후에 걸쳐 동일하여야 한다(주관적 동일). 공소사실도 전후 동일하여야 한다. 공소사실 동일성이 사건 동일성을 결정하는 요소이다. 법원은 이 동일성을 해(害)하지 않는 범위 내에서 공소장변경을 허가해야 한다(형사소송법 제298조 제1항). 법원은 사건동일성을 넘어서 심판할 수 없다.

수사

Ⓗ搜査　Ⓒ搜査　ⒹErmittlung
Ⓔinvestigation　ⒻDétermination　ⒾDeterminazione　ⓈDeterminación

수사는 범인을 발견 · 확보하고, 증거를 수집 · 보전하는 수사기관 활동이다. 범죄혐의 유무를 명백히 하고, 공소제기와 공소유지를 목적으로 한다. 수사는 형사절차에서 첫 단계이다. 주로 공소제기 이전에 진행된다. 공소제기 후에도 공소유지를 위해 진행된다. 현행법은 인권보장을 위해 수사단계에서도 당사자주의 소송구조를 강화하고 있다. ①수사기관: 검사와 사법경찰관리가 있다. 검사가 수사주재자이며, 공익대표자이다. 범죄수사 · 공소제기 · 공소유지 · 재판집행을 지휘 · 감독하는 권한을 갖는다. 사법경찰관은 독자적인 수사개시권이 인정된다. 그러나 수사개시 후에는 모든 수사에 관하여 검사지휘를 받는다. 2019년 12월 31일 협력관계로 개정되었다. 형사소송법에 따르면 "검사는 범죄의 혐의 있다고 사료하는 때에는 범인, 범죄사실과 증거를 수사하여야 한다(형사소송법 제195조). 수사관 · 경무관 · 총경 · 경정 · 경감 · 경위 등의 사법경찰관은 범죄의 혐의가 있다고 인식하는 때에는 범인, 범죄사실과 증거에 관하여 수사를 개시 · 진행하여야 한다. 모든 수사에 관하여 검사의 지휘를 받고 이를 따라야 한다. 사법경찰관은 범죄를 수사한 때에는 관계 서류와 증거물을 지체 없이 검사에게 송부하여야 하고, 경사 · 경장 · 순경은 사법경찰리로서 수사를 보조하여야 한다(형사소송법 제196조). ②수사단서: 수사개시의 원인을 말한다. 수사기관 자신의 체험에 의한 경우와 타인의 체험 청취에 의한 경우가 있다. 수사기관 자신의 체험에 의한 경우로는 형사소송법에 규정된 현행범인의 체포(형사소송법 제211조 이하), 변사자의 검시(제222조), 불심검문(경찰관직무집행법 제3조)와 다른 사건 수사 중의 범죄 발견, 출판물의 기사(記事)와 풍설(風說)과 세평(世評) 등이 있다. 타인의 체험 청취에 의한 경우, 형사소송법에 규정한 고소(제223조) · 고발(제234조) · 자수(제240조)와 진정, 범죄신고 등을 들 수 있다. ③ 수사종류 : 임의수사(任意搜査)와 강제수사(强制搜査)가 있다.

고소
Ⓗ告訴　ⓒ告訴　ⒹStrafantrag
ⒺPlaint　ⒻPlainte pénale　ⒾDenuncia penale　ⓈDenuncia penal

고소란 고소권자(告訴權者, 범죄피해자 · 그의 법정대리인 · 기타 일정한 자, 형사소송법 제223조)가 범죄사실을 수사기관에 신고하여 범인 소추(訴追)를 구하는 의사를 말한다(①수사기관, ②범죄사실신고, ③범인처벌희망, ④의사표시). 고소는 수사를 촉진한다. 친고죄는 고소가 없으면, 기소할 수 없고, 심리(審理)도 할 수 없다. 피해자 · 그의 법정대리인 · 그의 배우자 · 친족 · 고소할 자가 없는 경우, 이해관계인 신청으로 검사가 고소권자를 지정한다. 지정고소권자(指定告訴權者)이다. 고소는 검사 · 사법경찰관에게 서면 · 구술로 한다. 친고죄는 범인을 알게 된 날로부터 6개월을 경과하면, 고소하지 못한다.

고발
Ⓗ告發　ⓒ告發　ⒹAnzeige
Ⓔdenunciation　ⒻAnnonce　ⒾDisplay　ⓈMostrar

고발이란 누구든지 범죄사실을 수사기관에 신고하여 범인 소추를 구하는 의사표시이다. 단순한 피해신고는 고발이라고 할 수 없다. 고소와 다른 점은 범인 · 고소권자 이외 제3자는 누구든지 할 수 있다. 공무원은 직무를 집행하면서 범죄가 있다고 사료(思料)하는 때, 고발 의무가 있다. 직무집행이란 범죄발견이 직무 내용에 포함되는 경우이다. 직무집행과 관계없이 우연히 범죄를 발견한 경우, 여기에 해당하지 않는다. 고발도 수사를 촉진하기 위한 것이다. 특별법에 친고죄 고소와 그 밖에 공소 · 심리 조건(소송조건, 訴訟條件)이 되는 고발도 있다(조세범처벌법 제6조 전속고발범죄). 자기 직계존속 또는 배우자 직계존속을 고발하지 못한다. 고발절차와 고발방식, 고발취소절차와 고발취소방식은 고소와 같다(형사소송법 제237조, 제238조, 제239조). 다만 대리인에 의한 고발은 인정되지 않는다. 고발기간은 제한이 없다. 고발을 취소한 후 다시 고발할 수 있다. 이 점이 고소와 다르다.

• 임의수사

ⓗ任意搜査　ⓒ任意搜査　ⓓDiskretionäre Ermittlungen
ⓔDiscretionary investigations　ⓕEnquêtes discrètes　ⓘIndagini discrezionali
ⓢInvestigaciones discrecionales

임의수사는 상대방 동의 · 승인을 전제로 하는 수사이다. 수사기관이 피의자 · 참고인의 임의적인 출석 · 동행을 요구하여 진술을 듣는다. 형사소송법은 임의수사를 원칙으로 한다. 강제수사인 체포 · 구금 · 압수 · 수색은 법률에 특별한 규정이 있는 경우, 할 수 있다(형사소송법 제199조 제1항). 임의출석에 의한 피의자신문, 피의자 이외 증인과 참고인 등 조사, 감정 · 통역 · 번역 위촉, 공무소와 기타 공사단체에 대한 조회 등이 있다. 공소제기 후 임의수사(피고인신문 · 참고인조사)는 허용된다. 다만 증거능력은 피고인이 법정에서 동의한 경우 증거능력이 있다.

• 임의성

ⓗ任意性　ⓒ任意性　ⓓFreiwilligkeit
ⓔvoluntariness　ⓕVolontariat　ⓘVolontarietà　ⓢVoluntariedad

임의성은 자율성이다. 자기 의사에 따라 자유롭게 결정할 수 있다는 의미이다. 헌법 제10조 인간존엄 · 행복추구권 · 자기결정권이 근거이다. 다른 것에 영향을 받지 않고, 오로지 자신 뜻대로 말하는 것이다. 진술의 임의성이란 진술하는 사람이 다른 어떤 것(착각 · 거짓말 · 협박 · 장애 등)에 구애 · 압박을 받지 않고, 자신의 '임의대로' 자신이 알고 있는 것과 본인 생각 · 사실 여부를 말하는 것이다. 임의성의 반대개념은 강제성이다. 임의성이 없는 진술은 고문 · 협박 · 구속 · 강요로 나온 진술 · 허위진술을 의미한다. 강제로 나온 비자발 진술이다. 형사소송법 증거편에도 임의성 개념이 나온다. ①자백의 임의성(任意性)과 같이 항상 일정한 조건에 영향을 받는 증거능력을 절대적 증거능력(絶對的 證據能力)이라 말한다. ②자백의 임의성이 없는 경우 또는 자백의 임의성이 의심스러울 경우, 모두 증거능력이 부정된다. 자백배제법칙(自白排除法則)이다. ③설령 임의성이 있고, 범죄사실을 충분히 인정할 수 있는 자백이 존재하더라도, 만약 이를 보강하는 다른 증거가 없으면, 임의성 있는 자백도 유죄증거로 인정할 수 없다. 자백보강법칙(自白補强法則)이다.

• 피의자신문

ⓗ被疑者訊問　ⓒ被疑者訊問　ⓓVernehmung eines Verdächtigen
ⓔexamination of a suspect, interrogation of a suspect　ⓕexamen d'un suspect
ⓘesame di un sospetto　ⓢexamen de un sospechoso

피의자신문은 피의자에게 출석을 요구하여 법원 · 그 밖에 국가기관이 어떤 사건에 대해 말로 물어 조사하는 일이다. 피의자신문은 검사 · 사법경찰관이 수사에 필요한 때 피의자를 출석시켜 신문하고 진술을 듣는 것이다. 피의자신문은 임의수사다. 피의자는 출석의무가 없다. 진술거부권이 보장된다. 진술의무가 없다. 다만 체포영장으로 체포될 수 있다. 이 경우 사실상 출석의무가 있다. 피의자신문조서가 작성된다. 검사작성 피의자신문조서와 경찰작성 피의자신문조서가 있다. 간인한 후 기명날인 또는 서명하게 한다. 검사작성 피의자신문조서 증거능력은 일정한 요건하에 인정된다(형사소송법 제312조 제1항 · 제2항). 경찰작성 피의자신문조서 증거능력은 내용인정까지 필요하다(형사소송법 제312조 제3항). 개정 형사소송법은 형사소송법 제312조를 개정하였다. 모두 동일한 요건이다. 변호인 참여와 영상녹화가 된다. 수사과정이 기록된다. 피고인과 변호인 동의가 필요 없다.

• **강제수사**

Ⓗ强制搜查　Ⓒ强制搜查　ⒹZwangsmassnahmen
ⒺCoercive measures　ⒻMesures de contrainte　ⒾMisure coercitive
ⓈMedidas coercitivas

강제수사는 수사기관이 상대방 의사에 구속되지 않는다. 강제로 기본권을 제한하면서 수사한다. 소송절차 진행과 형벌 집행을 확보가 목적이다. 임의수사와 상반된 개념이다. 형사소송법에서 강제수사는 법률에 특별한 규정이 있을 때 할 수 있다. 그러나 필요한 최소한도 범위 안에서만 한다(형사소송법 제199조 제1항). 강제수사는 대인적(對人的) 강제처분과 대물적(對物的) 강제처분으로 나뉜다. ①대인 강제처분: 현행범인 체포(형사소송법 제212조)·긴급체포(형사소송법 제200조3)·구속(형사소송법 제201조)이 있다. ②대물 강제처분: 압수·수색(형법 제106조~제138조)·검증(형사소송법 제139조~제145조)·감정(형사소송법 제169조~제179조의2)이 있다. 증거물·몰수물 수집과 보전을 목적으로 한다. 강제수사는 영장(令狀)에 의한 강제수사와 영장에 의하지 않는 강제수사로 나뉜다. 헌법상 체포·구금·압수·수색은 원칙적으로 법관이 발부하는 영장이 있어야 한다. 그러나 예외적으로 현행범인 체포와 장기 3년 이상 형에 해당하는 죄를 범하고, 도피 또는 증거인멸 염려가 있을 때, 먼저 강제처분을 한 뒤 사후영장을 청구할 수 있다(헌법 제12조 제3항, 형사소송법 제200조3). 긴급체포한 피의자를 구속하고자 할 때, 체포한 때부터 48시간 이내에 구속영장을 청구하여야 한다. 구속영장을 청구하지 않은 때 또는 영장을 발부받지 못한 때, 즉시 석방하여야 한다(형사소송법 제200조4).

• **체포**

Ⓗ逮捕　Ⓒ逮捕　ⒹFestnahme
Ⓔarrest　ⒻArrestation　ⒾArresto　ⓈDetención

체포는 사람의 행동 자유를 박탈하는 행위이다. 피의자를 단기간 수사관서·일정한 장소에 유치하는 것을 말한다. 체포는 피의자 신체를 인치하는 강제처분이다. 헌법 제12조 "모든 국민은 법률에 의하지 아니하고는 체포·구금되지 아니하고, 체포·구금에는 검사의 신청에 의하여 법관이 발부한 영장을 제시하도록 되어 있다. 그러나 예외적으로 현행범인인 경우와 사형·무기 또는 장기 3년 이상의 형에 해당하는 죄를 범하고 도피 또는 증거인멸의 염려가 있을 때에는 사후에 영장을 청구할 수 있는 긴급체포를 인정하고 있다. 또한 체포·구금을 당한 때에는 즉시 변호인의 조력(助力)을 받을 권리뿐만 아니라, 그 적부(適否)의 심사를 법원에 청구할 권리까지 보장하고 있다." ①형사소송법은 체포영장에 의한 체포(형사소송법 제201조 이하), 현행범인 체포(제212조 이하), 긴급체포(200조3 이하)를 규정하고 있다. 사법경찰관이 피의자를 체포한 때에는 체포한 때로부터 48시간 이내에 구속영장을 청구하여야 한다. 체포 기간 2일을 포함하여 10일 이내에 피의자를 검사에게 인치하지 아니하면, 석방하여야 한다. 검사가 직접 체포한 때 또는 검사가 사법경찰관으로부터 인치를 받은 때, 10일 이내에 공소를 제기하지 아니하면, 석방하여야 한다. 다만 검사는 1차에 한하여 10일을 더 연장할 수 있다(제202조~제205조). ②형법에서 체포는 사람 신체에 직접 구속을 가하여 행동 자유를 박탈하는 행위이다. 그 수단·방법에 제한이 없다. 체포죄가 성립한다.

• **체포영장**

ⓗ逮捕令狀　ⓒ逮捕令狀　ⒹFestnahmebefehl
ⒺArrest warrant　ⒻMandat d'arrêt　ⒾMandato d'arresto
ⓈOrden de detención

체포영장은 피의자가 수사기관 출석요구에 불응한 경우 또는 불응할 우려가 있을 경우, 판사가 발부하는 것이다. 피의자가 죄를 범하였다고 의심할만한 상당한 이유가 있고(①범죄혐의 상당성), 정당한 이유 없이 수사기관의 출석요구에 응하지 않거나 또는 응하지 아니할 우려가 있는 때에는 피의자를 체포힐 수 있다(②출·석요구 불응 또는 출석요구 불응우려). 체포를 하기 위하여는 원칙적으로 판사가 발부한 체포영장이 있어야 한다. 사법경찰관이 피의자를 체포하기 위하여는 먼저 검사에게 체포영장을 신청하면, 검사는 판사에게 청구하여 체포영장을 발부받는다. 그런데 명백히 체포의 필요가 인정되지 아니하는 경우, 검사와 판사는 체포영장을 기각할 수 있다(③체포 필요성). 체포한 피의자를 구속하고자 할 때, 체포한 때부터 48시간 이내에 판사에게 구속영장을 청구하여야 한다. 체포영장 '집행' 시 영장을 반드시 제시해야 한다. 다만 긴급집행이 허용된다. 체포현장에서 영장 없이 압수·수색·검증을 할 수 있다.

• **구속**

ⓗ拘束　ⓒ拘束　ⒹUntersuchungshaft
ⒺPre-trial detention　ⒻDétention préventive　ⒾDetenzione preventiva
ⓈDetención preventiva

구속은 신체를 장기간 제한하는 강제처분이다. 구속은 형사소송법에서 구인(拘引)과 구금(拘禁)을 포함하는 개념이다(형사소송법 제69조). 구인이란 피고인 또는 피의자를 법원 기타 일정한 장소에 실력을 행사하여 인치(引致)·억류(抑留)힘을 의미한다. 구금이란 피고인 등을 실력을 행사하여 교도소·구치소에 감금함을 의미한다. 헌법은 신체 자유를 보장하여 영장제도(헌법 제12조 제3항), 변호인 조력을 받을 권리(헌법 제12조 제4항), 구속적부심사청구권(헌법 제12조 제6항)을 규정하고 있다.

①구속요건: 구속은 수사기관이 공소제기 전에 행하는 피의자구속과 공소제기 후에 법원이 행하는 피고인구속과 형집행을 확보하기 위한 구속이 있다. 검사 또는 사법경찰관이 관할 지방법원 판사의 구속영장을 발부받아 피의자를 구속하는 경우, 구속 사유는 피의자가 죄를 범하였다고 의심할 만한 상당한 이유가 있고(현저한 범죄혐의), 일정한 주거가 없거나(주거부정), 증거인멸의 염려나(증거인멸염려), 도망 또는 도망의 염려가 있는 경우이다(도망 또는 도망할 염려). 그러나 50만 원 이하의 벌금·구류·과료에 해당하는 범죄에 관하여는 주거부정의 경우에 한하여 구속할 수 있다(형사소송법 제70조, 제201조). 구속된 때 그 적법 여부의 심사를 법원에 청구할 수 있다(형사소송법 제214조2). 피의자구속기간은 사법경찰관이 10일 이내(형사소송법 제202조)이나, 그 연장은 허용되지 않는다. 검사도 10일 이내(형사소송법 제203조)이며, 수사를 계속함에 상당한 이유가 있다고 지방법원판사에 의하여 인정되면 1차에 한하여 10일 이내로 그 연장이 허가될 수 있다(형사소송법 제205조).

②구속기간과 구속기간연장: 구속되었다가 석방된 자는 다른 중요한 증거를 발견한 경우를 제외하고 동일한 범죄사실에 관하여 재차 구속하지 못한다(형사소송법 제208조 제1항). 영장에 의하지 아니하는 구속에는 현행범인체포와 긴급체포가 있다.

③구속영장집행: 법원 또는 수탁판사(受託判事)·재판장·수명법관(受命法官)이 발부하는 구

속영장에 의하여, 검사 지휘로 사법경찰관리가 집행함이 원칙이나, 긴급을 요할 때 법관이 집행을 지휘할 수도 있다. 구속 사유는 전술한 바와 동일하다(형사소송법 제70조). 구인한 피고인을 법원에 인치한 경우, 구금할 필요가 없다고 인정한 때, 그 인치한 때로부터 24시간 내에 석방하여야 한다(형사소송법 제71조).

④피고인구속절차: 구금할 때 범죄사실요지와 변호인을 선임할 수 있음을 말하고, 변명할 기회를 주어야 한다(형사소송법 제72조). 피고인을 구속할 때 3일 이내에 변호인이나 또는 변호인이 없는 경우 변호인선임권자로 피고인 · 피의자 법정대리인 · 배우자 · 직계친족 · 형제자매와 호주(戶主) 중 피고인이 지정한 자에게 통지하여야 한다(형사소송법 제87조). 구속된 피고인에게 타인과 접견 · 교통권 · 수진권(受診權) · 변호인선임의뢰권이 보장된다(형사소송법 제89조~제91조). 보석(保釋)과 구속 집행정지(執行停止)가 인정된다. 구속일수는 그 전부 또는 일부를 형기(刑期)에 산입한다. 사형 · 징역 · 금고 · 구류의 선고를 받은 자가 구금되지 않은 경우, 검사는 형의 집행을 위해 이를 소환하여야 한다. 검사의 소환에 응하지 아니한 때, 도망하거나 도망할 염려가 있는 때, 현재지를 알 수 없는 때, 소환(召喚)함이 없이 형집행장을 발부(發付)하여 구인할 수 있다(형사소송법 제473조).

• 구속영장

ⓗ拘束令狀　ⓒ拘束令狀　ⒹHaftbefehl
ⒺArrest warrant　ⒻMandat d'arrêt　ⒾMandato d'arresto
ⓈOrden de detención

구속영장은 피고인 또는 피의자를 일정한 장소에 구인(拘引)하는 영장이다. 구속영장은 검사가 직접 청구하거나, 사법경찰관이 검사에게 신청해 검사가 청구하여, 관할 지방법원의 판사가 발부한다. 구속영장은 피고인 또는 피의자 성명 · 주거 · 죄명, 범죄사실요지, 인치구금할 장소, 발부연월일, 그 유효기간과 그 기간을 경과하면 집행에 착수하지 못하며 영장을 반환하여야 한다는 뜻을 기재하여 재판장 또는 수명법관(受命法官)이 서명날인한 재판서이다(형사소송법 제75조 제1항, 제209조). 피고인 또는 피의자 성명이 불분명한 경우, 인상(人相) · 체격, 기타 피고인 또는 피의자를 특정할 수 있는 사항으로써 이를 표시할 수 있다. 주거가 불명한 경우, 그 기재를 생략할 수 있다(형사소송법 제75조 제2항, 제3항). 구속기간은 사법경찰관 경우 10일 이내이고, 검사 경우 사법경찰관으로부터 인치(引致)를 받은 때로부터 10일이다. 다만 수사를 계속함에 상당한 이유가 있다고 인정될 때, 다시 10일간 이내로 구속기간을 연장할 수 있다(형사소송법 제202조~제205조 참조).

• 구속적부심사제도

ⓗ拘束適否審查制度　ⓒ拘束适否審查制度　ⒹÜberprüfung der Rechtmäßigkeit der Inhaftierung　Ⓔreview of legality for confinement　Ⓕcontrôle de la légalité de l'internement　Ⓘrevisione della legalità per il confinamento
Ⓢrevisión de la legalidad del internamiento

구속적부심사제도는 구속된 피의자에 대하여 법원이 구속의 적법성과 필요성을 심사하여 그 타당성이 없으면 피의자를 석방하는 제도이다. 영미법계(英美法系) 인신보호영장제도(人身保護令狀制度)에서 출발한 것이다. 구속적부심사제도는 형사피의자 석방을 위한 제도이다. 형사피고인까지를 대상으로 하는 보석(保釋)과 구별된다. 법원이 심사한다는 점에서 검사가 구속된 피의자를 석방하는 구속취소와 구별된다. 인신구속에서 사전영장주의(事前令狀主義)를 채택하고 있으면서도, 구속적부심사청구권을 인정하는 것은 영장발부에 대한 재심사 기회를 마련함으로써 인신의 보호에 만전을 기하기 위한 것이다.

①청구권자: 구속적부심사 청구권자는 구속영장으로 구속된 피의자와 그 변호인 · 법정대리인 · 배우자 · 직계친족 · 형제자매 · 가족 · 동거인 · 고용주이다. 구속적부심사청구 사유는 구속영장 사유가 법률에 위반되었다고 판단되는 때 또는 구속 후 중대한 사정변경이 있어서 구속을 계속할 필요가 없다고 판단되는 때이다. ②심사: 법원은 구속적부심사청구에 대한 심사를 한다. 판사가 1명인 지방법원지원 경우를 제외하고, 구속영장을 발부한 법관은 포함되지 못한다. 구속된 피의자에게 변호인이 없고, 국선변호인 선정사유에 해당되는 때, 국선변호인이 선임된다. 구속적부심사는 영장발부 요식과 절차에 관한 형식적 사항뿐만 아니라 구속사유 타당성과 적법성(適法性)에 관한 실실석 사항까지도 대상으로 한다. ③결정: 법원은 심문이 종료된 때로부터 24시간 이내에 구속에 대한 적부의 결정을 내려야 한다. 그 결정에는 항고(抗告)가 허용되지 않는다. 구속적부심사 석방결정으로 석방된 피의자는 도망거나 또는 죄증을 인멸하는 경우를 제외하고, 동일한 범죄사실에 관하여 재차 구속하지 못한다(형사소송법 제214조3).

• 보석

Ⓗ保釋 ⊕保釋 Ⓓfreilassung gegen Kaution
Ⓔrelease on bail Ⓕlibération sous caution Ⓘrilascio su cauzione
Ⓢlibertad bajo fianza

보석은 일정한 보증금 납부 조건으로 구속 집행을 정지하여 구속된 피고인을 석방하는 제도이다. 보증금을 납부하고, 도망하거나 기타 일정한 사유가 있는 때, 보증금을 몰수하는 제재조건으로, 법원이 구속된 피고인을 석방시키는 제도이다(형사소송법 제94조~제105조). 보석으로 석방되어도 구속영장의 효력은 그대로 존속한다. 다만 구속 집행이 정지된다는 점에서 구속 취소(형사소송법 제93조)와 다르다. 일정한 보증금을 조건으로 하는 점에서 단순한 구속집행정지(형사소송법 제101조)와 다르다. 보석은 청구보석(형사소송법 제94조 · 제95조 · 제96조 후단)과 직권보석(형사소송법 제96조 전단)이 있다. 청구보석은 다시 보석청구권자(피고인 · 변호인 · 법정대리인 · 배우자 · 직계친족 · 형제자매 · 호주)의 청구가 있으면, 예외사유가 없는 한, 반드시 보석을 허가하여야 하는 필요보석(형사소송법 제95조)과 법원 재량에 맡긴 임의보석(형사소송법 제96조)으로 나뉜다. 그러나 피의자 구속은 보석이 인정되지 않는다.

①보석허가: 법원이 보석을 허가하는 경우 피고인 주거 제한 등 적당한 조건을 붙일 수 있다(형사소송법 제99조). 보석허가결정을 할 때 먼저 검사의 의견을 들어야 한다(형사소송법 제97조). 보증금을 납부한 후가 아니면 석방하지 못한다(형사소송법 제100조 제1항). ②보증금액: 보증금액은 범죄성질 · 죄상, 증거의 증명력, 피고인 전과 · 성격 · 환경 · 자산을 고려하여 피고인 출석을 보증할 만한 금액이어야 한다. 그러나 피고인 자산 정도로 납입하기 불가능한 보증금을 정할 수 없다(형사소송법 제98조). 법원이 허가하면 보증금을 납입할 자는 보석청구권자 이외의 자라도 무방하고, 보증서로써 보증금을 갈음할 수도 있다(형사소송법 제100조 제2항, 제3항). ③보석취소: 보석 중 피고인이 도망하였을 때, 도망 또는 증거를 인멸할 염려가 있다고 믿을 만한 충분한 이유가 있을 때, 소환을 받고 정당한 이유 없이 출두하지 아니한 때 또는 주거 제한 기타 보석조건을 위반한 때에는 법원은 직권 또는 검사 청구에 의한 결정으로써 보석을 취소하고, 보증금 일부 또는 전부를 몰수할 수 있다(형사소송법 제102조). 보석된 자가 형의 선고를 받고, 그 판결이 확정된 뒤 형의 집행을 위한 소환에 불응한 때에도 같다(형사소송법 제103조). 보석을 취소한 경우, 몰수하지 아니한 보증금은 청구한 날로부터 7일 이내에 환부(還付)한다(형사소송법 제104조).

• **압수**

ⓗ押收　ⓒ押收　ⓓBeschlagnahme
ⓔConfiscation　ⓕSaisie　ⓘConfisca　ⓢConfiscación

압수는 법원 또는 수사기관이 물건 점유를 취득하는 강제처분이다. 압수·영치(領置)·제출명령이 있다. 압류는 점유취득과정 자체에서 강제력을 행사한다. 영치(領置)는 유치물(留置物)과 임의제출물(任意提出物) 점유이다. 제출명령(提出命令)은 일정 물건을 제출하도록 명하는 처분이다. 제출명령은 법원 명령으로 하는 압수다. 수사기관은 제출명령으로 압수할 수 없다. 법원은 필요한 범위내에서 수사단계에 개입할 수 있다(형사소송법 제106조 이하). 합의부원에게 수사를 명할 수 있다. 목적물 소재지를 관할하는 지방법원판사에게 촉탁할 수도 있다(형사소송법 제136조). 수사기관은 법관 영장을 받아 압수를 한다(형사소송법 제215조). 압수는 원칙적으로 영장이 필요하다(형사소송법 제113조 이하). 체포현장에서 영장 없는 압수·수색은 시간적 장소적 접착성이 있어야 한다. 숙소에 없는 경우 긴급성이 없다. 공무와 업무비밀을 보호하기 위하여 압수가 제한되는 경우가 있다(형사소송법 제111조, 제112조). 압수할 때 영장을 제시하고, 압수한 물건 목록을 작성하여 소유자·소지자·보관자에게 이를 교부하여야 한다(형사소송법 제118조, 제129조). 압수·수색영장을 집행하는 사람은 압수·수색영장처분을 받는 사람에게 압수·수색영장을 반드시 제시하여야 한다. 압수·수색영장은 반드시 원본을 제시하여야 한다. 형사소송법 제118조(압수·수색영장제시), 형사소송법 제210조(준용규정) 압수·수색영장유효기간은 7일이다. 이미 압수·수색영장집행을 종료하였다면, 영장효력은 상실된다. 전자정보 수색과정에서 우연히 범죄혐의 관련 정보를 발견하면 별도 새로운 영장을 발부받아야 한다. 피의자 이메일 계정은 필요한 최소한 범위에서 해야 한다. 압수물 상실 또는 파손 방지를 위하여 상당한 조치를 하여야 한다(형사소송법 제131조). 압수를 계속할 필요가 없다고 인정되는 때, 압수물을 환부하여야 한다(형사소송법 제133조, 제134조). 사후에 압수수색영장을 발부받지 않은 경우 위 압수물과 압수조서는 형사소송법상 영장주의를 위반하여 수집한 증거로서 증거능력이 부정된다. 형사소송법 제216조는 영장 없이 가능한 강제처분, 압수·수색·검증을 규정하고 있다. 공소제기 후 당해 피고사건에 대해 수사기관 압수·수색·검증은 허용되지 않는다. 통설과 판례 입장이다.

대법원 2015. 7. 16.자 2011모1839 전원합의체 결정 [준항고인용결정에대한재항고] 〈전자정보에 대한 압수·수색 사건〉 [종근당 압수·수색 사건] 수사기관은 추가 탐색을 중단하고 법원에서 별도의 범죄혐의에 대한 압수·수색영장을 발부받은 경우에 한하여 그러한 정보에 대하여도 적법하게 압수·수색을 할 수 있다. 피압수자에게 참여권을 보장하고 압수한 전자정보 목록을 교부해야 한다.

• **수색**

ⓗ搜索　ⓒ搜索　ⓓDurchsuchung
ⓔSearch　ⓕFouille　ⓘRicerca　ⓢBuscar en

수색은 압수할 물건 또는 체포·구인해야 할 사람을 발견을 위해 사람 신체·물건·가옥·그 밖에 장소를 찾는 강제처분이다. 법원이 원칙적으로 한다(형사소송법 제109조). 법관(형사소송법 제136조, 제184조)·수사기관도 한다(형사소송법 제137조, 제215조, 제216조). 수색영장이 원칙적으로 필요하다(헌법 제12조, 형사소송법 제113조, 제215조, 예외 제137조, 제216조). 압수할 물건 수색은 피고인과 피고인이 아닌 자와 구별이 있다(형사소송법 제109조).

가옥·그 밖에 사람 거주 장소 수색에 대한 검사·피고인·변호인 참여권(형사소송법 제121조, 제122조)이 있다. 여자신체수색은 성년여성이 참여한다(형사소송법 제124조).

• 검증

Ⓗ檢證　Ⓙ檢證　ⒹAugenscheinbeweis
ⒺVisual evidence　ⒻPreuve oculaire　ⒾEvidenza visiva　ⓈEvidencia visual

검증은 법관이 직접 자기 감각으로 사물 성질·상태를 실험하는 증거조사이다. 교통사고·화재사고 현장검증이 대표적 예이다. 검증대상물은 검증물(檢證物)·검증목적물(檢證目的物)이다. 오관(五官) 판단이 가능해야 한다. 법원 검증(형사소송법 제139조~제145조)과 수사기관 검증(형사소송법 제215조~제217조, 제219조)이 있다. 법원 검증은 증거조사이다. 영장이 필요없다. 법원 검증 중에서 공판정(公判廷)에서 하는 증거조사를 제외하고, 그 결과를 조서에 기재한다(형사소송법 제49조). 서증으로 전환하여 증거조사를 위한 수단이 된다(형사소송법 제311조). 법원 검증은 영장이 필요 없다. 그러나 수사기관 검증은 영장이 필요하다. 증거를 수집·보전하는 강제처분이다. 법원은 사실 발견이 필요한 때, 검증을 할 수 있다(형사소송법 제139조). 검증은 신체검사·사체(死體) 해부·분묘(墳墓) 발굴·물건 파괴·그 밖에 필요한 처분을 할 수 있다(형사소송법 제140조). 일출 전 일몰 후, 집주인·관리인·이에 준하는 사람 승낙이 없으면, 검증을 위하여 타인 주거·관리인 있는 가옥·건조물·항공기·선차 내에 들어가지 못한다. 다만 일출 후, 검증목적을 달성할 수 없을 염려가 있는 경우, 예외로 하며 일몰 전에 검증에 착수한 때, 일몰 후라도 검증을 계속할 수 있다(형사소송법 제143조). 검사·사법경찰관은 범죄수사에 필요한 때, 지방법원판사가 발부한 영장으로 검증을 할 수 있다(형사소송법 제215조). 그러나 피의자를 체포·구속하는 경우, 영장 없이 검증을 할 수 있다(형사소송법 제216조).

대법원 2012. 11. 15. 선고 2011도15258 판결 [도로교통법위반(음주운전)] 【판시사항】 [1] 영장이나 감정처분허가장 없이 채취한 혈액을 이용한 혈중알코올농도 감정 결과의 증거능력 유무(원칙적 소극) 및 피고인 등의 동의가 있더라도 마찬가지인지 여부(적극) [2] 강제채혈의 법적 성질(=감정에 필요한 처분 또는 압수영장의 집행에 필요한 처분) [3] 음주운전 중 교통사고를 내고 의식불명 상태에 빠져 병원으로 후송된 운전자에 대하여 수사기관이 영장 없이 강제채혈을 할 수 있는지 여부(한정 적극) 및 이 경우 사후 압수영장을 받아야 하는지 여부(적극) 【판결요지】 [1] 수사기관이 법원으로부터 영장 또는 감정처분허가장을 발부받지 아니한 채 피의자의 동의 없이 피의자의 신체로부터 혈액을 채취하고 사후에도 지체 없이 영장을 발부받지 아니한 채 혈액 중 알코올농도에 관한 감정을 의뢰하였다면, 이러한 과정을 거쳐 얻은 감정의뢰회보 등은 형사소송법상 영장주의 원칙을 위반하여 수집하거나 그에 기초하여 획득한 증거로서, 원칙적으로 절차위반행위가 적법절차의 실질적인 내용을 침해하여 피고인이나 변호인의 동의가 있더라도 유죄의 증거로 사용할 수 없다. [2] 수사기관이 범죄 증거를 수집할 목적으로 피의자의 동의 없이 피의자의 혈액을 취득·보관하는 행위는 법원으로부터 감정처분허가장을 받아 형사소송법 제221조의4 제1항, 제173조 제1항에 의한 '감정에 필요한 처분'으로도 할 수 있지만, 형사소송법 제219조, 제106조 제1항에 정한 압수의 방법으로도 할 수 있고, 압수의 방법에 의하는 경우 혈액의 취득을 위하여 피의자의 신체로부터 혈액을 채취하는 행위는 혈액의 압수를 위한 것으로서 형사소송법 제219조, 제120조 제1항에 정한 '압수영장의 집행에 있어 필요한 처분'에 해당한다. [3] 형사소송법 제211조 제2항 제3호가 정하는 범죄의 증적이 현저한 준현행범인의 요건이 갖추어져 있고 교통사고 발생 시각으로부터 사회통념상 범행 직후라고 볼 수 있는 시간 내라면, 피의자의 생명 · 신체를 구조하기 위하여 사고현장으로부터 곧바로 후송된 병원 응급실 등의 장소는 형사소송법 제216조 제3항의 범죄 장소에 준한다 할 것이다. 그러므로 검사 또는 사법경찰관은 피의자의 혈중알코올농도 등 증거의 수집을 위하여 의료법상 의료인의 자격이 있는 자로 하여금 의료용 기구로 의학적인 방법에 따라 필요최소한의 한도 내에서 피의자의 혈액을 채취하게 한 후 그 혈액을 영장 없이 압수할 수 있다. 다만 이 경우에도 형사소송법 제216조 제3항 단서, 형사소송규칙 제58조, 제107조 제1항 제3호에 따라 사후에 지체 없이 강제채혈에 의한 압수의 사유 등을 기재한 영장청구서에 의하여 법원으로부터 압수영장을 받아야 한다.

공소제기

Ⓗ公訴提起　Ⓒ公訴提起　ⒹAnklage
Ⓔprosecution　ⒻAccusation　ⒾAtto d'accusa　ⓈAcusación

공소제기는 검사가 범죄에 대하여 법원에 재판을 청구하는 소송행위이다. 기소(起訴) 또는 소추(訴追)라고도 한다. 공소제기는 주체가 누구인가에 따라 나뉜다. 국가소추주의는 공소제기 권한을 국가기관이 전담한다. 사인소추주의는 사인(私人) 공소제기를 인정한다. 검사기소주의는 검사가 공소제기를 담당한다(형사소송법 제246조). 우리나라는 기소독점주의를 채택하고 있다. 수사 결과 범죄의 객관적 혐의가 충분하고, 소송조건을 구비하였다고 반드시 공소를 제기해야 하는 것은 아니다. 검사는 형법 제51조(범인연령 · 성행 · 지능 · 환경 · 피해자와 관계 · 범행동기　수단과 결과 · 범행 후 정황) 사항을 참작하여 공소를 제기하지 아니할 수 있다(형사소송법 제247조 제1항). 우리나라는 기소편의주의를 채택하고 있다. 또 범죄사실 일부에 대한 공소는 그 효력이 전부에 미친다(형사소송법 제248조 제2항). 우리나라는 공소불가분원칙을 선언하고 있다. 공소를 제기할 때, 공소장을 관할법원에 제출하여야 한다. 공소장에 피고인 수(數)에 상응한 부본(副本)을 첨부하여야 한다. 피고인 성명 · 그 밖에 피고인을 특정할 수 있는 사항 · 죄명 · 공소사실(범죄구성요건 · 시효 · 장소) · 적용 법조문을 기재하여야 한다(형사소송법 제254조 제1항~제3항). 공소장에 사건에 관하여 법원에 예단(豫斷)이 생기게 할 수 있는 서류 · 그 밖에 물건을 첨부하거나 또는 그 내용을 인용하여서는 안 된다(형사소송규칙 제118조 2항). 공소장일본주의이다. 공소제기로 소송계속 · 심판범위확정 · 공소시효 정지 효과가 발생한다. 공소제기가 없는 사건은 불고불리원칙에 따라 법원이 심리할 수 없다. 그러나 준기소절차(準起訴節次)에서 고등법원이 고소인 또는 고발인 재정신청(裁定申請)으로 심판에 부(付)하는 결정을 한 때, 그 사건에 대하여 공소제기가 있는 것으로 간주한다(형사소송법 제263조). 또 공판절차 없이 약식명령을 할 수 있는 경우, 공소제기와 동시에 서면으로 약식명령을 청구할 수 있다(형사소송법 제449조).

공소

Ⓗ公訴　Ⓒ公訴　ⒹKlageerhebung
Ⓔpublic prosecution/filing of action　ⒻDépôt de plainte
ⒾPresentazione di un'azione legale　ⓈPresentar una demanda

공소는 검사가 형사사건에 대하여 법원에 재판을 청구하는 신청이다. 신청절차를 공소제기 또는 기소(起訴)라고 한다. 검사의 법률행위적 소송행위(法律行爲的 訴訟行爲)를 공소라 한다. 검사는 공소제기를 할 때, 기소장을 법원에 제출한다. 소송조건을 충족하고, 장애가 없어야 한다. 검사의 소송제기는 수사종결을 의미한다. 즉, 공소로 범죄수사는 종결된다. 동시에 법원 심판이 개시된다. 사건은 공판절차로 이행된다. 공소취소는 제1심판결 선고 전까지 가능하다. 공소제기는 소송계속 · 사건범위 한정 · 공소시효 정지 효과가 있다.

• 공소장

Ⓗ公訴狀　ⓒ公訴狀　ⒹKlageschrift
Ⓔstatement of claim / petition of appeal　ⒻRequête
ⒾDichiarazione di credito　ⓈEscrito de demanda

공소장은 검사가 법원에 제출하는 서면이다. 공소장은 반드시 서면을 제출한다. 구두 · 전보 · 디지털 전자문서 · CD · USB는 허용되지 않는다. 검사는 공소를 제기할 때, 공소장을 관할법원에 제출하여야 한다(형사소송법 제254조). 공소장 작성방식은 법률로 규정되어 있다. 일정한 기재사항 이외 다른 사항을 기재하거나 또는 기재사항을 빠뜨리는 것은 허용되지 않는다. 공소장 기재사항은 ①피고인 성명 · 그 밖에 피고인을 특정할 수 있는 사항, ②죄명, ③공소사실, ④적용법조를 기재하여야 한다(형사소송법 제254조 제3항). 또한 검사는 법원 허가를 얻어 공소장에 기재한 공소사실 또는 적용 조문의 추가 · 철회 · 변경할 수 있다(공소장변경제도). 이 경우 법원은 공소사실 동일성을 해하지 않는 범위에서 공소장변경을 허가하여야 한다(형사소송법 제298조 제1항). 한편 판례는 공소사실 동일성은 기본적 사실관계만 동일하면 족하다고 판시하고 있다.

• 공소장변경

Ⓗ公訴狀變更　ⓒ公訴狀變更　ⒹÄnderung einer Anklageschrift
Ⓔmodification of an indictment　Ⓕmodification d'un acte d'accusatio
Ⓘmodifica di un atto d'accusa　Ⓢmodificación de una acusación

공소장변경은 검사가 법원 허가를 받아 공소장 내용을 변경하는 것이다. 공소장에 공소사실을 특정하는 이유는 법원의 심판범위를 한정하여 심리 합리화, 능률화를 기하고, 피고인에게 방어 초점을 명확히 하기 위함이다. 공소장변경은 공소제기 후 공소사실 동일성이 인정되는 범위에서 공소장에 기재한 공소사실 또는 적용 법조문을 추가 · 철회 · 변경하는 제도이다. 형사소송법은 공소장변경제도를 인정하여 공소장에 기재된 공소사실과 동일성이 인정되는 사실일지라도 공소장변경이 있는 경우에만 법원이 이를 심판하도록 함으로써 피고인의 방어권(防禦權)을 보장하고 있다. 따라서 공소장변경 없이 공소장에 기재한 사실과 다른 사실을 심판하는 경우 항소이유(형사소송법 제361조5 제1항), 상고이유(형사소송법 제383조 제1항)가 된다. 현행 형사소송법은 검사 신청 공소장변경과 법원 요구 공소장변경을 규정하고 있다.
①검사 신청 공소장변경: 검사는 법원 허가를 얻어 공소장에 기재한 공소사실 또는 적용법조의 추가철회 또는 변경을 할 수 있다. 이 경우 법원은 공소사실 동일성을 해하지 아니하는 한도에서 허가하여야 한다(형사소송법 제298조 제1항). 법원은 공소사실 또는 적용법조 추가 · 철회 · 변경이 있을 때, 그 사유를 신속히 피고인 또는 변호인에게 고지하여야 한다(형사소송법 제298조 제3항). 공소장변경이 피고인의 불이익을 증가할 염려가 있다고 인정한 때, 직권 또는 피고인 · 변호인 청구로 피고인에게 필요한 방어 준비를 하게 하기 위하여 결정으로 필요한 기간 공판절차를 정지할 수 있다(형사소송법 제398조 제4항). 검사가 공소장변경을 신청할 때 그 취지를 기재한 공소장변경허가신청서를 법원에 제출하여야 한다. 피고인의 수(數)에 상응한 부본을 첨부하여야 한다(형사소송규칙 제142조 제1항 · 제2항).
②법원의 공소장 변경: 법원은 검사의 공소제기 범위가 불합리하다고 여겨지는 경우, 검사에게 공소장변경을 요구할 수 있다. 법원은 심리경과에 비추어 상당하다고 인정할 때, 공소사실 또는 적용법조 추가 또는 변경을 요구하여야 한다(형사소송법 제298조 제2항). 공소장변경

요구 시기는 공판심리가 개시되고, 심리가 상당한 정도 진행된 때 해야 한다. 그러므로 제1회 공판기일 전에는 허용되지 않는다. 그러나 제1심 공판절차와 항소심, 그리고 변론을 종결한 후에라도 공소장변경을 요구할 필요가 생기면, 변론을 재개하여 요구할 수 있다. 법원의 공소장변경 요구는 공판정에서 구두로 하는 게 통례이며, 고지한 때 그 효력이 발생한다. 이 때 공판조서에 기재하여야 한다(형사소송법 제38조, 제51조 제2항 14). 또한 공소장변경을 요구하는 결정은 판결 전의 소송절차에 관한 결정이므로 항고가 허용되지 않는다(형사소송법 제403조 제1항).

한편 법원이 공소장변경절차를 거치지 않고, 공소장에 기재된 범죄사실과 다른 공소사실·적용법조를 어느 정도까지 인정할 수 있는가에 대하여 학설이 대립한다. 공소장에 기재된 공소사실과 다른 범죄사실을 인정하는 것이 피고인 방어권 행사에 불이익을 초래할 염려가 있는 경우, 공소장변경이 필요하다. 통설과 판례는 사실기재설(事實記載說)이다.

◦ **공소시효**

Ⓗ公訴時效　Ⓙ公訴時效　ⒹStrafverfolgungsverjährung
ⒺStatute of limitations for criminal prosecution　ⒻPrescription de l'action pénale　⒤Termini di prescrizione per l'azione penale　ⓈPrescripción de la acción penal

공소시효는 어떤 범죄사건이 일정한 기간 경과로 형벌권이 소멸하는 제도이다. 공소시효는 형사시효의 하나이다. 공소시효가 완성되면, 실체법상 형벌권이 소멸한다. 검사는 공소를 제기할 수 없다. 만약 공소제기 후에 이러한 사실이 발견된 때, 실체적 소송조건 흠결(欠缺)을 이유로 면소(免訴) 판결을 한다(형사소송법 제326조). 2007년 12월 21일 개정으로 공소시효가 변경되었지만, 이 법 시행 전에 범한 죄에 대하여는 종전 규정을 적용한다. 공소시효기간은 범죄의 경중에 따라 차이가 있다. ①사형에 해당하는 범죄는 25년, ②무기징역 또는 무기금고에 해당하는 범죄는 15년, ③장기 10년 이상 징역 또는 금고에 해당하는 범죄는 10년, ④장기 10년 미만 징역 또는 금고에 해당하는 범죄는 7년, ⑤장기 5년 미만 징역 또는 금고, 장기 10년 이상 자격정지 또는 벌금에 해당하는 범죄는 5년, ⑥장기 5년 이상 자격정지에 해당하는 범죄는 3년, ⑦장기 5년 미만 자격정지, 구류·과료 또는 몰수에 해당하는 범죄는 1년으로 되어 있다. 그리고 공소가 제기된 범죄라도 판결 확정이 없이 공소를 제기한 때로부터 25년을 경과하면 공소시효가 완성된 것으로 간주한다(형사소송법 제249조). 2개 이상 형을 병과하거나 또는 2개 이상 형에서 그 1개를 과할 범죄는 중한 형을, 또 형법으로 형을 가중·감경할 경우 가중·감경하지 않은 형을 기준으로 각각 시효기간을 정한다(형사소송법 제250조~제251조). 그러나 사람을 살해한 범죄(범죄를 도운 종범은 제외) 또는 (형사소송법 제253조2) 13세 미만 사람·신체적인·정신적인 장애가 있는 사람에게 형법 강간, 강제추행, 준강간, 준강제추행, 강간상해, 살인죄를 범한 경우 공소시효를 적용하지 않는다(성폭력범죄의 처벌 등에 관한 특례법 제21조).

◦ **공판**

Ⓗ公判　Ⓙ公判　ⒹHauptverhandlung
Ⓔtrial　ⒻAudience principale　⒤Udienza principale/dibattimento
ⓈAudiencia principal

공판은 공소제기로써 사건이 법원에 계속된 이후 소송이 종결된 때까지 절차이다. 공판은 넓은 의미에서 공소제기로부터 소송종결까지 모든 절차를 의미한다. 좁은 의미로 공판기일절차을 의미한다. 일반적으로 좁은 의미를 말한다. 공판 주체는 공판절차를 담당하는 재판기관 법원이다. 검사와 피고인은 서로 대립하는 당사자로서 지위를 갖는다. 검사는 국가기관이다. 피고인은 당사자능력(當事者能力)과 소송능력(訴訟能力)이 있어야 한다. 공판은 인정신문(人定訊問) · 검사 모두진술(冒頭陳述) · 피고인 모두진술(冒頭陳述) · 증거조사(證據調査) · 피고인신문(被告人訊問) · 검사 논고(論告) · 피고인 최후진술과 변호인 최후변론 · 판결 순서로 진행된다. 공판은 공개주의(公開主義) · 구두주의(口頭主義) · 직접주의(直接主義) · 집중심리주의(集中審理主義)로 진행한다. 공개주의는 일반인에게 공판 방청을 허용하는 주의이다. 그러나 국가안전보장, 안녕질서, 선량한 풍속을 해할 염려가 있을 때 법원 결정으로 심리(審理)를 공개하지 않을 수 있다(헌법 제27조, 제109조, 법원조직법 제57조). 다만 판결은 반드시 공개되어야 한다. 심리를 공개하는 경우, 방청인 수를 제한하거나 또는 법정질서를 해하는 자에 대하여 퇴정명령(退廷命令)을 내릴 수 있다(법정에서 방청 및 촬영에 관한 규칙 제2조, 제3조), 법정에서 녹화 · 촬영 · 중계방송은 재판장 허가를 받아야 한다(법원조직법 제59조). 구두주의는 구두로 제공된 자료에 의해 심리 · 재판하는 원칙이다. 직접주의는 직접 심리에 관여한 법관만이 재판할 수 있다는 원칙이다. 이에 따라 공판개정 후 법관의 경질이 있으면, 공판절차를 경신한다(형사소송법 제301조). 집중심리주의는 계속심리주의라고도 한다. 심리에 2일 이상을 요하는 사건 경우, 계속하여 심리해야 한다는 원칙이다. 특정강력범죄의 심리에 대하여 채택되고 있다(특정강력범죄의 처벌에 관한 특례법 제10조).

• 증거조사

ⓗ證據調査　ⓙ証拠調査　ⓓBeweisaufnahme
ⓔTaking of evidence　ⓕObtention des preuves / Hearing of evidence
ⓘAssunzione di prove　ⓢObtención de pruebas

증거조사는 법원이 증거방법으로 증거자료를 취득하는 행위이다. 공판기일에 하는 증거조사를 말한다. 넓은 뜻으로 공판기일에 조사하기 위한 공판기일 이외 증거조사도 포함된다. 당사자 신청으로 증거조사를 하는 것이 원칙이다. 법원은 직권으로 한다. 법원은 당사자가 신청한 증거에 대하여 결정을 해야 한다(형사소송법 제295조). 증거조사 종료 후에 순차로 피고인에게 공소사실과 정상에 관하여 필요한 사항을 신문할 수 있다. 다만 재판장은 필요하다고 인정하는 때, 증거조사가 완료되기 전이라도, 이를 허가할 수 있다(형사소송법 제296조2). 증거서류 조사방식에서 재판장은 검사 · 피고인 · 변호인 신청으로 증거서류를 조사하는 경우, 신청인이 증거서류를 낭독해야 한다. 법원이 직권으로 증거서류를 조사하는 경우, 소지인 또는 재판장이 증거서류를 낭독하여야 한다(형사소송법 제292조). 재판장은 피고인에게 각 증거조사 결과에 대한 의견을 묻고, 권리보호를 위해 필요한 증거조사를 신청할 수 있음을 고지해야 한다(형사소송법 제293조). 검사 · 피고인 · 변호인은 증거조사에 관해 이의신청을 할 수 있다. 법원은 이를 결정해야 한다(형사소송법 제296조).

• 증인

ⓗ證人　ⓙ證人　ⓓZeuge　ⓔwitness　ⓕtémoin　ⓘtestimone　ⓢtestigo

증인은 법원 그 밖에 기관에 자기 경험으로 지득한 사실을 진술하도록 명령받은 제3자이다. 그 진술이 증언이다. 법률에 특별한 규정이 있는 경우 외, 대한민국 사법권 지배를 받는 자는 누구나 민사사건 · 형사사건 증인으로 출석 · 선서 · 진술할 공법상 의무가 있다. 이를 거부한 때 과태료 처벌을 받는다. 선서하고 거짓 진술을 하면 위증죄로 처벌된다(형법 제152조). 형사소송법에서 증인이란 형사소송 외에서 실험 사실을 법원에 진술하는 소송의 제3자를 말한다. 법원은 법률에 규정이 없는 한 누구든지 증인으로 신문할 수 있다(형사소송법 제146조). 그러나 현재 당해 사건에 관여하고 있는 법관 · 검사 · 서기관 · 서기는 그 지위에 있는 한 당해 사건의 증인이 될 수 없다. 또한 당해 사건의 변호인 · 보조인 · 대리인 · 피고인도 당해 사건의 증인이 될 수 없다. 공동피고인도 증인이 되지 못한다는 것이 판례의 입장이다. 공동피고인이 증인으로 진술하려면, 소송절차가 분리되어야 한다. 공동피고인은 증인적격이 없기 때문이다. 증인은 출석 · 선서 · 진술의 의무가 있다(형사소송법 제146조 이하). 공무원 또는 공무원이었던 사람이 지득한 공무상의 비밀에 관한 사실에 대하여 증인신문을 할 수 없는 경우가 있다. 누구든지 자기 또는 법정근친자(法定近親者)가 형사소추를 받거나 또는 유죄판결을 받을 염려가 있는 증언을 거부할 수 있다. 또 일정한 직에 있는 사람 혹은 있었던 사람은 업무상 위탁을 받기 위하여 지득한 타인의 비밀에 관한 사실에 대하여 원칙적으로 증언을 거부할 수 있다.

• 판결선고

ⓗ判決宣告　ⓙ判決宣告　ⓓVerurteilung / Urteil
ⓔconviction / sentence/ pronouncement / rendition of judgment
ⓕCondamnation / Sentence　ⓘCondanna　ⓢCondena

판결선고는 소송법상 판결을 당사자 또는 피고인에게 알리는 방식이다. 재판의 일종인 결정이나 명령의 고지(告知)와 구별되며, 구법에서는 판결의 언도(言渡)라고도 하였다. 형사소송법에서 판결은 선고로 성립하고, 그 효력이 발생한다. 판결선고는 공판정에서 재판서(裁判書, 판결서)로 하고, 기타의 경우 재판서등본 송달 또는 다른 적당한 방법으로 하여야 한다. 다만 법률에 다른 규정이 있는 때에는 예외로 한다(형사소송법 제42조). 판결선고는 재판장이 한다. 주문(主文)을 낭독하고 이유의 요지를 설명하여야 한다(형사소송법 제43조). 형을 선고하는 경우, 재판장은 피고인에게 상소할 기간과 상소할 법원을 고지하여야 한다(형사소송법 제324조). 판결선고는 제1심에서 공소가 제기된 날부터 6월 이내에, 항소심과 상고심에서 기록 송부를 받은 날로부터 4월 이내에 하여야 한다(소송촉진 등에 관한 특례법 제21조).

• 증거재판주의

ⓗ證據裁判主義　ⓙ証据裁判主義　ⓓEvidentialismus
ⓔEvidentialism　ⓕL'évidentialisme　ⓘEvidenzialismo　ⓢEvidencialismo

증거재판주의는 소송법상 재판에서 기본원칙이다. 형사소송법 제307조는 증거재판주의를 선언하고 있다. 사실인정은 반드시 증거로 한다. 형사소송법 제307조는 규범적 의미가 있다. 증거는 증거능력이 있고, 적법한 증거조사를 한 증거다. 유죄판결을 선고할 경우, ①공소범죄사실 · 처벌조건, ②법률상 형의 가중 · 감면 사유를 인정하는 엄격한 증명이 필요하다. 증거능력이 있고, 공판에서 적법한 증거조사를 거친 증거에 의한 증명이다. 그 밖의 사실은 자유로운 증명으로 한다. 자유로운 증명은 법원이 법정에서 자유롭게 증서조사만 하면 된다. 어떠한 증거이든 증명만 되면 된다. 요증사실이 주요사실인 경우, 간접사실도 역시 엄격한 증명의 대상이 된다.

• 자유심증주의

ⓗ自由心證主義　ⓙ自由心証主義　ⓓPrinzip der freien Beweiswürdigung
ⓔPrinciple of the free evaluation of evidence　ⓕPrincipe de la libre appréciation des preuves　ⓘPrincipio della libera valutazione delle prove

ⓢPrincipio de libre valoración de las pruebas

자유심증주의는 증거의 증명력을 법관의 자유 판단에 맡기는 주의이다. 고문으로 얼룩진 법정증거주의(法定證據主義)가 폐기되었다. 자유심증주의는 프랑스혁명의 문화적 산물이다. 독일을 비롯한 세계 각국은 형사소송법에서 자유심증주의를 명문화하였다. 근대 형사소송에서 기본원칙으로 확립되었다. 우리나라 형사소송법 제308조도 자유심증주의를 천명하고 있다. 증거의 증명력은 법관의 자유 판단으로 한다. 증거 취사선택을 전적으로 법관에 일임한다. 법관은 증거능력 있는 증거를 증명력이 없다고 판단할 수 있다. 또한 증거가 상호 모순되는 경우, 법관은 어느 것을 채택할 것인지 자유로운 이성으로 판단한다. 논리상·경험상 일반원칙에 따른다. 자유심증주의는 합리적 심증주의를 말한다. 형사소송법 제323조는 '형의 선고를 할 때 판결 이유에 범죄사실, 증거 요지와 법령적용을 명시하여야 한다'고 규정하고 있다. 판결문에 사실인정의 기초가 되는 증거설명을 요구한다. 자유심증주의는 예외가 있다. 자백의 증명력(형사소송법 제310조 자백보강법칙)과 공판조서의 증명력(형사소송법 제56조 공판조서의 배타적 증명력)이다. 자유심증주의와 in dubio pro reo 원칙이 있다.

● **증거**

ⓗ證據 ⓙ証拠 ⓓBeweis
ⓔevidence ⓕPreuve ⓘProve ⓢEvidencia

증거는 법원에 사실 존부(存否)에 관한 확신을 주기 위한 자료이다. 증거는 법규적용의 대상이 될 범죄사실을 인정하는 자료이다. 성격에 따라 인증(人的 證據)·물증(物的 證據)·서증(書證, 증거서류·증거물인 서류), 직접증거(自白)·간접증거(情況證據, 진단서), 본증(本證)·반증(反證), 진술증거(진술·증언·피의자신문조서·진술서)·비진술증거(증거물), 원본증거(직접 법원 진술·本來證據)·전문증거(법원 공판정 이외 진술), 실질증거(증언)·보조증거(증명력 다투는 증거·彈劾證據) 등으로 구분할 수 있다. 법원은 먼저 사실관계를 확정한다. 그리고 법규를 적용한다. 재판상의 자백과 같이 증거조사가 불필요한 경우도 있다. 그 이외 사실은 증거로 인정되어야 한다. 법관은 사실인정을 주관적·자의적으로 판단하지 않는다. 객관적으로 공정하게 판단한다. 증거자료는 심리를 통해 수집되고 제출된 것이다. 이러한 증거는 사실인정 자료가 될 증인·증서와 같은 증거방법(증거조사대상)과 증거방법에서 얻은 증언·증서의 취지와 같은 증거조사 결과(증거조사내용, 증거자료)가 있다. 정리하면 ①증거방법은 법원이 사실의 존부 또는 진부(眞否)에 관하여 심증을 얻을 근거이다. 법관이 오관(五官)의 작용으로 조사할 수 있는 인적·물적 유형물이다(증거조사대상물). 증인·감정인·당사자 등은 인증이고, 문서·검증물 등은 물증이다. ②증거자료는 법원이 증거방법을 조사하여 알게 된 내용, 즉 증언·감정의견·당사자의 진술·문서의 기재 내용과 검증의 결과 등이다(증거조사내용). ③증거원인은 법원이 사실인정을 할 때, 심증 형성을 직접 일으키는 기초가 된 증거자료와 정황을 말한다. ④증거능력은 증거가 증거방법이 될 수 있는 자격이다(증거조사대상이 되는 법률상 자격). 증거방법은 원칙적으로 증거능력을 가진다. 그러나 증거능력이 제한되거나 또는 부정되는 경우도 있다. ⑤증명력은 증거조사 결과가 구체적으로 법원의 심증에 영향을 미치는 효과이다. 증거가치이다.

● **증거능력**

ⓗ證據能力 ⓙ証拠能力 ⓓBeweisfähigkeit
ⓔEvidentiary capacit ⓕCapacité de preuve ⓘCapacità probatoria
ⓢCapacidad probatoria

증거능력은 증거의 법률상 자격이다. 증거가 엄격한 증명의 자료로 사용되기 위해서 반드시 갖추어야 할 법적 요건이다. 형사소송에서 위법수집증거(형사소송법 제308조2), 자백(형사소송법 제309조), 전문증거(형사소송법 제311조~제316조) 등의 증거능력은 엄격하게 제한된다. 재판과정에서 '증거'란 사실관계를 확정하기 위하여 사용되는 자료를 말한다. 법원은 형사소송에서 "사실의 인정은 증거에 의하여야 한다"라고 하여 '증거재판주의'를 채택하고 있다. 법원은 피고인에게 유죄를 인정할 때, 적법한 증거조사에 따라 확보된 증거능력이 있는 증거에 의한다는 엄격한 증명주의를 채택하고 있다. 여기서 '증거능력'이란 증거가 엄격한 증명의 자료로써 사용되기 위하여 필요한 법률상의 자격을 말한다. 증거능력이 없는 증거는 사실인정의 자료로써 채용될 수 없다. 또한 공판정에서 증거로 제출하는 것도 허용되지 않는다. 증거의 증거능력의 유무는 법률상 일정하게 규정되어 있다. 원칙적으로 법관의 자유로운 판단을 허용하지 않는다.

형사소송에서 증거능력은 증명력과는 구별된다. 증거의 증명력은 어떤 사실을 입증할 수 있는 증거의 실질적 가치이다. 법관의 자유로운 판단(자유심증주의)에 맡기고 있다. 그러나 아무리 증명력이 있는 증거라도 법률에 근거하여 증거능력이 없는 것은 사실인정의 자료로 할 수 없다. 예를 들면 강제로 얻어진 임의성이 없는 자백은 진실과 합치된다 하더라도, 임의성이 없는 자백은 증거능력이 없다. 반대신문권을 행사할 수 없는 전문증거(傳聞證據, 피해자의 법정 진술이 아닌 진술조서ㆍ피해자의 법정 진술이 아닌 다른 사람의 증언)도 원칙적으로 증거능력이 없다. 또 당해 사건에 관하여 작성된 의사표시문서도 증거능력이 없다. 예를 들면 공소장이다. 형사소송법은 영미법 선동을 수용하여 증명력의 평가를 잘못하기 쉽고(전문증거), 또 진실 발견을 다소 희생시키더라도 다른 목적(예를 들면 소송절차 공정ㆍ인권 보장)을 앞세울 필요가 있는 경우, 그 증명력의 여하를 불문하고, 증거능력을 박탈하고 있다.

• 위법수집증거배제법칙

Ⓗ違法收集證據排除法則　ⒸⒽ違法收集証据排除法則　ⒹUnerlaubte Sammlung von Beweismitteln Ausschlussklausel　ⒺThe Unlawful Collection of Evidence Exclusionary Rule　ⒻCollecte illégale de preuves Règle d'exclusion
ⒾRaccolta illegale di prove Regola di esclusione
ⓈRecogida ilícita de pruebas Norma de exclusión

위법수집증거배제법칙은 위법한 절차로 수집된 증거(위법수집증거)의 증거능력을 배제하는 법칙을 말한다. 이 법칙은 미국의 증거법에서 유래한다. 즉 1886년 Boyd판사에 의해 비롯되었다. 이 법칙이 확립된 것은 1914년 Weeks판사. 독일은 증거금지 문제로 다룬다. 2007. 6. 1. 개정 형사소송법은 위법수집증거의 배제에 관한 명문 규정을 신설하였다. 「적법한 절차에 따르지 아니하고 수집한 증거는 증거로 할 수 없다」. 이러한 위법수집증거배제법칙은 적정절차 보장과 위법수사 억지라는 근거가 있다. 적정절차 보장은 이론적 근거이고, 위법수사 억지는 정책적 근거다. 위법수집증거 유형은 헌법정신에 위배되어 수집한 증거와 형사소송법 효력규정에 위반하여 수집한 증거의 경우가 있다. 영장주의를 위반한 경우 또는 적정절차를 위반하여 수집한 증거는 증거능력이 없다. 판사의 날인이 누락된 압수수색영장에 기초하여 수집한 증거가 위법수집증거에 해당하는지 여부에 관한 사건이다. 「형사소송법 제219조, 제121조는 '수사기관이 압수ㆍ수색영장을 집행할 때에는 피압수자 또는 변호인은 그 집행에 참여할 수 있다'고 정하고 있다. 저장매체에 대한 압수ㆍ수색 과정에서 범위를 정하여 출력ㆍ복제하는 방법이 불가능하거나 또는 압수의 목적을 달성하기에 현저히 곤란한 예외적인 사정이 인정되어, 전자정보가 담긴 저장매체, 하드카피나 이미징(imaging) 등 형태(이하 '복제본'이라 한다)를 수사기관 사무실 등으로 옮겨 복제 · 탐색 · 출력하는 경우에도, 피압수자나 변호인에게 참여 기회를 보장하고 혐의사실과 무관한 전자정보의 임의적인 복제 등을 막기 위한 적절한 조치를 취하는 등 영장주의 원칙과 적법절차를 준수하여야 한다. 만일 그러한 조치를 취하지 않았다면 압수 · 수색이 적법하다고 평가할 수 없다. 다만 피압수자 측이 위와 같은 절차나 과정에 참여하지 않는다는 의사를 명시적으로 표시하였거나 절차 위반행위가 이루어진 과정의 성질과 내용 등에 비추어 피압수자에게 절차 참여를 보장한 취지가 실질적으로 침해되었다고 볼 수 없는 경우에는 압수 · 수색의 적법성을 부정할 수 없다. 이는 수사기관이 저장매체 또는 복제본에서 혐의사실과 관련된 전자정보만을 복제 · 출력한 경우에도 마찬가지이다.」(대법원 2019. 7. 11. 선고 2018도20504 판결 [부정경쟁방지및영업비밀보호에관한법률위반(영업비밀누설등) · 업무상배임])

• 전문증거 · 전문법칙

　Ⓗ傳聞證據·傳聞法則　Ⓒ傳聞証据·傳聞法則　ⒹHörensagen－Beweismittel
　Ⓔhearsay evidence　Ⓕpreuve par ouï－dire　Ⓘprove per sentito dire
　Ⓢpruebas de oídas

원본증거는 체험자 자신이 직접 공판정에서 사실인정의 기초가 되는 사실을 진술한다. 그러나 전문증거는 그 대신에 다른 형태(타인의 증언 · 진술서)로 간접적으로 법원에 보고하는 증거이다. 예를 들면 피고인의 살인현장을 목격하였다는 갑이 을에게 그 목격 사실을 얘기한 것을 을이 들었다고 법원에서 진술한 경우, 또는 을이 들은 사실의 진술을 기재한 서면 등이다. 목격자인 갑이 법정에 나와 증언하는 원본증거 또는 본래증거(증언)와 대립된다. 전문증거는 대륙법에서 증인 자신이 체험한 사실이 아니고, 타인에게 들은 사실을 진술하는 증언을 의미하였다(전문진술증거). 그러나 영미법에서 반대신문을 거치지 않은 진술 및 그 진술에 대신하는 서면을 전문증거라고 한다(전문진술증거 · 전문진술서류증거). 이러한 전문증거는 원칙적으로 증거로 할 수 없다. 왜냐하면 당사자의 반대신문을 통해 진술의 진실성을 확증할 수 없기 때문이다. 전문법칙 · 전문증거배제원칙이라 말한다. 형사소송법은 영미법 전문법칙을 도입하여, 원칙적으로 전문증거 증거능력을 제한하고 있다. 예외로 몇 개 조문을 명문으로 인정하고 있다(형사소송법 제310조2 · 제316조 · 제312조~제315조). 간이공판절차는 전문증거 제한을 완화하고 있다(형사소송법 제318조3).

• 탄핵증거

　Ⓗ彈劾證據　Ⓒ彈劾証据　ⒹBeweise zur Anfechtung
　ⒺEvidence for contestation　ⒻPreuves de la contestation
　ⒾProve di contestazione　ⓈPruebas de impugnación

탄핵증거는 진술증거 증명력을 다투기 위한 증거이다. 형사소송법 제318조2는 공판준비 또는 공판기일에서의 피고인 또는 피고인 아닌 자의 진술의 증명력을 다투기 위한 증거에 관하여는 전문법칙의 적용을 일반적으로 배제하고 있다. 탄핵증거에 전문법칙이 적용되지 않는 이유는 여러 가지가 있다. 탄핵증거가 적극적으로 범죄사실 · 간접사실을 인정하기 위한 것이 아니다. 단순히 증명력을 다투기 위한 것에 불과하다. 그러므로 이를 인정하여도 전문증거를 배제하는 취지에 반하지 않는다. 반증에 의한 번잡한 절차를 거치지 않는다. 소송경제에 도움이 된다. 오히려 당사자의 반대신문권을 효과적으로 보장할 수 있다. 다만 그 범위에 관해 해석상 다툼이 있다. ①제1설(한정설)은 영미법의 입장에서 형사소송법 제318조2는 자기모순의 진술에 한하여 적용된다고 한다. 자기모순의 진술이란 증인 그 밖의 사람이 법정에서의 진술과 상이한 진술을 법정 외에서 하였던 것을 말한다. ②제2설(절충설)은 자기모순의 진술에 한정되지 않는다. 그러나 증인의 신용성에 관한 순수한 보조사실을 입증하는 증거까지만 허용한다. 설령 증인의 신빙성을 탄핵하기 위한 것이라도 그 사실이 주요사실 또는 이에 대한 간접사실인 경우, 법원이 전문증거에 의하여 사실상 심증을 형성하는 것을 방지하기 위하여 전문법칙이 배제되지 않는다. ③제3설(비한정설 · 非限定說)은 형사소송법 제318조2를 문리해석하여, 증명력을 다투기 위한 증거로서 널리 전문증거를 사용할 수 있다. 증명력을 다투기 위한 증거에는 멸실(滅殺)된 증명력을 유지하기 위한 증거(회복증거 · 回復證據)도 포함하는 것으로 해석된다. 공판정외의 진술도 형사소송법 제318조2에 근거하여 다툴 수 있다. 임의성이 없는 피고인의 진술(특히 자백)은 탄핵증거로도 사용할 수 없다는 것이 다수설(多數說)이다. 또한 증명력을 다투기 위한 증거의 조사방식에 관하여는 통상의 증거조사의 절차 · 방식에 의하여야 한다는 견해와 공판정에서의 조사는 필요하나, 반드시 법정의 절차를 요하지 않는다는 견해가 있다.

공판조서

ⓗ 公判調書 ⊕ 公判調書 Ⓓ Eine Klageschrift ist ein Dokument, in dem bestimmte Sachverhalte aufgeführt sind, um zu verdeutlichen, welches Verfahren am Tag der Verhandlung stattgefunden hat.

Ⓔ A statement of claim is a document in which certain facts arc listed in order to clarify which proceedings have taken place on the day of the hearing.

Ⓕ Une requête est un document dans lequel sont mentionnés certains faits afin d'illustrer la procédure qui a eu lieu le jour de l'audience.

Ⓘ La dichiarazione di credito è un documento Ⓢ Un escrito de demanda es un documento

공판조서는 공판기일에서 어떠한 소송절차가 행해졌는가를 명백히 하기 위하여 일정한 사항을 기재한 서면이다. 공판기일의 소송절차에 관하여는 참여한 법원사무관 등이 공판조서를 작성하도록 되어 있다(형사소송법 제51조 제1항). 공판조서에는 다음 사항 기타 모든 소송절차를 기재하여야 한다(형사소송법 제51조 제2항). (1) 공판일시와 법원 (2) 법관 · 검사 · 서기관 또는 서기의 관직 · 성명 (3) 피고인 · 대리인 · 대표자 · 변호인 · 보조인과 통역인 성명 (4) 피고인 출석 여부 (5) 공개 여부와 공개를 금한 때에는 그 이유 (6) 공소사실의 진술 또는 그를 변경하는 서면의 낭독 (7) 피고인에게 그 권리를 보호함에 필요한 진술의 기회를 준 사실과 그 진술한 사실 (8) 형사소송법 제48조 제2항(각종 서류 기재사항)에 기재한 사항 (9) 증거조사를 한 때에는 증거가 될 서류, 증거물과 증거조사의 방법 (10) 공판정에서 행한 검증 또는 압수 (11) 변론의 요지 (12) 재판장이 기재를 명한 사항 또는 소송관계인의 청구에 의하여 기재를 허가한 사항 (13) 피고인 또는 변호인에게 최종 진술할 기회를 준 사실과 그 진술한 사실 (14) 판결기타의 재판을 선고 또는 고지한 사실 등이다.

공판조서는 각 공판기일 후 5일 이내에 신속하게 정리하여야 한다(형사소송법 제54조 제1항). 다음 회의 공판기일에 전회의 공판심리에 관한 주요사항의 요지를 조서에 의하여 고지하여야 한다. 검사 · 피고인 또는 변호인이 그 변경을 청구하거나 이의를 진술한 때에는 그 취지를 공판조서에 기재하여야 한다(형사소송법 제54조 제2항). 이 경우에는 재판장은 그 청구 또는 이의에 대한 의견을 기재하게 할 수 있다(형사소송법 제54조 제3항).

• 부록 참고문헌

Köbler, Gerhard / Schusterschitz, Mag. Gregor, Rechtsenglisch, Deutsch-englisches und englisch-deutsches Rechtswörterbuch für jedermann, Verlag Franz Vahlen München, 1996.

Köbler, Gerhard / Winkler Peter, Rechtsfranzösisch, Deutsch-französisches und französisch-deutsches Rechtswörterbuch für jedermann, Verlag Franz Vahlen München, 1996.

Köbler, Gerhard / Neulichedl, Esther / Hohenauer, Monika, Rechtsintalienisch, Deutsch-italienisches und italienisch-deutsches Rechtswörterbuch für jedermann, Verlag Franz Vahlen München, 1996.

Badura, Peter / Deutsch, Erwin / Roxin, Claus, FISCHER LEXIKON RECHT, Fischer Taschenbuch Verlag, Frankfurt am Main, 1987.

Creifelds, Carl(Herausgeber) / Weber, Klaus(Herausgeber, Bearbeitung) / Cassardt, Gunnar(Bearbeitung) / Dankelmann, Helmut(Bearbeitung) / Hakenberg, Michael(Bearbeitung) / Kainz, Martin (Bearbeitung) / König, Christiane (Bearbeitung) / Kortstock, Ulf(Bearbeitung) / Weidenkaff, Walter (Bearbeitung), Rechtswörterbuch, 22. Auflage, C.H. Beck München, 2016.

Götze, Bernd, Deutsch-Japanisches Rechtswörterbuch, 独和法律用語辭典, 成文堂, 1997.

Beulke, Werner / Swoboda, Sabine, Strafprozessrecht, Strafprozessrecht, 17., neu bearbeitete Auflage, C.F. Müller Heidelberg, 2025.

Karlsruher Kommentar zur Strafprozessordnung: StPO mit GVG, EGGVG und EMRK, 9., neu bearbeitete Auflage, C.H. Beck München, 2023.

Schmitt, Bertram / Köhler, Marcus, Strafprozessordnung: StPO. Gerichtsverfassungsgesetz, Nebengesetze und ergänzende Bestimmungen, 68. Auflage, C.H. Beck München, 2025.

Volk, Klaus/Engländer, Armin, Grundkurs StPO, 9. neu bearbeitete Auflage, C.H Beck München 2018. 번역서로 김환수·문성도·박환수, 독일형사소송법, 박영사, 2009.

독일법연구회, Strafprozessordnung(StPO) 독일형사소송법, 사법발전재단, 2018.

강병진, Criminal Law & Procedure 미국 형법 및 형사소송법, 미국법 시리즈 2, 법률신문사, 2024.

김택수, 프랑스 수사 예심제도의 이해. 우리 수사절차의 원류를 찾아서, 계명대학교출판부, 2017.

형사소송법 법률용어

- 형사소송법 법률용어를 형사소송법 교과서 순서로 분류하였다.
- 형사소송법 법률용어는 형사소송법전·판결문·교과서에 자주 나오는 용어이다.
- 형사소송법 법률용어에 익숙하면 『낭독 형사소송법 판례』를 쉽게 읽을 수 있다.
- 형사소송법 법률용어를 한 자 한 자 또박또박 소리 내면서 정확하게 읽으면 옥음이 된다.
- 형사소송법 법률용어를 매일 10분 소리씩 내면서 읽으면 형사소송법 강의를 명확하게 들을 수 있다.
- 형사소송법 일부개정 2024. 10. 16 [법률 제20460호, 시행 2025. 1. 17.] 법무부

형사소송법 지도이념
실체 진실 발견 주의
적정절차 원리
신속한 재판 원칙

무죄추정 원칙
묵비권
무기 평등 원칙

형사소송 기본구조
규문주의
탄핵주의
당사자주의
직권주의

소송주체
법원
검사
피고인

소송관여자
변호인
보조인

배심원
피해자

법원
법정관할
재정관할
수명법관
수탁판사
법관 제척
법관 기피
법관 회피

검사
검사동일체
법무부장관 지휘권·감독권
공소권 주체
재판집행기관
공익대표자

피고인
성명 모용·성명 사칭
위장출석
피고인 소송법에서 지위

당사자
증거방법
절차 대상
진술거부권
접견권·교통권

변호인
사선변호인
국선변호인
대리권
고유권
기록열람·복사권
접견교통권
피의자신문참여권
변호인 참여 신청권

소송행위론
소송행위
소송서류
송달
소송절차
소송조건
소송절차이분론

추완

수사절차론
수사
수사 필요성
수사 상당성
수사 단서
변사자 검시
불심검문
소지품 검사

고소
고소권자
고소절차
고소불가분 원칙
고발
자수

수사 기본원칙
임의수사
강제수사
함정수사
임의동행
보호실 유치
거짓말탐지기
사진촬영
공무소 조회
피의자신문
피의자신문조서
영상녹화
참고인조사
전문수사자문위원회

강제수사 1 사람
강제수사 법정주의
대인적 강제처분
체포
긴급체포
현행범인 체포
구속
구속집행정지

구속 실효
체포적부심사
구속적부심사
보증금납입조건부 피의자석
  방제도
보석제도

강제수사 2 사물
강제처분 법정주의
대물적 강제처분
압수
수색
검증
강제 채뇨
강제 채혈
긴급 압수
긴급 수색
긴급 검증
체포현장 압수·수색·검증
구속현장 압수·수색·검증
범행 중 범죄장소 압수·수
  색·검증
범행 직후 범죄장소 압수·수
  색·검증
긴급체포 이후 압수·수색·검
  증
임의제출한 물건 압수
영치
영장주의 예외

압수물
압수물 환부
압수물 가환부

판사에 대한 강제처분 청구
증거보전제도
참고인에 대한 증인신문청구
  제도

**감정인 감정을 위한 강제
  처분**
감정유치

감정처분
감정처분 허가장

수사 종결
기소
공소제기
불기소처분
재정신청
기소강제절차
검찰항고
헌법소원
검사 공소권
공소권 남용론
국가소추주의
기소독점주의
기소편의주의
재정신청
공소장
공소장일본주의
항소심 공소장 변경
공소시효

공판절차론
공판중심주의
공개주의
구두변론주의
직접주의
집중심리주의
심판 대상
공소장변경제도
공소사실 동일성
공소사실 단일성
의견서 제출제도
증거개시제도
공판준비절차
공판정 구성
소송지휘권
법정경찰권
공판기일절차
증인신문
증인적격

감정
통역과 번역
간이공판절차
공판절차 정지와 갱신
변론 병합·분리·재개

형사증거론
증거법
증거재판주의
엄격 증명
자유 증명
사실인정
증거
증거조사
증거능력
증거방법
증거자료
증거원인
직접증거
간접증거
진술증거
비진술증거
요증사실
불요증사실
거증 책임
자유심증주의
자백
자백 임의성
자백 증거능력
자백배제법칙
증명력
공범자 자백 증거능력
공범자 자백 증명력
보강증거
위법수집증거배제법칙
증거동의
탄핵증거

전문법칙
법원·법관 면전조서
피의자신문조서

검사 작성 피의자신문조서
경찰 작성 피의자신문조서

진술조서
피의자 진술조서
참고인 진술조서
피고인 진술조서
증인 진술조서

진술서
수사 과정 진술서
검사 수사 과정 진술서
경찰 수사 과정 진술서
수사 과정 이외 진술서

검증조서
법원·법관 검증조서
검사·경찰 검증조서

실황조사서
진술기재서

감정서
감정인
감정인 신문조서
감정인 감정서
감정수탁자 감정서
감정서에 기재된 진술

당연히 증거능력 있는 서류

법정에서 전문진술(증언)
피고인 전문진술
피고인 아닌 사람 전문진술
재전문진술
진술 임의성
당사자 동의와 증거능력

증거동의
증거동의 방법
증거동의 의제

증거동의 효과
증거동의 절차
증거동의 취소

특수한 증거방법에 대한 전문법칙
녹음테이프 증거능력
사진 증거능력
비디오테이프 증거능력
CCTV 증거능력
전자기록 증거능력
휴대전화기 증거능력
거짓말탐지기 검사 결과 증거능력

공판조서
공판조서 증거능력
공판조서 절대적 증명력

재판
재판 종류
재판 성립
재판서
판결
결정
종국재판과 종국 전 재판

종국재판
실체재판
유죄 판결
유죄 판결에 명시할 이유
무죄판결
무죄판결 공시
형사보상청구권
관할 위반 판결

형식재판
면소 판결
공소기각 판결
공소기각 결정

재판 확정
재판 확정력
기판력
일사부재리 효력
소송비용

상소
상소 제기
상소 종류
상소권자
상소권 회복
검사 상소 이익
피고인에게 불리한 상소
피고인 상소 이익
상소 이익이 없는 재판
상소 포기
상소 취하
일부 상소
상소심 심판범위
불이익변경금지원칙
파기판결 구속력
귀속력 판단 범위

구체적 상소방법
항소
상고
비약상고
상고심 판결 정정

항고
준항고
즉시항고
재항고

비상구제절차
재심
재심 대상
재심 사유
재심 절차
증거 명백성
증거 신규성
증거 허위성
비상 상고

국민형사참여재판
대상사건
공소장 변경
관할
배심원
공판준비절차
판결절차
배심원 보호조치

약식절차
약식명령
정식재판 청구

즉결심판절차
청구권자
정식재판 청구

배상명령절차
형사소송절차에서 화해 제도

소년형사절차
검사선의주의와 조사제도
조건부 기소유예제도
소년 형사 재판 특칙
소년 형 집행 특칙
소년부 송치시 신병처리
비행 예방

재판 집행
형 집행
재판 집행 이의신청

형사보상
형사보상 의의
형사보상 요건
형사보상 내용
형사보상 절차

통신비밀보호법
특별사법경찰관리

참고문헌

배종대·홍영기, 형사소송법, 제3판, 홍문사, 2022.

변종필 · 나기업, 형사소송법, 박영사, 2024.

손동권·신이철, 형사소송법, 제5판, 세창출판사, 2022.

신동운, 신형사소송법, 제6판, 법문사, 2024.

신동운, 간추린 형사소송법, 제17판, 법문사, 2024.

신양균·조기영, 형사소송법, 제2판, 박영사, 2022.

신호진, 형사소송법요론, 2024년판, 렉스스터디, 2024.

이승준, 형사법사례연습, 제2판, 정독, 2022.

이승호·이인영·심희기·김정환, 형사소송법강의, 제2판, 박영사, 2020.

이은모·김정환, 형사소송법, 제9판, 박영사, 2023.

이재상 · 조균석 · 이창온, 형사소송법, 제16판, 박영사, 2025.

이주원, 형사소송법, 제6판, 박영사, 2024.

이창현, 형사소송법, 제10판, 정독, 2025.

이창현, 사례형사소송법, 제8판, 정독, 2025.

임동규, 형사소송법, 제18판, 법문사, 2024.

정승환, 형사소송법, 제2판, 박영사, 2025.

정웅석·최창호·김한균, 신형사소송법, 제2판, 박영사, 2023.

조균석·이완규·조석영·서정민, 형사법통합연습, 제5판, 박영사, 2022.

하태영, 2024 낭독 형사소송법판례, 법문사, 2024.

하태영, 형사법사례연습, 제1판, 법문사, 2023.

하태영, 형사법종합연습, 제4판, 법문사, 2023.

형사소송법학회, 형사소송법 핵심판례 130선, 제5판, 박영사, 2020.

저자소개

1962년 부산에서 태어났다. 독일 유학 후 28년 동안 대학·대학원에서 형법·형사소송법·특별형법·생명윤리와 의료형법을 강의하고 있다. 1996년 9월 3일 《피고인에게 불리한 판례변경과 적극적 일반예방》으로 독일 할레대학교(Halle Universität) 법과대학에서 법학박사학위(Dr. jur)를 받았고, 1997년 3월 경남대학교 법학과에서 교수 생활을 시작했다.

국외·국내 대표 저서는 《Belastende Rechtsprechungsänderungen und die positive Generalprävention》(Carl Heymanns Verlag KG, 2000), 《독일통일 현장 12년》(경남대학교출판부, 2004), 《형사철학과 형사정책》(법문사, 2007), 《형법각칙 개정 연구－환경범죄》(형사정책연구원, 2008), 《하마의 下品 1·2》(법문사, 2009·2016), 《의료법》(행인출판사, 2021), 《생명윤리법》(행인출판사, 2018), 《공수처법》(행인출판사, 2021), 《사회상규》(법문사, 2018), 《형법조문강화》(법문사, 2019), 《형사법종합연습 변시기출문제분석·형사법사례연습 변시기출문제분석》(법문사, 2023), 《죄형법정원칙과 법원 1》(공저, 박영사, 2023), 《2024 낭독 형법판례》(법문사, 2024), 《2024 낭독 형사소송법판례》(법문사, 2024), 《밤은 깊었다》(법문사, 2024)가 있다. 특히 《형사철학과 형사정책》은 2008년 문화체육관광부 우수학술 도서로 선정되었다. 2014년 한국비교형사법학회 학술상을 수상하였다. 논문제목은 《해적재판 국제비교》이다.

2006년 3월 제1학기부터 현재 모교인 동아대학교 법학전문대학원(로스쿨)교수로 근무하고 있으며, 국회 제12기 입법지원단 위원·법무부 인권강사로 활동하고 있다. 한국비교형사법학회 회장·영남형사판례연구회 회장·법무부 형사소송법개정특별분과위원회 위원·남북법령연구특별분과위원회 위원으로 활동하였으며, 법무부 변호사시험 문제은행 출제위원·행정고시 출제위원·채점위원(형법)·입법고시 출제위원·채점위원(형사소송법)·5급 승진시험 출제위원·7급 국가시험 출제위원·형사법연구 편집위원·형사법신동향 편집위원을 역임하였다.

약한 자에게 용기와 희망을 주는 세상보기로 사회와 소통하고 있다. 국제신문·경남도민일보 칼럼진으로 활동하였다. 2019년 1월부터 2020년 12월까지 국제신문 《생활과 법률》칼럼을 썼다. 시사칼럼 200여 편이 있다. 《밤이 깔렸다》로 2022년 제8회 이병주국제문학상 연구상을 수상하였다.

2025 낭독 형사소송법판례

2025년 2월 20일 초판 인쇄
2025년 2월 28일 초판 발행

	저 자	하	태	영
	발행인	배	효	선

발행처   도서출판 **法 文 社**

주 소 10881 경기도 파주시 회동길 37-29
등 록 1957년 12월 12일/제2-76호(윤)
전 화 (031)955-6500~6 FAX (031)955-6525
E-mail (영업) bms@bobmunsa.co.kr
        (편집) edit66@bobmunsa.co.kr
홈페이지 http://www.bobmunsa.co.kr
조 판   법 문 사 전 산 실

정가 25,000원   ISBN 978-89-18-91603-3